2021

湖北省社会科学院 主办

张忠家 主编

长江学研究

长江出版社
CHANGJIANG PRESS

长江学研究
编委会

Contents 目录

Contents

长江流域
历史与文明

清初孔自洙生平事迹及其与叶先登交游考

刘　涛①

摘　要：围绕清初浙学名家孔自洙，在文献分析基础上，进行文本分析。从中发现孔自洙是孔子后裔，清代浙江嘉兴府桐乡县首位进士，文武兼备，对桐乡、福建漳州、延平等地移风易俗，维护东南海疆社会稳定，湖广武昌农业发展均起到过积极的推动作用。孔自洙宦闽期间，与闽南名人叶先登相交，并应邀为叶先登父母撰写墓志铭。目前仅见孔自洙闽楚诗文各一篇，有印章三方。

关键词：孔自洙；叶先登；闽学

孔自洙，生卒年不详，孔子后裔，顺治六年己丑（1649）进士，历任刑部主事、兵部武库司主事，福建按察使司佥事、提督学政，福建建南道参议，为湖广按察使司副使、分巡荆西道，嘉庆《桐乡县志》、雍正《湖广通志》均有传。叶先登（1605—1694），福建漳州府长泰县人，顺治九年（1652）进士，顺治十三年丙申（1656）翰林，在长泰与孔自洙订交。目前，学术界对孔自洙、叶先登均未有研究，本文将搜集新旧方志、墓志铭、《清实录》等史料，通过考证孔自洙生平事迹、交游情况，还原孔自洙应有的历史地位。

一、孔自洙生平事迹考实

嘉庆《桐乡县志》孔自洙传记载：

孔自洙，字文在，号皤庵，别号竹湄居士。顺治己丑进士，初任刑部主事，擢兵部武库司。时郡县缉解逃人，株连囚系，矜释无辜者甚众。癸巳，升福建督学。乙未，王师入闽。督抚以自洙才，委理军需。

---

①龙岩学院闽台客家研究院客座研究员、肇庆学院肇庆经济社会与历史文化研究院历史文化研究员。

运炮泉州雇夫役万人，躬自抚恤，百姓皆愿往，报最。升剑南参藩，平山冠吴赛娘等渠魁十八人。寻迁荆西兵备道，以襄阳达武昌，江流湍悍，筑长堤二千余里，田畴资灌溉，江汉藉屏翰。堤成后，即解组归。去官之日，百姓攀辕卧辙，号呼随数百里外。①

查嘉庆《桐乡县志》记载：举人"孔自洙，顺治丙戌科"②，又载：进士"国朝孔自洙，字文在，顺治己丑科"③，孔自洙在顺治三年丙戌（1646）中举，是桐乡县入清后首批举人，顺治六年己丑（1649）中进士，成为桐乡县入清后首位进士。

嘉庆《桐乡县志》记载："国朝张如戴""顺治乙酉任"④，可知桐乡县在顺治乙酉（1645）进入清朝统治。

嘉庆《桐乡县志》记载：

> 国朝鼎新，挽回风气。革去俊靡，兼崇彬雅。士专举业，比户铉歌，科名盛于他邑。素封家四壁图书，三味生涯，绰有先进遗风。⑤

此"国朝"指清朝。桐乡县入清后，社会风气为之一变，不再有晚明奢靡之风，移风易俗，再现刻苦攻读，走"学而优则仕"之路。桐乡县在清代隶属嘉兴府，此"他邑"应与和桐乡县同属嘉兴府的诸县相提并论，可见桐乡县科举盛况超过嘉兴府其他属县。从孔自洙在清代桐乡县的科举地位来看，桐乡县入清后的风俗变化与孔自洙密切相关，孔自洙于此引领风气之先。

孔自洙中进士后初授刑部主事，长于法律，为日后为官奠定基础。

所谓"擢兵部武库司"，另据《清实录·世祖实录》记载：

> （顺治九年十二月辛酉）吏部奏言：衍圣公孔兴燮请将陪祀族人刑部员外郎孔允樾、主事孔自洙等照例优擢。查旧例，孔氏中书、行人、如遇上幸太学陪祀者，应与考选。允樾、自洙，应量调礼、兵二部用。报可。⑥

顺治九年十二月（1653），孔自洙因作为陪同衍圣公孔兴燮祭祀的优秀族人，由孔兴燮申请照例优擢，经吏部上报，顺治帝同意将孔自洙调任兵部。

---

①（清）李廷辉修：嘉庆《桐乡县志》卷7《列传·国朝·孔自洙》，嘉庆四年（1799）刻本，第15页b。

②（清）李廷辉修：嘉庆《桐乡县志》卷6《举人·国朝》，第15页b。

③（清）李廷辉修：嘉庆《桐乡县志》卷6《进士·国朝》，第7页b。

④（清）李廷辉修：嘉庆《桐乡县志》卷5《知县》，第4页a。

⑤（清）李廷辉修：嘉庆《桐乡县志》卷4《风俗》，第37页a—37页b。

⑥《清实录·世祖实录》卷70，载《清实录》第3册，中华书局1985年版，第556页。

孔自洙从刑部升任兵部源于孔自洙陪同孔兴燮祭祀得力,由此获得孔兴燮上奏照例擢升,并非因为刑部宦绩。事实上,孔自洙从顺治六年己丑(1649)考中进士初授刑部主事,到顺治九年十二月(1653)已历三年,到了三年考绩之际。孔自洙本身在刑部也是宦绩突出,再加上陪同孔兴燮得力,由此获升。从孔自洙因陪同祭祀得力由此获得孔兴燮推荐来看,孔自洙不仅熟悉法律法规,对于礼仪也有深入了解,备受衍圣公称道,由此为之举荐。衍圣公是孔子后裔代表,孔自洙从而以学识渊博在孔子后裔中广为传颂,并由于孔府的历史地位,为世人所知。可见孔自洙其时已声名鹊起,名扬海内。

孔自洙以文举人、文进士担任兵部武库司,可见孔自洙又熟悉军事,为日后平乱奠定基础。孔自洙传记载孔自洙"时郡县缉解逃人,株连囚系,矜释无辜者甚众",按兵部武库司掌管兵籍、军器、武科考试之事,孔自洙此举似乎与兵部武库司任职无关,而是在刑部任上有所作为。不过孔自洙传出自嘉庆《桐乡县志》记载,此"郡县"应指孔自洙故里桐乡县及其隶属的嘉兴府。孔自洙在京任职期间,仍心系故里,关心乡亲疾苦。孔自洙经过刑部历练,熟悉法律法规,于此善用法律,为无辜百姓发声。因此,孔自洙其时虽在兵部任上,却未逾越职权,干预地方治理,而是发挥所长,为家乡父老发声。孔自洙明辨是非,宽以待人,深得人心。取得了三个效果。其一,孔自洙由此为民解困;其二,百姓由此加深对法律的认识;其三,百姓虽然刚开始受到无辜牵连,却最终获得清白,对清朝留下良好的印象,有利于地方秩序的稳定。

顺治十年癸巳(1653),孔自洙升任福建督学。《清实录·世祖实录》有相关记载:

> (顺治十年癸巳秋七月乙未)考授兵部主事孔自洙为福建按察使司金事。……俱提调学政。[①]

孔自洙通过考选被授予福建按察司金事,提调学政。可见孔自洙在兵部武库司担任主事期间,仍然宦绩突出,由此经过考选获得升任。孔自洙从顺治六年(1649)起,到顺治十年(1653),任职京官五载,由此离开京城到地方任职。

孔自洙在提调福建宦绩如何?据《刘万春六房开族谱》记载:"刘孟卿,而凌公长子,二十四岁,甲午科宗师孔取进漳平县儒学生员。刘大夏,赖弘公次子,三十岁,乙未科宗师孔取进漳平县儒学生员。刘中砥,君恬公次子,二十四岁,

---

① 《清实录·世祖实录》卷77,第606页。

乙未科宗师孔取进漳平县儒学生员。"①此"宗师孔"即孔自洙。时属漳州府的漳平县有刘孟卿在顺治十年甲午（1653），刘大夏、刘中砥在顺治十一年乙未（1654）先后经孔自洙主持考试，入泮漳平县儒学生员，成为孔自洙的门生。

"顺治乙未，王师入闽"，查道光《福建通志》记载："（顺治十二年三月）诏遣定远大将军、世子济度率师入闽，讨郑成功。"②即顺治十二年（1655）三月，清世子济度率大军入闽攻打郑成功。

其时"督抚"，查道光《福建通志》记载："张纯仁，顺治三年任，有宦绩，浙闽总督始此"，"李率泰，十三年任，十五年专领福建，闽督专设始此"，③可知福建在顺治三年（1646）始设浙闽总督，即浙江、福建总督，直至顺治十五年（1658）另设"闽督"，即福建总督。另据乾隆《福建通志》记载：总督都御史"佟代，辽东人，顺治十二年任"④，其继任李率泰，可知对孔自洙委以重任的是时任浙江、福建总督佟代。乾隆《福建通志》又载：巡抚都御史"宜永贵，有传，顺治十二年任"，其继任"刘汉祚，辽东人，顺治十三年任"⑤，对孔自洙委以重任的是名宦、福建巡抚宜永贵。

查道光《福建通志》记载："运炮泉州，雇夫役万人。"⑥

（顺治十二年）定远大将军、世子济度同浙闽总督李率泰统大军至泉州，修复漳州及诸县城池。

其时浙闽总督不是上文提及的佟代？为何该志却载是李率泰？

查《清实录·世祖实录》记载：

> （顺治十三年丙申夏四月辛酉）浙闽候代总督屯泰上疏，自叙在任剿抚功。上以台州失事，不知引罪，反冒众人之功，切责之。旋又因以留恋地方，不即交代，并下部议处。⑦

①（清）刘连三重抄：《刘万春六房开族谱·庠生科次名列》，福建省漳平市图书馆藏，据清光绪四年（1878）抄本扫描复印件，按，该谱无页码，该谱为刘大夏在康熙十二年（1673）创修。

②（清）陈寿祺等撰：道光《福建通志》卷 268《杂录·外纪三·国朝外纪》，《中国省志汇编》，第 9 种，台北：华文书局股份有限公司，1968 年，第 5088—5089 页。

③（清）陈寿祺等撰：道光《福建通志》卷 107《国朝·职官·总辖》，第 5 册，第 2043 页。

④（清）郝玉麟修：乾隆《福建通志》卷 27《职官八·总部·国朝·总督都御史》，《钦定四库全书》乾隆二年（1737）抄本，第 1 页 a。

⑤（清）郝玉麟修：乾隆《福建通志》卷 27《职官八·总部·国朝·巡抚都御史》，第 1 页 b。

⑥（清）陈寿祺等撰：道光《福建通志》卷 268《杂录·外纪三·国朝外纪》，第 5089 页。

⑦《清实录·世祖实录》卷 100，第 775 页。

"屯泰"即上文所述佟代。

《清实录·世祖实录》又载：

> (顺治十三年丙申夏四月壬戌)敕谕浙闽总督李率泰曰：浙闽重地，军务方殷，亟须料理。敕书到日，尔即兼程速赴新任，不必候王国光面代。其两广总督关防及各项文卷，俱交与巡抚李栖凤，暂行摄理。[①]

顺治十三年夏四月壬戌，李率泰已从两广总督调任浙闽总督，接替佟代，顺治帝令其不用等新任两广总督交接，直接前往赴任浙闽总督，李率泰直到顺治十三年(1658)赴任浙闽总督。济度与浙闽总督佟代在泉州，修复漳州府城及其诸县城池。孔自洙深得佟代、宜永贵认可，负责处理"军需"，征用泉州百姓修城。泉州是郑成功故里，时清时明，孔自洙以王朝大局为重，迎难而上，圆满完成从泉州成功征调万名百姓服役的任务。孔自洙心思缜密，深知百姓疾苦，采取亲切慰问百姓的策略，消除民怨，百姓乐于听命，排除民变。因此，他既完成了王朝重任，又让百姓在服役中增强王朝意识，有利于维护东南海疆社会稳定。孔自洙以宦绩最佳，升任"剑南参藩"。查乾隆《福建通志》记载：分守建南道"孔自洙，桐乡人，进士，顺治十五年任"，其继任宋杞"顺治十七年任"[②]，另据《清实录·世祖实录》记载：

> (顺治十六年己亥闰三月癸丑)福建建南道参议孔自洙为湖广按察使司副使，分巡荆西道。[③]

孔自洙在顺治十五年(1658)到顺治十六年(1659)担任分守建南道，即福建建南道参议。查乾隆《福建通志》记载："分守建南道：一员，驻扎延平府，后移驻汀州，管辖邵武府，康熙六年裁。"[④]嘉庆《桐乡县志》孔自洙传所载"剑南参藩"的"剑"字有误，应作"建南参藩"，应是刊刻之误。福建建南道署位于福建延平府。

孔自洙从福州调往泉州，继而又调任闽西北延平府，表面上看是因为宦绩突出而升任，实则与孔自洙曾深受佟代信任有关。

孔自洙在延平府的宦绩，孔自洙传述及"平山寇吴赛娘等渠魁十八人"，然

---

①《清实录·世祖实录》卷100，第775页。

②(清)郝玉麟修：乾隆《福建通志》卷27《职官八·总部·国朝·分守建南道》，卷27《职官八总部国朝总督都御史》，第8页b。

③《清实录·世祖实录》卷125，第968页。

④(清)郝玉麟修：乾隆《福建通志》卷20《职官一·国朝文职》，第11页a。

而,福建旧志却未提及孔自洙与吴赛娘事件的关系。查吴赛娘起事详载乾隆《延平府志》:

> 吴赛娘,顺昌人,侨寓将乐。与白莲教惑聚多人,有吴大娘、杨孝郎等相为羽翼。时余家坪村民素悍好斗,遂构衅、杀戮。年久,熟识形势,于仙人堂营为窟穴,结七十二寨。有红旗、铁门、酒埕等名,而红旗为诸寨之门户,以高临下,捕者束手无策,其众遂积岁满万。顺治七年,焚杀各县及延、汀、邵三府。①

吴赛娘是延平府顺昌县人,寓居将乐县,与白莲教联合反清,顺治七年(1650)席卷延平、汀州、邵武三府。然而,乾隆《延平府志》未载孔自洙于此发挥的作用,却认为与顺治十一年(1654)延平府知府柴自新有关。实则周亮工曾镇压吴赛娘起义,乾隆《延平府志》因周亮工后来涉案,而遭到抹除有关。按乾隆《延平府志》记载南平县有坊表:"道学名邦,在府治前。顺治十六年,分守建南道孔自洙建。乾隆二十六年,知府傅尔泰重修。"②顺治十六年(1659),孔自洙在延平府衙前兴建"道学名邦"牌坊,源于孔自洙因延平府是宋代理学名家杨时、罗从彦、李桐故里,朱熹过化之地,而有此称。延平府知府傅尔泰曾在乾隆二十六年(1761)重修此牌坊,按理应深知孔自洙延平事迹,却只字未提。孔自洙平定吴赛娘应有所本,是可信的。吴赛娘直到孔自洙任职建南道期间仍然继续活动,最终被孔自洙平定,傅尔泰却将此归功于前任知府柴自新,显然与突出延平知府作用有关。吴赛娘早在顺治七年(1650)之前就揭竿而起,影响十余载,最终被孔自洙平定。可见孔自洙文武兼备,应与孔自洙曾在兵部武库司积累的经验,以及提学福建学政兼理军需的历练有关。孔自洙传认为孔自洙是"寻迁"荆西兵备道,《清实录·世祖实录》却载"升"任,应以较早刊行的《清实录·世祖实录》所载为是,孔自洙由建南道获升荆西道,并非"迁"任。孔自洙获升应与其平定吴赛娘起事有关。

孔自洙在湖广宦绩,主要是处理水利问题,修筑堤坝长达两千余里,对江汉平原的农业发展起到了积极的作用。

孔自洙在堤坝筑成后,旋即解官归里,百姓十分不舍。查《湖广通志》孔自洙传:

---

① (清)傅尔泰修、(清)陶元藻等纂:乾隆《延平府志》卷11《征抚》,《中国方志丛书》第99号,台北:成文出版社1967年版,第197页。

② (清)傅尔泰修、(清)陶元藻等纂:乾隆《延平府志》卷7《坊表》,第128页。

孔自洙，浙江嘉兴进士。由福建学政分巡荆西，甫八月以病归。去之日，行李萧然，沔人遮道送之。其《题署中别业》："云间挥尘尾，封疆静细嚼，梅花肺腑香。"至今诵其诗，如见其人。①

《湖广通志》记载孔自洙三事，其一，孔自洙因病离职归里；其二，孔自洙深得民心；其三，孔自洙于此题诗，至今读其诗如见其人；却未记载孔自洙为何会深得民心，阙载孔自洙的具体宦绩。

孔自洙应是积劳成疾，由此告病归里。所谓"嘉兴进士"，是因桐乡县隶属嘉兴府。孔自洙在顺治十六年闰三月赴任武昌府，八个月后，即顺治十六年十二月（1660）离任，孔自洙之后事迹，史志无征。然而，近年出土的孔自洙所撰墓志铭却填补了孔自洙交游以及晚年生活的记载空白。

二、孔自洙与叶先登交游考述

近年在福建省漳州市长泰区陈巷镇夫坊村出土一方孔自洙《待赠太史叶先生暨配王太孺人合葬墓志铭》，见图1。是目前福建出土的唯一一方孔自洙所撰墓志铭，学术界对此尚无研究。为此，本文将围绕孔自洙所撰墓志铭进行解读，从孔自洙撰写墓志铭的时间、原因、墓主生平事迹翔实考证，以此还原孔自洙交游活动。孔自洙所撰墓志铭全文抄录，并加以标点如下：

待赠太史叶先生暨配王太孺人合葬墓志铭

顺治丙申夏六月，余奉简书重校漳士。郡治焚毁，所司葺馆舍，移驻武安之城隍祠旁，与太史叶昊庵先生居所相比。时太史以孝思请假，为太翁、孺人襄窀穸，日在山中。余以诸士鳞次就试，昕夕事铅椠，未遑一刺相通诚也。迨试事甫竣，太史乃持所为状，造余所，而请曰：先登为先父母卜宅垂业已就绪，恐无以为泉台光，请大夫为志若铭，以永不朽。余受而读之，太翁之宽弘垂裕，太母之黾勉克相，真可为有家者百代师法，不独叶氏一女生之庆贻也。余素不娴于古，然林风搜乘，阐幽微显，以备文献之征，窃有一日之责焉。其敢以弗文辞？遂冒昧而为之志。

按翁讳呈熜，字启英，别号淑烃，闽之长泰人，世为邑著姓。厥考

---

①（清）迈柱修：雍正《湖广通志》卷42《名宦志·总部·孔自洙》，《钦定四库全书》（史部十一·地理类三·都会郡县之属），乾隆四十六年（1781）抄本，第5页a。

008

桃溪公有子五人，翁居长。齿年就外传所授诸书，过日成诵。未舞象，而经史百家俱搜织无遗，名誉暴起。桃溪公轩渠曰："儿宁馨，是可亢吾宗也。"己邑人士多与定交，惜毁奇屡蹶□终，不肯徙业。娶王孺人，于归，时奁饰甚盛。值桃溪公食指渐繁，家中落，翁乃授徒里中，岁得束修所以供用。时孺人亦善承翁志，屏绮丽，椎髻操作，簪珥悉废，箸以佐修膳。桃溪公囊而大噱曰："此子职宜，然妇何为者，乃能如是，得无又余庆乎？"人以为两贤之。翁于诸弟犹子，尤爱念备至。桃溪公捐馆，其舍襚周身之物，俱以躬任，未尝少有他诿。及下葬，夫父丧亦如之。盖内行醇谨，论者每方之庞德公、司马德操云。既而太史籍诸生有声，累试辄冠军。见者咸以公辅器之。翁意始自得，益肆力于文艺，恒手自编纂以为燕贻之业。家人生产，概置不问。太史举于乡，翁益修长者之行。日佝偻循墙，不敢稍逾矩步。督课若叔若季，以恒产为事，曰："若曹好为之慎，勿以兄故，荒而粝也。"人闻益高之。平生身不二色，惟娶王孺人，相庄白首。孺人内严明，而外柔顺，自尊章，娣姒以下逮诸妇，俱孝敬慈和，无少蝀语，故闺门之中穆如也。至于教太史则和熊画荻间，以助太翁所不逮。虽为贵人母，而深自刻励，居常荆布，与婢媪杂作。诸妇皆服习其训，即隆寒盛暑咸执役，惟谨不职告劳。史所称班姬、陶母恐未能或过也。但天斩其年，翁没未数载，亦溘然徂谢。太史之贵，竟不及见，惜哉！今太史以射策甲科，为天子侍从臣，日糜大官，讫称华选，乃婴怀风木疏，请归窆。朝报可，而夕就道行。所获纶绋之锡，以生辉泉壤，则太翁、孺人虽未享大奉于生前，而身后之光荣正□然未有□也。

　　翁生于万历己卯年四月二十日亥时，卒于崇祯庚辰年四月初七日未时，享年六十有二。孺人生于万历庚辰年正月廿四日亥时，卒于顺治丁亥年十一月廿七日丑时，享年六十有八。男三人：长则今太史先登，娶同邑戴氏；次先发，娶海澄陈氏；次先癸，娶龙溪詹氏。孙男七人：自本，国子生，娶同邑王氏；自根，聘戴氏，前御史戴公讳相孙女，今贡生戴振京长女；自栋，未聘；俱太史出。自标，邑诸生，娶龙溪汪氏；自植，未聘；先发出。自树，邑诸生，聘举人林廷擢女；自楷，未聘，先癸出。女孙五人：潜，适同邑诸生王公锦；好，适龙溪诸生林正浩；戒，字今岳州金宪戴公讳玑次男鏸；俱太史出。凉，适同邑邵绳；温，字同邑洪庆先；发出。是年八月十有七日，翁偕孺人将合葬于邑东彰信里之大夫坊，坐坤面艮，从吉卜也。

于是遂为之铭，铭曰：

抱天根兮穿月窟，马鬣牛眠兮真气勃，窣宜尔千秋万祀兮，陵谷之不迁，而贤豪之辈出。

康熙庚辰岁二月初八日，迁葬于本山东园内，坐乙向辛，兼丁卯分金。

赐进士第、奉政大夫、提督福建学政、按察司金事，年家侄：孔自洙顿首拜撰。

自洙之印、蝙庵、己丑进士

图1　孔自洙所撰《待赠太史叶先生暨配王太孺人合葬墓志铭》原件照片(作者自摄)

墓志铭为石质，保存基本完好，除个别字难以辨别外，基本可识。

墓志铭称"康熙庚辰岁二月初八日迁葬于本山东园内"，是墓志铭的撰写时间，即撰于康熙三十九年庚辰(1700)。可见孔自洙自顺治十六年十二月(1660)因病辞官归里，四十年后仍然健在。

孔自洙自述撰写墓志铭缘起，"顺治丙申夏六月，余奉简书重校漳士。郡治焚毁，所司葺馆舍，移驻武安之城隍祠旁"，顺治十三年丙申(1656)夏六月，孔自洙时任福建按察使司金事、提调学政，因此有"奉简书重校"之举。此"漳士"，按"武安"指漳州府长泰县古称"武安场"，可知此"漳"指漳州府，孔自洙于此重校漳州府士子。孔自洙说"郡治焚毁"，故有"移驻"长泰县城隍庙之举。

查光绪《漳州府志》记载：

（顺治十一年）十二月，郑成功入漳州。……（顺治）十二年春，世子王率大兵入闽，成功度势不支，六月坠漳州及漳浦、南靖、长泰、平和、诏安各县城。（时郡城民屋无论大小俱拆毁，浮木、石于厦门，所存者惟神庙、寺观而已）……十三年六月，黄梧、苏明以海澄降。……贼将甘辉等率众至，则我师已先入矣！辉焚中权关，取仓庾以去。……成功既失险要，又丧军实，乃决计寇江南，而漳民稍息。[①]

顺治十一年十二月（1655）郑成功进入漳州，翌年清军大举入闽，郑成功下令拆毁漳州府城民房，移建其据点厦门，唯独宗教建筑未被拆除。顺治十三年（1656）六月，郑成功部将黄梧为首降清，甘辉放火焚烧。郑成功由此转战江南，漳州方得宁息数载。虽然该志所载漳州府城情形，实则也包括长泰县城，因此孔自洙到漳州府儒学考察教育情况，只能暂驻长泰县城隍庙。

“太史叶昊庵”，查民国《长泰县新志》仅载一名叶姓翰林：“叶先登，字岸伯”[②]，可知“昊庵”是叶先登的号。查《清实录·世祖实录》记载：“（顺治十一年甲午九月丁未）授庶吉士”“叶先登”“俱为内翰林秘书院检讨。”[③]又载：“（顺治十五年戊戌五月庚子）谕吏部：翰林官教养有年，习知法度，宜内外互转，使之历练民事，觇其学问经济，以资任用。兹朕亲行裁定”“叶先登”“俱才堪外任，着察照前例、遇缺即与补用。”[④]叶先登在顺治九年（1652）获任翰林院汉书庶吉士，顺治十一年（1654）获任内翰林秘书院检讨，顺治十五年（1658）经顺治帝亲自裁定，外放地方。顺治十三年（1656），叶先登时任内翰林秘书院检讨。

其时，叶先登请假返乡，为其父母处理墓葬而每天在山中。孔自洙主持考试漳州士子，两人抽空在晚间互递名片相交。待叶先登处理父母墓葬事毕，手持为其父母所撰行状，拜访孔自洙，请其为之撰写墓志铭。孔自洙接过行状，认为叶先生父母生平事迹突出，不仅是叶氏一族模范，又是名门望族的楷模。孔自洙自谦水平有限，然而出于倡导士林之风的需要，应责无旁贷。

叶先登之父叶呈熜，字启英，号淑烃，出身长泰县名门望族，祖籍长泰县恭顺里过山社，生于万历七年己卯（1579）四月二十日亥时，卒于崇祯十三年庚辰

---

①（清）沈定均修：光绪《漳州府志》卷47《灾祥志（附：寇乱）》，光绪四年（1878）刻本，第34页a—34页b。

②（民国）郑丰稔总纂、上海书店出版社编：民国《长泰县新志》卷20《列传·清·叶先登》，《中国地方志集成·福建府县志辑》第32册，上海书店出版社2000年版，第637页。

③《清实录·世祖实录》卷86，第678页。

④《清实录·世祖实录》卷117，第909页。

(1640)四月初七日未时,享年六十二岁。叶呈�之父叶桃溪有五子,叶呈熄居长。叶呈熄过目成诵,博览群书,声名鹊起。叶桃溪认为叶呈熄是叶家的"宁馨儿",是将来的希望。由此广交长泰名士。其时,叶呈熄收入不丰,却不肯改行。叶呈熄娶妻王氏,即叶先登之母,生于万历八年庚辰(1580)正月廿四日亥时,卒于顺治四年丁亥(1647)十一月廿七日丑时,享年六十八岁。当时叶桃溪家庭人口较多,生活拮据。尽管王氏带来了丰厚的嫁妆,但叶呈熄却不指望其妻嫁妆,而是在家乡开设私塾教书,以贴补家用。王氏见叶呈熄艰苦朴素,也勤俭持家,整天以稀饭度日。叶桃溪见状大笑道:"作为男子,艰苦朴素是应该的。但是,其妻如此,却不应该!"叶呈熄夫妇从而被大视为"两贤"。叶呈熄对诸弟团结友爱,在叶桃溪去世后,从分家到下葬,叶呈熄均肩负起"长兄为父"的责任。叶呈熄品行端正,做事稳重,被众人比拟为古时庞德公、司马德操。叶先登长大后入泮,在诸生中声名远扬,多次考试夺冠,备受称道,被视为日后的国家栋梁。其时,叶呈熄才将侧重点转到心爱的文学领域,选编耕读传家之道的教育材料。叶呈熄墓《长泰县志》记载:"崇祯十二年己卯"举人有"叶先登见进士"①,叶先登在崇祯十二年(1639)也就是叶呈熄去世前一年中举。叶呈熄非常注重自身的修养,严格要求子弟,在乡间德高望重。叶呈熄生活作风正派,一生仅有王氏一妻,白头偕老。王氏对内严格要求自己,对外则宽以待人,是妯娌中的表率,做到"长嫂如母",妯娌间团结友爱。王氏相夫教子,刻苦自励。叶呈熄一贯不过问家人从事生产,王氏肩负起家庭经营重担,穿着朴素,与婢女、老媪一同劳作。王氏教导有方,众人乐意听从王氏教导,不论严寒酷暑均亲力亲为,唯恐自身做到不够好。王氏此举,可与古代的班姬、陶母相提并论。令人扼腕的是,王氏在叶呈熄去世七年后,随之而去。待叶先登在顺治六年壬辰(1649)中进士时,其母王氏已去世两年,孔自洙对此痛惜不已,感慨其含辛茹苦一辈子,却未能看到其子叶先登飞黄腾达那一天。

叶呈熄、王氏夫妇生有三子,长子翰林叶先登,娶长泰县戴氏为妻;次子叶先发,娶海澄县陈氏为妻;三子叶先癸,娶龙溪县詹氏为妻。叶呈熄、王氏夫妇有孙子七人,孙女五人,其中,叶先登生有三子。叶自本是国子监生,娶长泰县王氏为妻。叶自根,则聘长泰县御史戴相孙女、贡生戴振京长女戴氏为妻。叶先发生有二子,叶自标是长泰县儒学生员,娶龙溪县汪氏为妻。叶先癸生有二

---

① 王珏:康熙《长泰县志》卷18《人物志·举人》,康熙二十六年(1687)刻本,第18页a。

子,其中叶自树是长泰县儒学生员,娶初举人林廷擢之女林氏为妻。孙女五人,叶先登生有三女,分别嫁给长泰县儒学生员王锦、龙溪县儒学生员林正浩、清岳州金宪戴玑次子戴鑐为妻。叶先发生有二女,分别嫁给长泰县儒学生员邵绳、洪庆先为妻。

"是年八月十七日",指顺治十三年丙申(1659)八月十七日,叶呈熄、王氏将合葬在长泰县东彰信里大夫坊,到了康熙三十九年庚辰(1700)二月初八日迁葬大夫坊山中东园内。孔自洙于此落款"赐进士第、奉政大夫、提督福建学政、按察司佥事",可知其时官职,孔自洙自称"年家侄",孔自洙与叶先登并非同科进士,此是孔自洙谦称。

戴相是"福建漳州府长泰县军籍"①进士,是明初名宦戴同吉五世孙。② 戴玑,乾隆《福建通志》记载:"顺治六年己丑刘子壮榜"③进士,是清代长泰县首位进士。林廷擢,民国《长泰县新志》仍沿用叶先登在康熙二十六年(1687)主纂《长泰县志》记载:"丙戌科,林廷擢"④,此"丙戌"表面上看是顺治三年丙戌(1646),其时清军尚未进入长泰,林廷擢实则南明隆武政权隆武二年丙戌(1646)福建乡试中式举人,在是年清军入闽后归隐。

叶呈熄、王氏夫妇两人相差一岁,俗称"上下岁",叶呈熄没有沾染晚明奢靡之风,是闽南名士,王氏也勤俭持家,是典型的闽南贤惠妇女的形象。顺治十三年丙申(1656),叶呈熄已去世十六载,王氏去世九年,为何会相隔较长时间才合葬? 除了清初长泰不靖外,还与闽南重视风水有关。叶先登于此为其父母举行"二次葬"习俗。所谓"二次葬",即在初葬数年后,由其子孙打开其父母棺木,将其骸骨从脚到头的顺序放置陶瓮,再放置棺木中。骸骨俗称"金","拾骨葬"由此称之为"拾金",装置骸骨的陶瓮称之为"金斗"。经过"二次葬"者,如同祖先端坐在陶瓮中,接受子孙祭拜。"二次葬"是正式墓葬,每年冬至祭扫,未经过"二次葬"者则在清明时节祭扫。值得注意的是,康熙庚辰(1700)叶先登后人对叶呈熄、王氏再次迁葬。

①《明天启二年进士题名碑录(壬戌科)》,载《明清历科进士题名碑录》第 2 册,华文书局股份有限公司 1969 年版,第 1220 页。

②(民国)郑丰稔总纂、上海书店出版社编:民国《长泰县新志》卷 16《选举·进士·明》,第 597 页。

③(清)郝玉麟修:乾隆《福建通志》卷 41《选举九·国朝进士》,第 1 页 b。

④(民国)郑丰稔总纂、上海书店出版社编:民国《长泰县新志》卷 16《选举·举人·明》,第 601 页。

查《大清顺治六年进士题名碑录(己丑科)》记载:戴玑、孔自洙分别考中二甲第四十九名、第五十名进士[1],孔自洙与叶先登的儿女亲家戴玑是同科进士,孔自洙在叶先登交游中应有述及。孔自洙与叶先登在顺治十三年丙申(1658)从互换名片开始,一见如故,由此订交。叶先登在康熙三十三年(1694)去世,康熙三十九年庚辰(1700),孔自洙与叶先登相交四十二载,孔自洙应叶先登在晚辈之托,写成叶先登父母的墓志铭,交给叶先登的晚辈。《清实录·世祖实录》记载:"(顺治十二年秋七月丙午)补外转吏部主事戴玑、为湖广按察使司佥事、上江防道"[2],戴玑在顺治十二年(1655)补任上江防道,道署位于岳州,可见孔自洙根据叶先登顺治十三年(1655)提供的其父母行状为主要内容撰写墓志铭。孔自洙与叶先登交往,未见载新旧方志,孔自洙所撰墓志铭因深埋地下,而长期鲜为人知。

孔自洙所撰墓志铭翔实地记载了明末清初闽南名士叶先登的家世、家风、成长经历以及长泰县名门望族、南明举人的联姻情况,为明代卫所军户如何进入清朝社会提供实证,也提供了《颜神镇志》修纂人员叶先登、叶自本、叶自根之间的谱系史料。孔自洙所撰墓志铭行文流畅、饱含深情,发人深省,是研究闽南历史文化以及浙学名家孔自洙的珍贵史料,填补了孔自洙交游、作品记载的不足。孔自洙在墓志铭所署三方印章:"自洙之印""皓庵""己丑进士",分别源自孔自洙全名、别号、科第,反映孔自洙心路历程,其牢记清初进士出身,体现家国情怀的见证,对浙江篆刻研究大有裨益。

三、结语

综上所述,可得以下三点结论。

第一,孔子后裔有"南孔"与"北孔"之分,孔自洙虽出自南方,却备受"北孔"称道。孔自洙文武兼备,是福建、湖广名宦,既是浙学名家,又助力闽学传承。

第二,孔自洙未因叶先登是明末举人,避而远之,反而慕名相交。孔自洙为叶先登父母所撰墓志铭并交予叶先登后人,反映了孔自洙与叶先登"上辈下代",即前后三代人的交往。

第三,新时期浙学名家研究,应在文献分析的基础上,进行文本分析,建史实。围绕浙江,跳出浙江,置身于更广阔的时空。

---

[1]《明清历科进士题名碑录汇编》,第 3 册,第 1425 页。

[2]《清实录·世祖实录》卷 92,第 728 页。

社会史视域下的近代江西
人口研究(1851—1937)

秦浩翔[①]

摘 要:近代江西人口状况与社会发展之间存在着密切关系。受到战争、灾害、疾病等诸多社会因素的影响,近代江西人口数量起伏不定,总体上呈减少趋势。人口结构在一定程度反映了近代江西社会状况:人口年龄结构较为健康,属于成年型社会;人口性别结构不够合理,男子占比过大;人口职业结构呈现多元化趋势,反映了社会的进步;人口的身体素质和文化素质均有待提高。清政府、民国政府以及中共均实施了一系列的人口政策,对于近代江西社会经济的发展以及人口素质的提升起到了重要作用。

关键词:社会史视域;近代;江西;人口研究

关于近代江西人口问题,已有不少学者进行了相关研究[②]。但以往研究主要是结合相关史料对近代江西人口数量进行考证,而较少关注人口问题与社会发展之间的密切关系。本文拟在已有成果的基础上,以人口与社会的关系为切入点,对 1851 至 1937 年间江西人口的相关问题做进一步研究,试图揭示社会因素对人口数量的影响、人口结构所反映的社会状况,并对清王朝、民国政府、中共苏区所推行的人口政策及其社会影响作简要探讨。

---

①中山大学历史学系博士研究生。

②关于近代江西人口问题的研究成果主要有:许怀林:《江西历史人口状况初探》,《江西社会科学》1984 年第 2 期;尹承国:《论 1840—1949 年江西人口发展的几个问题》,《江西财经学院学报》1986 年第 4 期;曹树基:《中国人口史》(第 5 卷),复旦大学出版社 2001 年版;侯杨方:《中国人口史》(第 6 卷),复旦大学出版社 2001 年版。

一、近代江西人口数量及相关社会因素

（一）人口数量考述

近代江西人口数量变化极大,根据相关资料及已有成果,本文将部分年份的户口数量整理汇总,制得表1。需指出的是并非所有数据均准确可靠,部分数据甚至存在明显偏差,我们结合人口发展规律与社会背景对其谨慎考辩,试作分析。

表1　　　　　　　　　　　　近代江西部分年份户口统计

年份	户数	口数	户均口数	数据评估	数据来源	参考资料
1851		2428.6万		准确	曹树基估算数据	《中国人口史》(第5卷下)
1865		1256.6万		准确	曹树基估算数据	《中国人口史》(第5卷下)
1869	4564916	23850811	5.22	过高	光绪《江西通志》	光绪《江西通志》
1887		2455.9万		过高	德文世界人口	《江西年鉴》
1894		2459.8万		过高	德文世界人口	《江西年鉴》
1910	3386328	16725685	4.94	过低	民政部调察报告	《中国人口史》(第6卷)
1912	4579348	23987713	5.24	准确	内务部统计	《民国人口户籍史料汇编》第2册
1913	4673304	24649113	5.27	准确	内务部统计	《民国人口户籍史料汇编》第2册
1914	4727568	24940435	5.27	准确	内务部统计	《民国人口户籍史料汇编》第2册
1915	4739691	25032586	5.28	准确	内务部统计	《民国人口户籍史料汇编》第2册
1916	4958363	25090834	5.06	准确	内务部统计	《民国人口户籍史料汇编》第2册
1917	4977101	25980764	5.22	准确	内务部统计	《中国人口史》(第6卷)
1918		2756.3万		偏高	农商部统计	《江西年鉴》
1921		2453.4万		偏低	海关调查估算数据	《江西年鉴》
1922		2446.6万		偏低	邮政总局估算数据	《江西年鉴》
1928	4029930	18108437	4.49	偏低	陈长蘅估算数据	《中国人口史》(第6卷)
1929		26048824		过高	内政部估算数据	《江西年鉴》
1931	5122755	18724133	3.66	准确	内政部《内政年鉴》	《中国人口史》(第6卷)
1932		1894.0万		偏高	经济委员会估算数据	《江西年鉴》
1933		18638559		偏高	经济委员会估算数据	《江西年鉴》

年份	户数	口数	户均口数	数据评估	数据来源	参考资料
1935	3055251	15690403	5.14	准确	民政厅保甲户口记录	《赣政十年》
1936	2924389	15391610	5.26	准确	民政厅保甲户口记录	《赣政十年》
1937	2863038	15185240	5.30	准确	民政厅保甲户口记录	《赣政十年》

1851年与1865年的人口数字为曹树基利用人口学的理论方法,结合前后年份的人口数量估算而成,虽然无法做到绝对精准,但应当在合理范围之内,未出现明显偏差。光绪《江西通志》所载1869年的人口数字,几乎接近1851年太平天国战乱前的人口数字,明显过高,不可采信。1887年与1894年的人口数字为德文世界人口估算数据,未经过系统调查,且根据其后1910年的民政部调察数据来看,该数字也明显过高,不可采信。1910年的人口数字来源于清末民政部组织的全国人口大普查,然而此次普查的实际效果并不尽如人意。何炳棣指出,清末保甲体系解体后,国家没有有效的行政机构来沟通地方政府和广大民众,训练有素的普查机构更不存在,绝大多数省份1908—1911年的人口普查进行得匆忙而混乱。[1] 而江西的清末人口普查更是风波迭起。江西省专门成立统计处办理此次普查工作,并限令于1909年下半年完成。由于时间紧、任务重,不及广泛宣传,调查人员行事又仓促草率,加之清末江西苛捐杂税繁多,官民之间长期对立,导致人口普查过程中事端频发,工作尤为艰难,几度中断,险遭流产。[2] 此外,时局的动荡也给人口调查带来了困难。清末民初之际,江西"人民均无意营业,而愿荷戈从戎者,项背相望。殷富之家,则多避难于上海或别口,而城居者为保全生命财产起见,咸急逃避乡间,然慢藏诲盗,因居乡而转遭劫掠者,亦时有所闻"。[3] 因此,结合当时的社会背景以及此后民国初年内务部的统计数据,清末江西人口普查数据应远低于实际人口。

1912年,刚成立不久的中华民国便举行了一次全国人口大普查,1912—1917年的人口数字即是民国内务部的统计结果。此次普查十分详细,对于人口的数量、性别、年龄、职业、婚姻、出生、死亡等诸多情况均进行了统计,其数据较

---

①何炳棣:《明初以降人口及其相关问题(1368—1953)》,生活·读书·新知三联书店2000年版,第91页。

②赵树贵、陈晓鸣:《江西通史》(晚清卷),江西人民出版社2008年版,第213页。

③《宣统三年九江口华洋贸易情形论略》,彭泽益编:《中国近代手工业史资料(1840—1949)》第2卷,生活·读书·新知三联书店1957年版,第627页。

为可信。刘大钧评价道："夫民元人口统计虽不能为尽美尽善，然观于所列各项目，则诚可认为中国户口普查之最详细者。"侯杨方也认为"1912 年人口普查是中国有史以来人口统计项目最为详细的一次，也是随后整个民国时期人口统计项目最为详细的一次"。① 1918 年的人口数字为农商部统计数据，较之 1917 年增长了 150 余万，应当偏高。1921 年与 1922 年的人口数字均为估算数据，且较之 1917 年有所下降，其真实性有待商榷。1928 年的人口数字由陈长蘅根据同年全国人口大普查的数据估算而成，此次普查仅对江西 3 市 62 县进行了调查，其余 19 县未在国民党控制之下，因此人口数并未统计在内。陈长蘅结合实际调查的情况，根据已报县数与未报县数之比例对江西全境人口数进行了估算。侯杨方认为，此种估算方法虽然粗糙但却容易接近真实。② 然而，1931 年内政部对江西全省人口的统计数据较之 1928 年的估算数据尚高出 60 余万，随着土地革命战争的持续，江西全省的人口数应当呈减少趋势，因此笔者认为，陈长蘅的估算数据应当偏低。1929 年的人口数字为内政部估算数据，较之 1928 年的估算数据翻了近 1.5 倍，明显过高，不可采信。1932 年与 1933 年的人口数字为经济委员会估算数据，但结合前后人口变化情况，其数据基本符合实际情况，仅略微偏高。1935—1937 年的人口数字为江西省民政厅的保甲户口记录，江西自1932 年推行保甲法以来，尤为重视户口的统计，《赣政十年》称："盖本省自二十一年(1932)'剿匪'时期起，以达二十三年(1934)后之建设时期，对于清查户口之要政，固无日不竭尽心力以赴"，③因此其数据应当十分准确。虽然民政厅对 1932—1934 年的户口数也有记录，但 1935 年之前江西尚有部分地区为苏区，因此其户口统计并未包括江西全省，数字明显过低，不能采信，因此表 1 中未予列出。

总体上看，1851—1937 年江西人口数量变化大致可分为三个阶段，分别为1851—1864 年的锐减阶段、1865—1927 年的回升阶段、1928—1937 年的再次减少阶段。

(二)相关社会因素分析

1851—1937 年，江西人口数量起伏不定，总体上呈减少趋势，主要有以下几个原因。

---

① 侯杨方：《中国人口史》(第 6 卷)，复旦大学出版社 2001 年版，第 56—57 页。
② 侯杨方：《中国人口史》(第 6 卷)，复旦大学出版社 2001 年版，第 171 页。
③ 王次甫：《赣政十年·十年来之江西民政》，江西省政府 1941 年编印，第 12 页。

1. 战争频繁

战争是导致人口锐减的首要原因。近代江西战争不断,尤以太平天国起义和土地革命战争对人口的冲击最大。此外二次革命、护国运动、护法运动、北伐战争等几次战乱也导致了江西人口的减少。

太平天国战争中,江西人口损失约1172万,损失比例高达48.3%。[①] 首先,战争直接造成了人口的大量死亡。咸丰五年(1855)四月,太平军攻夺义宁州,"城中妇孺咸登陴助守",城池陷落后,"州民犹巷战","丁壮妇孺同时毕命者十万余人",至州城克复时,"城内外积骸残烬,血肉狼籍",清军将领罗泽南"檄州人掩埋为大冢",并题名"十万人墓",足见战况之惨烈。[②] 同治四年(1865),太平军攻陷萍乡,大肆焚杀,"城厢死者枕籍"。[③] 其次,太平军掳掠大量人口作为其兵源及劳动力。咸丰十一年(1861),太平军劫掠新建县,"焚庐舍,戕老弱,掳丁壮二万余口,火烧万寿宫,妇女多投水死"。[④] 同年进军高安县时,"放手淫掠妇女,死者无算,丁壮老弱被掳去者,以数万计"。同治元年(1862),太平军再次掳掠高安县,"甚至有一村余丁一二十人者,虽间有逃回,亦甚寥寥"。[⑤] 此外,还有不少土匪依附太平军,流往省外。例如,咸丰六年(1856)江西境内"甘心从逆之匪,约在三万以外"。[⑥]

土地革命战争也对江西人口造成了巨大冲击。1927年北伐战争结束不久,武汉国民政府即密令何键、许克祥、朱培德等新军阀,在湘鄂赣地区屠杀农民达数千人,朱培德所把持的江西省政府更是早已停止各县工农运动,命令其军队捕杀工农领袖达数百人。[⑦] 1929年前后,赣西南地区游击战争频繁,国民党军占领某地时即大肆焚杀农民,红军返回时即带领农民"捕杀土豪劣绅"。赣东北地区的战况同样惨烈,九江农村在国民党军的焚杀抢劫之下"十室九空"。[⑧] 1931年7月,赣东北游击队遭到国民党军队的进攻,军事及党政工作人员大多

①曹树基:《中国人口史》(第5卷·下),复旦大学出版社2001年版,第535页。

②光绪《江西通志》卷97《前事略·武功三》,清光绪七年刻本。

③同治《袁州府志》卷5《武备·武事》,清同治十三年刻本。

④同治《新建县志》卷65《兵氛》,清同治十年刻本。

⑤同治《高安县志》卷9《兵事》,清同治十年刻本。

⑥李滨:《中兴别记》,杜德凤:《太平军在江西史料》,江西人民出版社1988年版,第434页。

⑦中共江西省委:《江西全省秋暴煽动大纲》,江西财经学院经济研究所等合编:《闽浙赣革命根据地财政经济史料选编》,厦门大学出版社1988年版,第6页。

⑧中共江西省委:《关于江西政治情况给中央的报告》,江西财经学院经济研究所等合编:《闽浙赣革命根据地财政经济史料选编》,厦门大学出版社1988年版,第34页。

死伤逃亡,革命群众亦遭残杀,尤以湖口之惨剧为最,总计死亡人数约近三千。①宁都、遂川等地的著名恶霸黄镇中、萧家璧也助纣为虐,曾血洗数县,杀人以万计。② 另外,国民党对苏区实行严密的经济封锁,大量设立地方岗哨,"用武力堵塞赤白区的物资交流"。白区运送物资进入苏区贸易者,如被捕获,即以"通奸济匪"的罪名血腥残杀;苏区运送物资前往白区贸易者,如被捕获,则以"奸细"和"探听情报"论处。在残酷的封锁之下,苏区人民炒菜无盐、穿衣无布,生产、生活陷入极度困境。③

2. 自然灾害频发

自然灾害是仅次于战争的影响人口数量的重要因素。近代江西临近江湖的村落几乎每年都有水灾发生,且之后往往继以旱灾,不仅造成作物歉收,房屋淹没,农具毁坏,更会导致人口的大量损失,往往造成"村无炊烟"的惨象。④

咸丰四年(1854),广昌发生罕见大洪水,"官廨民居仅存十之一二","淹毙人民以万计"。咸丰九年(1859),广信府大水,"田庐淹没,人物漂流无算",上饶"山崩田塞,民多漂溺"。同治二年(1863)四月,新建县山洪暴发,"冲倒桥梁无数,山下居民多溺死"。光绪二年(1876),抚河大水,"抚州近河之乡村全数冲没无算,有仅存一二户者,有存十余户者,河内水面上人声如沸,泛泛者势相枕籍"。民国二年(1913),"抚河、锦江夏五月大水,秋亢旱","饥民遍野"。民国四年(1915)夏,赣南连日大雨,河水暴涨,赣州"城内城外被水之屋,倾倒十分之七","沿河数百里无家可归者不计其数,哀鸿遍野"。⑤ 而且水旱灾害波及范围极广,1880、1882、1883、1887、1888、1899、1900、1908、1935、1936 等年份,江西受灾州县数均多达 30 个以上。⑥

---

① 《十军军委给中央军委的信》,上饶市档案局编:《赣东北苏区档案史料汇编(1927—1935)》,江西人民出版社 2018 年版,第 85 页。

② 何友良:《江西通史》(民国卷),江西人民出版社 2008 年版,第 248 页。

③ 《莲花县第三次工农兵代表大会的经济文化建设》《莲花人民斗争史》,福建、江西、湖南省工商行政管理局史料编写小组编:《中华苏维埃共和国的工商行政管理》,工商出版社 1987 年版,第 20 页。

④ 万振凡、吴小卫:《近代江西农村经济研究》,江西高校出版社 1998 年版,第 159 页,第 168 页。

⑤ 江西省水利厅水利志总编辑室编:《江西历代水旱灾害辑录》,1988 年内部发行,第 131—163 页。

⑥ 参见万振凡、吴小卫:《近代江西农村经济研究》,江西高校出版社 1998 年版,第 159—161 页。

3. 疾病流行

疾病也是影响江西人口数量的主要因素。清末,江西大量人口因疫病而死亡。1902 年春夏间,九江、南昌、鄱阳湖等处"人民患病者甚众,死亡相继","始则鄱阳湖附近一带人民多死于疫症者,继至浔阳,兼之霍乱流行,死于斯病者,实繁有徒,惨何如之!"[①]民国初年,疾病成为人口死亡的主要原因。

表 2   1912—1916 年江西人口死亡情况

死亡原因	民国元年(1912)		民国二年(1913)		民国三年(1914)		民国四年(1915)		民国五年(1916)	
	实数	比例(%)	实数	比例(%)	实数	比例(%)	实数	比例(%)	实数	比例(%)
变死	2377	0.97	766	0.43	1181	0.44	1060	0.38	1029	0.40
自杀	196	0.08	209	0.12	743	0.28	529	0.19	388	0.20
疾病	182999	74.99	137007	77.60	203918	76.00	216187	78.10	195500	76.60
先天畸形	5733	2.35	948	0.54	894	0.33	6540	2.36	6583	2.60
老衰	42391	17.37	28135	15.93	49073	18.29	36768	13.28	37548	14.70
未详	10325	4.23	9499	5.38	12490	4.66	15710	5.68	14347	5.60
总计	244021	100	176564	100	268299	100	276794	100	255225	100

资料来源:民国内务部统计科藏:《江西人口统计图表》,殷梦霞、田奇选编:《民国人口户籍史料汇编》第 2 册,国家图书馆出版社 2009 年版,第 561—562 页。

由表 2 可知,民国初年因衰老而正常死亡的人口仅占死亡总人口的 13%～18%,因疾病死亡的人口则占到了死亡总人口的 75% 以上。且病人所患病症多为传染性疾病,主要类型有八种,分别为伤寒、霍乱、赤痢、痘疮、疹热症、白喉、猩红热、黑死病,其中尤以伤寒、霍乱、赤痢为最。[②] 整个民国,血吸虫病对赣东北鄱阳湖地区的人民危害极大。据统计,新中国成立前的 40 年间,江西因血吸虫病而毁灭的大小村庄有 1362 个,消亡 26000 多户,死亡 31 万多人。[③]

4. 婴幼儿早亡

由于医疗水平有限,清代婴幼儿早亡的现象十分常见。郭松义统计刑案资

---

①《光绪二十八年九江口华洋贸易情形论略》,彭泽益编:《中国近代手工业史资料(1840—1949)》第 2 卷,生活·读书·新知三联书店 1957 年版,第 593—594 页。

②参见民国内务部统计科藏:《江西人口患八种传染病死亡者比较图》,殷梦霞、田奇选编:《民国人口户籍史料汇编》第 2 册,国家图书馆出版社 2009 年版,第 496 页。

③万振凡、万心:《血吸虫病与鄱阳湖区生态环境变迁:1900—2010》,中国社会科学出版社 2015 年版,第 68—69 页。

料指出,清代婴幼儿的死亡率高达惊人的 56%,即便是士绅家庭,其幼儿早亡率(10 岁以前死亡)亦高达 34.41%。及至清末,科学的接生方法从西方传入,婴儿的死亡率才有所降低。①

表3　　　　　　　　　　　1912—1916 年江西人口出生情况

出生状况	性别	民国元年（1912）		民国二年（1913）		民国三年（1914）		民国四年（1915）		民国五年（1916）	
		实数	比例（%）	实数	比例（%）	实数	比例（%）	实数	比例（%）	实数	比例（%）
生产	男	213373	46.30	235676	45.57	242963	45.94	244587	43.42	243508	45.64
	女	187792	40.75	213914	41.36	223125	42.19	220476	39.14	208319	39.05
	合	401165	87.05	449590	86.92	466088	88.13	465063	82.56	451827	84.69
死产	男	30685	6.66	34985	6.76	35200	6.66	52928	9.40	43540	8.16
	女	28992	6.29	32649	6.31	27550	5.21	45291	8.04	38119	7.15
	合	59677	12.95	67634	13.08	62750	11.87	98219	17.44	81659	15.31
总计	男	244058	52.96	270661	52.33	278162	52.60	297515	52.82	287048	53.81
	女	216784	47.04	246563	47.67	250675	47.40	265767	47.18	246438	46.19
	总	460842	100	517224	100	528837	100	563282	100	533486	100

资料来源:民国内务部统计科藏:《江西人口统计图表》,殷梦霞、田奇选编:《民国人口户籍史料汇编》第 2 册,国家图书馆出版社 2009 年版,第 543—544 页。

由表3可知,民国初年江西出生人口的死亡率在 15% 左右,尽管该比例仅指出生婴儿,未包含幼儿在内,但远低于清代 56% 的婴幼儿死亡率,可以证明民国初年的婴儿死亡率较之清代有所下降。但是每年依然有一定比例的婴儿死亡,成为影响人口数量的因素之一。

二、近代江西人口结构与社会状况

(一)年龄结构

年龄结构是最基本的人口结构,通过分析少年儿童人口占比、老年人口占比、老少比(65 岁以上与 14 岁以下人口之比)、年龄中位数的状况,可以判断人

①参见郭松义:《清代社会环境和人口行为》,天津古籍出版社 2012 年版,第 240—241 页,第 270 页。

口年龄结构属于年轻型、成年型或是年老型。[1] 判断标准如下。

表 4　　　　　　　　　　人口年龄结构类型的划分标准

类型	0～14 岁占比	65 岁以上占比	老少比	年龄中位数
年轻型	40％以上	5％以下	15％以下	20 岁以下
成年型	30％～40％	5％～10％	15％～30％	20～30 岁
老年型	30 以下％	10％以上	30％以上	30 岁以上

资料来源:赵英兰:《清代东北人口社会研究》,社会科学文献出版社 2011 年版,第 113 页。

根据民国初年内务部关于江西人口年龄状况的调查数据,制得表 5。

由表 5 可知,1912—1916 年,江西人口占比最多的年龄段均为 26～30、31～35、36～40,主要以中年人口为主。结合表 4 的划分标准,可作进一步分析。以 1916 年为例,其比对结果为:0～15 岁人口占比 22.03％,属老年型社会;65 岁以上人口占比 0.93％,属年轻型社会;老少比为 4.22％,属年轻型社会;人口中位数为 31～35,属老年型社会。综合四个方面的标准,民国初年江西人口年龄结构应为成年型。而且 1912—1916 年,6～10、11～15、16～20 三个青少年阶段的人数均呈增长趋势。因此总体上看,民国初年江西人口年龄结构较为健康。

(二)性别结构

封建社会,人口的生育基本上在纯自然状态下进行,人口出生性别比一般不超过 110％,正常情况下为 105％上下。[2] 从前文表 3 数据可知,1912—1916 年江西人口出生性别比约为 110％左右。而近代江西人口性别比却呈现明显偏高的状况,由表 6 可知,即使比例最低的 1917 年也达到了 118.49％,高出正常值 8％,大部分年份性别比均在 120％以上。

---

①佟新:《人口社会学》,北京大学出版社 2019 年版,第 182 页。
②赵英兰:《清代东北人口社会研究》,社会科学文献出版社 2011 年版,第 106 页。

表5 1912—1916年江西人口年龄结构及变化趋势

年龄段	民国元年(1912)		民国二年(1913)			民国三年(1914)			民国四年(1915)			民国五年(1916)		
	实数	比例(%)	实数	比例(%)	趋势	实数	比例(%)	趋势	实数	比例(%)	趋势	实数	比例(%)	趋势
1~5	1604660	6.69	1834475	7.44	+	1844661	7.40	+	1745893	6.97	−	1741225	6.94	−
6~10	1522804	6.35	1638206	6.65	+	1687650	6.77	+	1711612	6.84	+	1818827	7.25	+
11~15	1696404	7.07	1742952	7.07	+	1818864	7.29	+	1940263	7.75	+	1966273	7.84	+
16~20	1982925	8.27	2012256	8.16	+	2068180	8.29	+	2118469	8.46	+	2229264	8.88	+
21~25	2192992	9.14	2139090	8.68	−	2169009	8.70	+	2255937	9.01	+	2163434	8.62	−
26~30	2439399	10.17	2355208	9.55	−	2344373	9.40	−	2302238	9.20	−	2347058	9.35	+
31~35	2532794	10.56	2560292	10.39	+	2557311	10.25	−	2586249	10.33	+	2499879	9.96	−
36~40	2579538	10.75	2579042	10.46	−	2553500	10.24	−	2771909	11.07	+	2724929	10.86	−
41~45	2407578	10.03	2444331	9.92	+	2412903	9.67	−	2129783	8.51	−	2103247	8.38	−
46~50	2212877	9.22	2366104	9.60	+	2410345	9.66	+	2171856	8.68	+	2188797	8.72	+
51~55	1516991	6.32	1667151	6.76	+	1761179	7.06	+	1642365	6.56	−	1752179	6.98	+
56~60	755837	3.15	755927	3.07	+	756738	3.03	+	932427	3.72	+	885392	3.52	−
61~65	353193	1.47	354344	1.44	+	356101	1.43	+	445712	1.78	+	411933	1.64	−
66~70	104456	0.43	104318	0.42	−	104358	0.42	+	173555	0.69	+	170771	0.68	−
71~75	35339	0.15	35277	0.14	+	35296	0.14	+	53788	0.21	+	55054	0.22	+
76~80	38228	0.16	38526	0.16	+	38591	0.15	+	25458	0.10	+	2693	0.01	−

续表

年龄段	民国元年(1912)		民国二年(1913)			民国三年(1914)			民国四年(1915)			民国五年(1916)		
	实数	比例(%)	实数	比例(%)	趋势	实数	比例(%)	趋势	实数	比例(%)	趋势	实数	比例(%)	趋势
81~85	8316	0.03	3302	0.01	−	3327	0.01	+	2496	0.01	−	2252	0.01	−
86~90	2588	0.01	2676	0.01	+	2684	0.01	+	1913	0.01	−	1728	0.01	−
91~95	1160	0.00	1203	0.00	+	1278	0.01	+	840	0.00	−	1068	0.00	+
96~100	1627	0.01	1619	0.01	−	1620	0.01	+	548	0.00	−	545	0.00	−
101~105	56	0.00	55	0.00	−	53	0.00	−	15	0.00	−	39	0.00	+
105~110	2	0.00	1	0.00	+		0.00	−	2	0.00	+	0	0.00	−
不详	2949	0.01	12278	0.05	+	12416	0.05	+	19258	0.08	+	24247	0.10	+
总计	23987713	100	24649113	100	+	24940435	100	+	25032586	100	+	25090834	100	+

资料来源：民国内务部统计科科藏：《江西人口统计图表》，殷梦霞、田奇选编：《民国人口户籍史料汇编》第 2 册，国家图书馆出版社 2009 年版，第 509—510 页。

表6　　　　　　　　　　　　　　近代江西人口性别结构

年份	男	女	总计	性别比	资料来源
1910	9481823	7495206	16977029	126.51%	《中国人口史》(第6卷)
1912	13337922	10049791	23987713	125.24%	《民国人口户籍史料汇编》第2册
1913	13635245	11013868	24649113	123.80%	《民国人口户籍史料汇编》第2册
1914	13834454	11105931	24940435	124.57%	《民国人口户籍史料汇编》第2册
1915	13885652	11146933	25032586	124.57%	《民国人口户籍史料汇编》第2册
1916	13615168	11475666	25090834	118.64%	《民国人口户籍史料汇编》第2册
1917	13601424	11479340	25980764	118.49%	《中国人口史》(第6卷)
1928	10056220	8052217	18108437	124.89%	《中国人口史》(第6卷)
1931	10213726	8510407	18724133	120.01%	《中国人口史》(第6卷)

结合表7,可对1928年江西部分市县的性别比进行比较。

表7　　　　　　　民国十七年(1928)江西部分市县性别结构

部分市县	人口数			性别比	男子占比
	男	女	合计		
南昌市	143710	80450	224160	178.63%	64.10%
九江市	51996	28844	80840	180.27%	64.32%
景镇市	116366	37380	153746	311.31%	75.63%
上饶	204209	136081	340290	150.06%	60.01%
星子	51187	39165	90352	103.69%	56.62%
南丰	67770	64622	132392	104.87%	51.20%
万载	162134	123888	286022	130.87%	56.68%
鄱阳	260214	218273	478487	119.21%	54.78%
宜春	222087	162613	384700	136.57%	57.73%
瑞金	147011	131126	278137	112.11%	52.86%
3市62县总计	7422332	5943420	13365752	124.88%	55.53%

资料来源:民国内政部统计司编藏:《民国十七年各省市户口调查统计报告》,殷梦霞、田奇选编:《民国人口户籍史料汇编》第4册,国家图书馆出版社2009年版,第389—391页。

在表7列举的3市7县中,南昌、九江、景德镇三大城市男女比例极高,尤其是景德镇竟高达3∶1。而上饶、万载、宜春等县性别比也远高于正常值,仅星子、南丰二县较为接近正常值。可见民国中期,江西城市人口性别比远高于正常值,而所属各县的男女比例也多偏高,仅有少数属县在正常范围之内。其原因主要有以下几个方面。

其一,南昌是江西的行政中心城市,政府机关、学校、医院众多,受中国封建观念的影响,其工作人员以男性居多。[1] 九江在开埠后成为江西的商贸中心城市,从事对外贸易与经济活动者也以男性居多。景德镇则是江西的工业中心城市,从事手工业生产者也以男性居多。因此江西三大城市的性别比均远高于正常值。其二,20世纪上半叶,官方人口统计中的女性漏报率远高于男性,性别比过高成为全国各地的普遍现象。[2] 其三,受到古代重男轻女观念的影响以及生活所迫,"江西向有溺女之风"[3],晚清时期依然如此。

男女比例的长期失衡是近代江西不可忽视的社会问题之一,会引发婚配失当、人口拐卖、性行为犯罪等一系列社会问题,对社会秩序造成不良影响。

(三)职业结构

职业结构也是人口结构的重要方面,能直接反映社会发展状况和生产力水平。近代以来,随着西方列强的入侵,中国古代以士农工商为主体的传统职业结构被逐渐打破,职业种类越来越多,社会分工越来越细。

表8　　　　　　　　　　1912—1916年江西人口职业结构

职业	民国元年(1912)		民国二年(1913)		民国三年(1914)		民国四年(1915)		民国五年(1916)	
	实数	比例(%)	实数	比例(%)	实数	比例(%)	实数	比例(%)	实数	比例(%)
议员	12706	0.05	0	0.00	0	0.00	0	0.00	129	0.00
官吏	8536	0.03	8186	0.03	7000	0.03	6416	0.03	5867	0.02
公吏	9371	0.04	9218	0.04	9866	0.04	9018	0.04	8300	0.03
教员	23144	0.10	9127	0.04	7891	0.03	7122	0.03	7550	0.03
生徒	190600	0.79	154736	0.63	137311	0.55	118417	0.47	130305	0.52

---

[1] 孙伟:《近代中国人口优化的启示——民国中期的南昌市人口》,江西人民出版社2013年版,第58页。

[2] 侯杨方:《中国人口史》(第6卷),复旦大学出版社2001年版,第282页。

[3]《乾隆五十七年九月己酉上谕》,光绪《江西通志》卷首《训典》,清光绪七年刻本。

职业	民国元年（1912）		民国二年（1913）		民国三年（1914）		民国四年（1915）		民国五年（1916）	
	实数	比例（%）	实数	比例（%）	实数	比例（%）	实数	比例（%）	实数	比例（%）
僧侣教徒	32218	0.13	33012	0.13	33291	0.13	28533	0.11	25251	0.10
律师	53	0.00	50	0.00	181	0.00	226	0.00	443	0.00
新闻记者	334	0.00	429	0.00	238	0.00	328	0.00	316	0.00
医士	12720	0.05	13882	0.06	14577	0.06	16711	0.07	15569	0.06
农业	7447830	31.05	7489531	30.38	7527562	30.18	7603624	30.37	7638447	30.44
矿业	66717	0.28	43867	0.18	42726	0.17	33544	0.13	34068	0.14
商业	2082296	8.68	2150894	8.73	2149556	8.62	2208536	8.82	2232844	8.90
工业	3208317	13.37	3243031	13.16	3226317	12.94	3297614	13.17	3271708	13.04
渔业	75764	0.32	163429	0.66	160905	0.65	142263	0.57	135010	0.54
其他各业	6711859	27.98	8319807	33.75	8306941	33.31	8344322	33.33	8272643	32.97
不详	4005243	16.70	3009864	12.21	3316073	13.30	3215912	12.85	3312384	13.20
总计	23987713	100	24649113	100	24940435	100	25032586	100	25090834	100

资料来源：民国内务部统计科藏：《江西人口统计图表》，殷梦霞、田奇选编：《民国人口户籍史料汇编》第2册，国家图书馆出版社2009年版，第527—528页。

由表7可知，民国初年江西人口职业种类相当丰富，除农业、工业、商业等传统职业外，还出现了律师、新闻记者等近代职业，呈现出多元化趋势。表中农业人口仅占30%左右，明显远低于实际情况。有两种可能：其一，表中"其他各业"与"职业不详"人数占比为45%左右，可以合理推测其中绝大多数应当以务农为主要职业；其二，许多农村妇女并未列入职业统计之中，使得实际农业人口严重偏低。工业成为社会第二大职业，是江西逐步走向近代化的一个重要标志。晚清时期许多中小手工产业已具备一定规模，例如光绪年间江西锡箔业"虽较之闽箔杭箔远不能逮"，然其货物依然畅销大江南北，"计其中养活之人，殆以万数，亦市业之一大宗也"。① 1893年，瑞金石城县倚种竹造纸为生者"岁

---

①《申报》光绪六年三月十二日，彭泽益编：《中国近代手工业史资料（1840—1949）》第2卷，生活·读书·新知三联书店1957年版，第123页。

已将及万人"。① 浮梁县则以瓷器为大宗,"窑工贩商数十万人"。② 民国时期,江西工人数量较之清末继续增多,尤其是九江、萍乡、景德镇、南昌等工人最为集中的地区。③ 民国中期,江西省经济委员会称赞近代江西的发展说道:"江西最大之特色,在于手工业之发达。此足以证明吾民之才智勤奋,有开物成务,利用厚生之能力也。"④

但也需指出,民国时期人口失业情况非常严重。民国初年,生计艰难成为人们自杀的重要原因,⑤反映出不少百姓难以养家糊口的社会状况。北伐战争前,景德镇约有制瓷工13万,"北伐期间因受战事影响,销售停滞,营业缩小,减少瓷工3万人左右"。⑥ 1928年前后,赣东北地区"农民渐渐失业",失去了土地和财产。⑦ 国共内战时期,自从国民党实行经济封锁后,苏区社会经济日益下滑,农民失业率增加,许多小市场被焚烧破坏,"乡村小商人多数破产"。⑧ 1936年,九江沿江码头的不少工人因不能运货,"已流落在街头行乞诉苦"。⑨ 大量的失业人口成为近代江西社会的不安因素。

(四)人口素质

人口素质主要包括人口的身体素质与文化素质两个方面,是衡量某地人口状况的重要指标,在一定程度上影响到区域未来的发展。

---

①陈炽:《续富国策》卷1《种竹造纸说》,彭泽益编:《中国近代手工业史资料(1840—1949)》第2卷,生活·读书·新知三联书店1957年版,第119页。

②刘锦藻:《清朝续文献通考》卷392《实业十五》,彭泽益编:《中国近代手工业史资料(1840—1949)》第2卷,生活·读书·新知三联书店1957年版,第485页。

③何友良:《江西通史》(民国卷),江西人民出版社2008年版,第92页。

④江西省政府经济委员会编:《江西经济问题》,江西省社会科学院历史研究所、江西省图书馆:《江西近代贸易史资料》,江西人民出版社1988年版,第99页。

⑤参见民国内务部统计科藏:《江西人口统计图表》,殷梦霞、田奇选编:《民国人口户籍史料汇编》第2册,北京:国家图书馆出版社,2009年,第589—590页。

⑥中共江西省委:《关于江西政治情况给中央的报告》,江西财经学院经济研究所等合编:《闽浙赣革命根据地财政经济史料选编》,厦门大学出版社1988年版,第26页。

⑦中共江西省委:《致赣东北各县委信》,江西财经学院经济研究所等合编:《闽浙赣革命根据地财政经济史料选编》,厦门大学出版社1988年版,第18页。

⑧王首道:《中共湘鄂赣特委工作报告》,福建、江西、湖南省工商行政管理局史料编写小组:《中华苏维埃共和国的工商行政管理》,工商出版社1987年版,第23页。

⑨《工商新闻》1936年第3期,江西省社会科学院历史研究所、江西省图书馆编:《江西近代贸易史资料》,江西人民出版社1988年版,第63页。

1. 身体素质

表 9 为 1935 年南昌市小学生的体检调查统计，数据显示，南昌市小学生的身体状况极为不佳，绝大多数均存在身体缺陷。虽然该调查仅限于南昌一市，但南昌作为省会城市，其生活条件较其他市县应当更好，但仍有将近 80% 的学生存在身体缺陷，可想而知，江西全省小学生的身体素质不容乐观。

表 9　　　　　1935 年江西省会各小学学生身体缺点例数分类统计

缺点类别	沙眼	牙病	皮炎	视力	耳病	扁桃腺	淋巴腺	营养	听力	其他眼病	呼吸系	整形外科	循环系	其他	总计
缺点例数	3604	1278	1213	907	529	320	432	479	31	366	115	12	14	2	9307
百分率	50.02	17.92	16.14	12.61	7.31	4.45	6.02	6.67	0.43	5.10	1.60	0.17	0.20	0.03	100

附注：受检查学生 7182 人，有缺点人数占 79.42%，无缺点人数占 20.58%。
资料来源：刘治乾主编：《江西年鉴》，江西省政府统计室 1936 年发行，第 421 页。

成年人的身体状况未见统计资料，但结合其日常工作和生活习惯进行分析，可推知其状况不佳。主要原因有二。其一，每日工作时间过长。九江市各业工人除制火柴的女工外，每日工作时间均在 10 小时之上，即便童工也不例外。南昌市各业工人工作时间也多在 9～10 小时。[①] 长期高负荷工作必然对其身体健康产生影响。其二，许多工人有抽烟酗酒之陋习。例如南昌市手工业工人，工作后"除茶烟酒赌而外，别无其他可以代替也"，人力车夫"每日除工作时间外，大多消磨于烟酒馆"，轿夫工人亦"多在烟馆吸烟"。[②] 抽烟酗酒的陋习一旦养成，对于身体的摧残无疑极为严重。

2. 文化素质

近代江西人口的文化素质整体偏低。由表 10 可知，南昌市民文盲及半文盲占到了总人口的半数以上，受过教育者大多也仅是受过初等教育，受过中等教育和高等教育者极少。

---

①刘治乾主编：《江西年鉴》，江西省政府统计室 1936 年发行，第 981 页，第 986 页。
②《经济旬刊》1934 年 4 月第 10 期，江西省社会科学院历史研究所编：《江西近代工矿史资料选编》，江西人民出版社 1989 年版，第 358—359 页。

表 10 　　　　　　　　1934 年、1936 年南昌市民教育程度统计

所受教育程度	1934 年		1936 年	
	人数	占市民人口比	人数	占市民人口比
受高等教育者 （包括留学、肄业）	4236	1.68%	4210	1.67%
受中等教育者 （包括高中、初中）	11033	4.38%	10317	4.29%
受初等教育者 （包括私塾）	96605	38.39%	100515	39.85%
未受教育者 （包括文盲半文盲）	139896	55.50%	137199	54.39%
合计	251671	100%	252241	100%

资料来源：孙伟：《近代中国人口优化的启示——民国中期的南昌市人口》，江西人民出版社 2013 年版，第 67 页。

从具体职业来看，民国中期九江市码头工人"识字者约一千一百余人，多半曾入私塾一、二年不等"，约居总数的三分之一，余者多不识字。中华火柴公司之女工"几均不识字"。"其他如机器厂、电灯公司、久兴纺织厂之工人，约有三分之二不识字，其余三分之一亦入私塾一两年不等"。[1] 1934 年，南昌市手工业工人中，"稍识文字者约估百分之五六，全不识字者，约计百分之四五，能阅读报章者，则不过百分之一二"。商店工人中，"稍有识文字者，约计十分之二三，全不识文字者，约计十分之五六"，商店学徒则以高级小学毕业为最多，人力车夫中"稍识文字者，仅百分之一二"，码头工人中"稍识文字者，约计百分之三"，轿夫工人中，能识文字者极少。[2] 可见各业工人的文化程度均不高。

三、近代江西人口政策与社会变迁

人口政策是指由政府颁布的，意在影响人口增减、规模、结构、素质的各种法律、法规和措施。[3] 晚清民国时期，清王朝、民国政府、中共苏区均出台了相关

[1]江西省社会科学院历史研究所编：《江西近代工矿史资料选编》，江西人民出版社 1989 年版，第 367 页。

[2]《经济旬刊》1934 年 4 月第 10 期，江西省社会科学院历史研究所编：《江西近代工矿史资料选编》，江西人民出版社 1989 年版，第 359 页。

[3]佟新：《人口社会学》，北京大学出版社 2019 年版，第 321 页。

政策对江西人口进行治理。

(一)清中后期的人口政策与社会复苏

太平天国战争不仅导致人口的大量损失,同时对江西社会经济也造成了严重冲击。在农业方面,受扰较重地区"户口稀少,多有无主闲田"①,"或被匪窜扰,农业全荒"②。手工业的发展也受到严重影响。道光年间,景德镇"开工的窑数有二百七十个至二百九十个","经太平起义后开始恢复时仅有二十个至三十个磁窑开工"。③ 此外,"乱后虽经复业,而老者已死,少者失传,又无人提拔经营,已资襄助,年复一年,有日趋陋劣已耳"。④ 因此太平天国战乱结束之后,清王朝的首要任务即是进行人口治理和恢复社会经济。主要措施有以下几个方面。

其一,募民垦荒,恢复农业生产。同治二年(1863),战乱尚未完全平定,同治皇帝(实为清政府,下同)即发布上谕,要求各地督抚"将业经克复地方,先行办理。如实系无主荒田,即可募民屯种。并须选派廉明委员认真清查,毋任蒙混骚扰"。⑤ 同治五年(1866)战事平定,同治皇帝再次颁布上谕,督促各省督抚劝民垦荒:

> 东南数省,半遭兵燹,农民类多失业。各地方官于收复后,勒限催科,而于劝民垦荒事宜,往往虚应故事,殊非重农足食之道,亟宜认真劝谕,加意招徕。惟各直省情形不同,办理自难一致。著各该督抚因地制宜,妥议章程,广为招垦。按荒熟之成数,定属员之举劾,务使实力奉行,以拯民困而尽地利。⑥

①《同治二年十二月二十一日上谕》,毛智勇、汤水清主编:《近代江西重要历史文献丛编:上谕档》,江西人民出版社2016年版,第219页。

②《同治三年八月初三日上谕》,毛智勇、汤水清主编:《近代江西重要历史文献丛编:上谕档》,江西人民出版社2016年版,第226页。

③《Returns of Trade and Trade Reports》,彭泽益编:《中国近代手工业史资料(1840—1949)》第2卷,生活·读书·新知三联书店1957年版,第121页。

④陈炽:《续富国策》卷2《取土制磁说》,彭泽益编:《中国近代手工业史资料(1840—1949)》第2卷,生活·读书·新知三联书店1957年版,第122页。

⑤《同治二年十二月二十一日上谕》,毛智勇、汤水清主编:《近代江西重要历史文献丛编:上谕档》,江西人民出版社2016年版,第219—220页。

⑥《同治五年五月二十二日上谕》,毛智勇、汤水清主编:《近代江西重要历史文献丛编:上谕档》,江西人民出版社2016年版,第254页。

招募百姓屯垦荒地既能使社会经济得以恢复,同时也为人口的回升提供了基础。

其二,蠲缓贡赋,救济受灾百姓。同治四年(1865),考虑到"自军兴以来,各直省地方多遭蹂躏",同治皇帝谕令"所有例应呈进贡品","一经该督抚随时奏请缓进,无不降旨允准",并且规定"嗣后凡被兵省份,常年例贡难筹办者,仍著各该省督抚等随时奏请停缓,以示体恤"。① 此后历年,又对江西受灾地区的赋税一律蠲缓,并设法对灾区予以特殊救济。光绪二年(1876),光绪皇帝谕令:"本年夏间,江西省江水盛涨,各属田庐被淹,粮价昂贵,必须有外来商贩,藉资接济。著刘秉璋督饬所属地方各官,体察情形,设法招徕,将米粮厘金暂行停收,酌定章程,遍行晓谕。"② 足见其对百姓生计的重视。

其三,禁止溺婴,扶助贫困百姓。鉴于各省多有溺女之风,同治五年(1880),同治皇帝令"各直省督抚饬所属地方官,出示晓禁",禁止溺婴行为。同时考虑到贫困百姓无力养育婴儿,"责令各州县劝谕富绅广设育婴处所,妥为收养,俾无力贫民不至因生计艰难再蹈恶习。倘仍不知悛改,即治以应得之罪。"③ 不久,同治皇帝再次要求地方官员对贫困百姓加以扶助,谕令:

> 各直省府厅州县,向设有养济院、栖流所等名目,俾无告穷民,不致流离失所。近来地方官未能实力奉行,以致穷黎困苦颠连,情殊可悯。著各直省督抚严饬所属,将养济院、栖流所、留养局旧址随时修葺。遇有老弱失业穷民,给予口粮安置。该地方官务当督同公正绅董,妥为经理,不得假手吏胥,致滋弊窦,用示朝廷矜恤困穷至意。④

朝廷禁止溺婴的政令加快了人口的恢复,对于贫困百姓的扶助不仅有利于百姓生计,而且促进了社会的稳定。

其四,招揽游民,设厂教习工艺。光绪二十八年(1902),江西巡抚李兴锐奏称:"江西无业游民,日见其众,近日议设巡警军,必须清查街道,断难容其游行

①《同治四年七月初九日上谕》,毛智勇、汤水清主编:《近代江西重要历史文献丛编:上谕档》,江西人民出版社 2016 年版,第 241 页。

②《光绪二年八月十九日上谕》,毛智勇、汤水清主编:《近代江西重要历史文献丛编:上谕档》,江西人民出版社 2016 年版,第 448 页。

③《同治五年二月初十日上谕》,毛智勇、汤水清主编:《近代江西重要历史文献丛编:上谕档》,江西人民出版社 2016 年版,第 244 页。

④《同治五年四月初三日上谕》,毛智勇、汤水清主编:《近代江西重要历史文献丛编:上谕档》,江西人民出版社 2016 年版,第 246 页。

市面,以致扰害闾阎。"奏请"于省城设立工艺院一所,收诸游荡,及曾犯轻罚者,雇派工师,教以工艺"①。此后数年,江西所属各县纷纷设立工艺院,招揽无业游民进行手工生产。光绪三十年(1904)八月,崇仁县官员在城隍庙侧空地,添造房屋,设立工艺院,收养无业游民,及轻罪人犯。② 万安县官员"将南门外旧营房一所,改做工艺所,收集游民,各习一艺"。光绪三十一年(1905),南城县"在县属西边旷地,建造房屋五大间,名曰'工艺厂'","收养游民及轻罪人犯,雇教习四人,教织毛巾、东洋布"。泸溪县设工艺传习所,专收无业游民。丰城县"创办劝工所一区,收养游民,学习工艺"。光绪三十二年(1906),永宁县将原有习艺所进行改造,"一俟工竣,即行延雇工师,将地方流氓痞棍,拘入该所,学习工艺"。③ 清末江西大量设立工艺院,招揽游民进行手工生产,有利于减少无业人口,稳定社会治安,并推动了经济的发展。

总体上看,清中后期出台的一系列人口政策,极大地缓解了百姓的困境,有利于人口的恢复,江西社会经济也因此逐渐复苏。

(二)民国时期的人口政策与社会发展

民国时期,民国政府与中共苏区均在各自辖区推行了一系列的人口政策,对于江西社会发展起到了积极作用。

1.民国政府的人口政策

其一,加强人口控制。土地革命时期,江西成为国共对峙的主要地区,因此国民党驻赣官员尤为重视人口以及社会的控制。1932年熊式辉主政江西之后,陆续推行"三保"政策,即保甲、保卫和碉堡,意在动员民众,使其"助剿"。④ 其中保甲制度对于江西人口的控制起到了重要作用。1932年江西省政府"遵照'剿匪区'内各县编查保甲户口条例,实行清查户口",其后又实行"户口异动登记办

---

① 《江西巡抚李兴锐奏设工艺院一所》,彭泽益编:《中国近代手工业史资料(1840—1949)》第2卷,生活·读书·新知三联书店1957年版,第539页。
② 傅春官:《江西农工商矿纪略·崇仁县》,彭泽益编:《中国近代手工业史资料(1840—1949)》第2卷,生活·读书·新知三联书店1957年版,第550页。
③ 傅春官:《江西农工商矿纪略》,江西省社会科学院历史研究所编:《江西近代工矿史资料选编》,江西人民出版社1989年版,第14—36页。
④ 何友良:《江西通史》(民国卷),江西人民出版社2008年版,第241页。

法"，对各地户口进行严格控制，主政官员认为"肃清'匪患'，于此所得功效尤多"。[①] 然而"三保"政策虽然盛行一时，有利于国民党对苏区的围剿，但也给江西百姓带来了沉重负担。[②]

除了"三保"政策以外，国民政府还出台了其他加强人口与社会控制的政策。例如，1932年冬奉蒋介石指令整理仓储，"限三个月储足每人口三个月食量"，1933年"依照全省仓储计划，规定各县应积数量"，"并制发江西省县仓管理细则"，"是年(1933)县乡镇各仓积谷数，遂较上年增加"。自1935年起，江西开始实行"六年禁烟计划"，严格限制烟民的活动，每年均对烟民的动态、土膏店家数及其进销数量进行登记，取得了一定成效。[③]

其二，改善医疗条件。医疗水平直接影响人口健康，与人口数量、质量密切相关。及至1933年，江西省的医疗卫生建设尚不成熟，全省设县立医院者仅21县，设县立诊疗所者仅24县，全省卫生工作也是由省会公安局办理。且当时正值土地革命战争，"地方政府，皆尽力于防守救济事宜，无暇顾及行政卫生"。1934年6月，"全省卫生处成立，统办全省卫生事宜"，江西成为全国首个专设省卫生行政机构的省份。1935—1937年，江西医疗卫生事业继续发展，各级卫生机关的数量与投入经费均逐渐增加(见表11)，及至1937年，全省机关总数已为1933年的近3倍，全省83县均普遍设置卫生院，"其普设之早，亦冠全国"。[④]

表11   1933—1937年江西卫生机关与经费情况

年份	省卫生机关数	合办卫生机关数	县卫生机关数	机关总数	省卫生经费	县卫生经费	经费总计
1933	—		37	37			
1934	7	13	68	88	541390.00	141759.00	683149.00
1935	10	13	68	91	356900.00	206474.00	563375.00
1936	11	13	79	103	488946.41	312720.00	801666.41
1937	11	13	83	107	408087.68	409696.00	817783.68

资料来源：方颐积：《赣政十年·十年来之江西卫生》，江西省政府1941年编印，第2—3页。

①王次甫：《赣政十年·十年来之江西民政》，江西省政府1941年编印，第11—12页。
②何友良：《江西通史》(民国卷)，江西人民出版社2008年版，第245页。
③王次甫：《赣政十年·十年来之江西民政》，江西省政府1941年编印，第14—18页。
④方颐积：《赣政十年·十年来之江西卫生》，江西省政府1941年编印，第2页。

除了加强医疗机构的建设之外,各市县的防疫工作也得到了加强。在各项防疫工作中,"以种痘一项,办理甚为切实",省会地区"由市卫生机关,指拨专款,直接办理",各市县则以卫生行政经费的十分之三为种痘专款,"并举办种痘传习所,训练种痘人员,遣送各县,分别到达各区保甲,挨户施种。"除了种痘之外,政府还会于夏季组织接种霍乱、伤寒、痢疾等疫苗,冬季则组织接种白喉等疫苗。①

其三,大力发展教育。民国初年李烈钧督赣之时,江西教育得到初步发展,各县小学数量骤增,中学教育和专门性教育也有起色,出现办学高潮。但因经费不足影响了办学的规模和质量,一大批家境贫困的学生也难以入学。② 1932年熊式辉督赣后对江西教育极为重视,上任伊始便"首先谋教育基金之稳固,不使稍有动摇","改组省教育经费委员会,自任主任委员,以监督教费之管理",其后又颁布《省教育经费收支办法》,"自是省教育费得以按月发放",为教育发展提供了经济基础。③

1933年春《江西教育行政方针》出台,规定了发展教育的具体措施。总体上看,该方针的制定较为周全,考虑了发展教育的各个方面。例如,方针指出:不仅要重视国民的文化教育,还需加强心理、体格、爱国精神等方面的教育;不仅需加强对学生的教育,对于办学人员、教育机关也需进行考核与引导,以此形成良好的学风;各地各级教育应当均衡发展,"使学校教育与社会教育,使城市教育与乡村教育,同时并进"。④

在熊式辉等人的努力下,江西教育水平得到了较大发展。在义务教育方面,学校数量、教职员数量、学童入学比例、投入经费,均逐年增加(见表12),足见其成效。在社会教育方面,1932年江西仅有36市县设立民众学校,共计305所,就学人数为12385人,及至1934年,全省民众学校已增至1168校,增长近三倍,就学人数也增至56500人,增长超过3倍。⑤

---

① 刘治乾主编:《江西年鉴》,江西省政府统计室1936年发行,第429页,第442页。
② 何友良:《江西通史》(民国卷),江西人民出版社2008年版,第88页。
③ 程时煃:《赣政十年·十年来之江西教育》,江西省政府1941年编印,第1页。
④ 程时煃:《赣政十年·十年来之江西教育》,江西省政府1941年编印,第1—2页。
⑤ 刘治乾主编:《江西年鉴》,江西省政府统计室1936年发行,第391页。

表 12　　　　　　　　　　　1934—1937 年江西义务教育情况

年份	呈报县市数	学校数	学级数	教职员数	学生数	学龄儿童数	经费数	入学儿童占比	平均每生每年经费
1934	80	8641	14159	16276	375045	1400000	2349458	26.7%	6.27
1935	84	14448	19716	21239	632095	1531697	2945359	41.2%	4.66
1936	84	17157	20596	22441	699692	1512118	3434435	46.2%	4.91
1937	84	17938	22719	23698	749150	1427085	4985380	52.5%	6.65

资料来源:程时煃:《赣政十年·十年来之江西教育》,江西省政府 1941 年编印,第 5 页。

2.中国共产党的苏区人口政策

其一,维护农工、中小商人利益。农民和工人是苏区革命的主要力量,因此中国共产党制定了一系列政策,维护其相关利益。针对农民,红军通过土地革命,按人口平均分配土地,抽多补少、抽肥补瘦,并赋予其相应的政治、经济待遇,将农村原来的"金字塔形"阶级结构,演化为"一字形"阶级结构。[1] 针对工人,中国共产党同样制定法律保护其利益。例如《中华苏维埃共和国劳动法》规定,所有被雇佣的劳动者,每日实际工作时间不得超过八小时,并且特别规定十六到十八岁的未成年人实际工作时间不得超过六小时,十六岁以下的未成年人实际工作时间不得超过四小时,未满十四岁的男女被禁止雇佣。受孕和哺乳妇女不得被雇佣为夜间劳动,哺乳妇女在工作时间内,每隔三小时应有半小时休息来哺乳小孩。[2] 中国共产党对待中小工商业者的政策经历了由打击到扶持的转变过程。最初,红军严厉打击小工厂主、店东,对工商业者的财产一律没收。1931 年 11 月 7 日,中华苏维埃第一次全国代表大会通过《经济政策决议案》,承认了私营经济存在的必要性,允许贸易自由,自此纠正了以往没收商家财物,干预私人营业的做法,并创造条件,鼓励私人兴办工商业、矿业,苏区经济得以活跃。[3]

---

①万振凡:《苏区革命与传统乡村社会结构变迁》,《南昌大学学报》2006 年第 3 期。

②中华苏维埃共和国中央执动委员会:《中华苏维埃共和国劳动法》,福建、江西、湖南省工商行政管理局史料编写小组编:《中华苏维埃共和国的工商行政管理》,工商出版社 1987 年版,第 231 页。

③福建、江西、湖南省工商行政管理局史料编写小组编:《中华苏维埃共和国的工商行政管理》,工商出版社 1987 年版,第 85 页。

其二,加强妇女工作。1930年前后,江西妇女的地位仍然低下,女子除了助男子耕田外,家里一切事情均由其打理,除了五十岁以上的老婆婆外,"青年及成年女子,统统没有资格上桌吃饭"①。正如毛泽东所说:"男子虽已脱离了农奴地位,女子却依然是男子的农奴,她们没有政治地位,没有人身自由,她们的痛苦比一切人大。"②因此,提高妇女地位成为苏区革命的重要工作之一。

《宁都县苏维埃工作章程》针对妇女问题明确规定:十四岁以上之青年妇女有参加政权的权利;女子被压迫为娼妓者即行解放,恢复一切自由,其馆主或鸨母的财产分与娼妓;取消蓄婢制度,一切婢女即行解放并由主人给以工资维持生活。③《广昌县工农兵代表大会决议案》也明确规定:男子与女子在政治上、经济上应享受同等的义务和权利;废除一切束缚压迫妇女的旧礼教。④ 1931年11月28日,苏维埃中央执行委员会第一次会议通过了《中华苏维埃共和国婚姻条例》,明确提出废除一切包办、强迫与买卖的婚姻制度、"禁止童养媳""禁止一夫多妻""离婚自由"等规定,⑤是中国有史以来第一部实行男女婚姻自主的民主婚姻法规。在广泛听取社会意见后,1934年1月第二次全国苏维埃代表大会对此前颁布的婚姻条例进行了适当修改,正式定名为《中华苏维埃共和国婚姻法》,于1934年4月8日颁布施行。⑥ 在苏维埃政府和广大妇女的努力之下,苏区妇女的社会地位得到极大提升。1933年,毛泽东在长冈乡调查时即发现,该乡"离婚无不自由","丈夫骂老婆的少,老婆骂丈夫的反倒多起来"。⑦

出于革命战争的需要,苏区妇女工作的另一任务就是动员妇女参与到革命之中。有革命者指出,"大部分男同志都要下着绝大决心到前方去,女同志更要担起后方的一切任务","谁以为妇女不能参战,谁便是自己削弱自己力量,做开展革命

---

① 朱昌谐:《朱昌谐关于赣西南妇运报告》,江西省妇女联合会、江西省档案馆选编:《江西苏区妇女运动史料选编》,江西人民出版社1982年版,第12页。

② 毛泽东:《寻乌调查》,《毛泽东农村调查文集》,人民出版社1982年版,第178页。

③《宁都县苏维埃工作章程》,江西省妇女联合会、江西省档案馆选编:《江西苏区妇女运动史料选编》,江西人民出版社1982年版,第22页。

④《广昌县工农兵代表大会决议案》,江西省妇女联合会、江西省档案馆选编:《江西苏区妇女运动史料选编》,江西人民出版社1982年版,第23页。

⑤《中华苏维埃共和国婚姻条例——中华苏维埃共和国中央执行委员会第一次会议关于暂行婚姻条例的决议》,江西省妇女联合会、江西省档案馆选编:《江西苏区妇女运动史料选编》,江西人民出版社1982年版,第33—34页。

⑥ 余伯流、凌步机:《中央苏区史》,江西人民出版社2017年版,第789—794页。

⑦ 毛泽东:《长冈乡调查》,《毛泽东农村调查文集》,人民出版社1982年版,第324页。

战争的罪人"。① 妇女参与革命的方式主要有两种。一是将广大劳动妇女组成看护队、洗衣队、慰劳队、敌情探查队等组织,让其直接参与到革命之中。② 二是让妇女动员其家属,通过"母劝其子,妻劝其夫,姊妹劝其兄弟去当红军",营造一种"老公兄弟儿子当红军的是最光荣"的革命氛围。③ 在苏维埃政府的动员之下,妇女们纷纷拥护红军,积极参加革命战争,承担起苏区的后方工作。④

其三,重视文化教育。文化教育在苏区革命中占有重要地位,1933年苏维埃中央人民委员会颁布训令,指出"加紧教育工作来提高广大群众的政治文化水平,启发群众的阶级觉悟,并培养革命的新后代,应成为目前我们最主要的战斗任务之一"。⑤ 同年,苏维埃中央教育人民委员部提出要"在一切城市,一切机关,一切部队中,广泛地进行教育文化工作"。⑥ 苏区的教育行政管理,实行统一领导和分级管理相结合的原则,由中央负责制定全局性、指导性和规范性的法令、法规,各级教育部、教育委员会则按规定分级负责学校、剧团、俱乐部等文化教育设施的兴办、指导、检查考核,以及教育经费和教材、教师等办学条件的切实保障。⑦

文化教育的对象包括了各类社会群体,且形式多样。针对青年人和成年人,主要创办夜校、星期学校、短期职业学校、政治学校。夜校和星期学校的主要任务是"消灭文盲",以"能看普通文件为学习的终点";短期职业学校是为了提高青年和成年群众日常生活的知识和技术;短期政治学校则是"提高青年和成年群众的政治水平",增强斗争经验。⑧ 针对农业工人,主要创办"补习学校、

① 丽珍:《积极发动妇女参战——反对轻视妇女工作的取消主义》,《红色中华》1932年5月第12期。

② 伯钊:《纪念"三八"与妇女工作应有的转变》,《红色中华》1932年3月第12期。

③《江西省工农兵苏维埃第一次代表大会对扩大红军的决议》,江西省妇女联合会、江西省档案馆选编:《江西苏区妇女运动史料选编》,江西人民出版社1982年版,第57页。

④ 娜姐:《中华苏维埃共和国内的妇女》,《斗争》1934年2月第71期。

⑤《中华苏维埃共和国中央人民委员会训令——关于教育工作》,江西省文化厅革命文化史料征集工作委员会等编:《中央苏区革命文化史料汇编》,江西人民出版社1994年版,第62—63页。

⑥《中华苏维埃共和国中央教育人民委员部训令——关于建立和健全俱乐部的组织和工作》,江西省文化厅革命文化史料征集工作委员会等编:《中央苏区革命文化史料汇编》,江西人民出版社1994年版,第51页。

⑦ 余伯流、凌步机:《中央苏区史》,江西人民出版社2017年版,第948页。

⑧《苏维埃学校建设决议案》,江西省文化厅革命文化史料征集工作委员会等编:《中央苏区革命文化史料汇编》,江西人民出版社1994年版,第68页。

读书班、读报班”,开展识字运动,并出版工会的报纸、画报、墙报、标语、小册子等。[1] 针对妇女,则专设有妇女职业学校,毕业期限定为 18 个月,学员以劳动妇女占多数,其次为红军家属。[2]

苏区的文化教育工作取得了显著成果,毛泽东在第二次全国苏维埃代表大会上自豪地说道:

> 苏区群众文化运动的迅速发展,我们看报纸的发行也可以知道。中央苏区现在已有大小报纸三十四种,其中如《红色中华》从三千份增至四万份,《青年实话》发行二万八千份,《斗争》二万七千一百份,《红星》一万七千三百份,证明群众的文化水平是迅速的提高了。[3]

四、结语

近代江西人口状况与社会发展之间存在密切关联。受到战争、灾害、疾病、医疗条件落后等诸多社会因素的影响,近代江西人口数量起伏不定,总体上呈减少趋势,大致可分为三个阶段,分别为 1851—1864 年的锐减阶段、1865—1927 年的回升阶段、1928—1937 年的再次减少阶段。人口结构能够反映近代江西社会状况,具体而言:年龄结构较为健康,属于成年型社会;性别结构不够合理,男子占比过大;职业结构呈现多元化趋势,农业仍为主要职业,工业成为第二大职业,体现出社会经济的发展,但人口失业情况依然严重,成为社会的不安因素;民众身体素质与文化素质均有待提高。清王朝、民国政府、中共均实施了一系列人口政策,对于近代江西社会发展起到了积极作用。清代后期朝廷募民垦荒、蠲免赋税、扶助贫困百姓、招揽流民学习工艺,使人口数量逐渐回升,并推动了社会经济的复苏。民国政府与中共均重视文教事业的建设,对人口文化素质的提升具有重要贡献,为新中国成立后高素质人才的培养奠定了基础。

---

[1]《中国农业工人工会第一次全国代表大会决议案》,江西省文化厅革命文化史料征集工作委员会等编:《中央苏区革命文化史料汇编》,江西人民出版社 1994 年版,第 49—50 页。

[2]《赣东北省苏维埃报告——关于赣东北省苏文化方面情况》,江西省文化厅革命文化史料征集工作委员会等编:《闽浙赣苏区革命文化史料汇编》,江西人民出版社 1997 年版,第 35—36 页。

[3] 毛泽东:《苏维埃的文化教育》,江西省文化厅革命文化史料征集工作委员会等编:《中央苏区革命文化史料汇编》,江西人民出版社 1994 年版,第 82 页。

清末民初湖南金融业体系
变迁述论(1895—1918)

刘长林[①]

摘　要:传统体制中,湖南金融体系主要以非正式金融为主。陈宝箴新政以来,因地方维新以及国家构建的需要,国家开始对社会原有金融体系进行渗透。这一阶段,由政府主导的官钱局(银行)与传统金融机构互为博弈,从而形成政府与民间并行的二元货币体制。清末民初湖南金融体系的变迁,主要是国家政策的强制性导致,但也与近代金融体系发展过程中所形成的诱致性制度变迁有关。民国战时金融环境下,湖南地方政府企图进一步强化金融管控,用以维持地方财政的需求,但缺乏足够的资源用以支撑,只能采取更强有力的行政手段用以维持,其滥发纸币,以借贷度日导致湖南金融体系的持续性崩溃。

关键词:近代湖南;金融体系;变迁

金融体系转型是近代国家构建的重要组成部分,学术界对此研究成果颇多。[②]但学界系统性论述近代湖南金融体系变迁的成果较为匮乏。[③]具体而言,近代金

---

①湖南理工学院马克思主义学院讲师。

②梁丽辉、闫博荣:《近代河北传统金融机构变迁研究——以银号为中心的历史考察》,《河北金融》2018年第5期;夏维奇、夏青:《电汇的演进与近代中国金融生态的变迁》,《学术研究》2016年第3期;杨勇:《近代江西农村金融体系的制度变迁》,《江西财经大学学报》2009年第5期;肖良武:《近代贵州金融制度变迁与金融网络的建立》,《贵州社会科学》2006年第2期;吴景平:《对近代上海金融中心地位变迁的思考》,《档案与史学》2002年第6期。

③任放主编:《华中近代经济地理》,华东师范大学出版社2016年版;黄永豪:《米谷贸易与货币体制:20世纪初年湖南的经济衰颓》,广西师范大学出版社2012年版;任放:《近代两湖地区的金融业》,《学习与实践》2012年第10期;吴筹中、朱肖鼎:《清代与民国前期湖南的金融机构和纸币发行》,《财经理论与实践》1986年第1期。

融体系变迁主要有两种：诱制性制度变迁与强制性制度变迁。[①] 就湖南而言，其金融体系的变迁主要是强制性制度变迁，即在近代国家构建过程中，地方政府为强化对社会资源的汲取能力，加大对社会的渗透。导致原有金融体系强制性的变化。本文拟从国家与社会的视角出发，探究构建近代国家过程中湖南金融体系以及地方货币制度的变迁过程，揭示国家入场对清末民初湖南金融体系转型的影响，以此加深读者对近代转型过程中国家与社会的理解。

一、清末民初的湖南金融体系

在传统社会中，金融体系主要以钱庄、票号及当铺这三种非正式性金融[②]为主。晚清以降，以丽如银行在华设立为标志，银行这一现代金融工具开始进入中国人的视野。据调查，1845—1894 年，外商银行先后在华设立总、分支机构（办事处）共计 81 个。[③] 面对以洋行为"主体"的外国资本侵入引发的日益严重的利权外流问题，盛宣怀认为："理财之要。……综其枢纽皆在银行。中国亟宜仿办，毋任洋人银行专我大利。"[④]主张设立新式银行，抵制洋行的金融入侵。光绪二十三年（1897），盛宣怀在上海成立中国通商银行，成为国人创建近代金融机构的肇始。

就湖南而言，光绪二十二年（1896），陈宝箴开设阜南官钱局，委任朱昌琳掌管。[⑤] 光绪二十八年（1902），湖南巡抚俞廉三开办湖南官钱局，资本为现金 10 万串。自光绪三十年（1904）起，湖南官钱局又先后成立常德、湘潭分局，分别在益阳、衡州开设子局，开始时分局、子局独立经营。后湖南官钱局改为总局，分局与子局皆隶属总局管辖。同时添设洪江分局和永州、醴陵、平江、汉口、辰州、溆浦等 6 个子局。[⑥] 光绪三十三年（1907），湖南官绅集股筹办湖南商钱局，是为

---

①董昕：《20 世纪二三十年代中国银行业领券发行制度的变化与发展》，《学术月刊》2020 年第 7 期，第 171—184 页。

②非正式金融是指不通过依法设立的金融机构来融通资金的融资活动和用超出现有法律规范的方式来融通资金的融资活动的总和。

③蒋立场：《外商银行在近代中国活动的区域格局（1845—1937 年）》，《金融理论与实践》2013 年第 3 期，第 96—102 页。

④《盛宣怀奏呈自强大计折附片》，《盛宣怀档案（卷六）》，上海人民出版社 2016 年版，第 3 页。

⑤汪叔子、张求会编：《陈宝箴集》，中华书局 2003 年版，第 127—128 页。

⑥姜宏业主编：《中国地方银行史》，湖南出版社 1991 年版，第 50 页。

近代湖南首家商办的股份制钱局。① 此外,光绪三十四年(1908),大清银行在长沙设立湖南分行,为湖南以"银行"为名之正式金融机构肇始。② 同时,大清银行还在常德成立大清银行常德分号。江苏裕宁官钱局也在常德、湘潭、衡州、益阳、宝庆以及洪江设立分局。可见,清末湖南的正式金融机构主要由中央银行(大清银行)、地方官局、地方商局以及外地官局等构成。但就金融机构的数量、机构属性及分布的区域来看,清末湖南正式金融体系中湖南官钱局(总局)占据着绝对的优势地位。

民国元年后,湖南官钱局改为湖南银行,资本银为 80 万两③,掌全省金融之枢纽。至民国七年,湖南银行倒闭。这一阶段内,湖南实业银行、储蓄银行、宝兴矿业银行等先后成立,中国、交通各行也陆续来湘创办分行,一时间湖南银行业颇臻繁荣。民初湖南主要地方银行情况如表1所示。

表1　　　　民国初年(1912—1913 年)湖南主要地方银行情况

名称	行址	设立年月	歇业年月	实收资本	组织性质
湖南银行	长沙	1912.04	1918.03	80 万两	官办
湖南储蓄银行	长沙	1912	1923	30 万两	官办
湖南实业银行	长沙	1912.08	1918.03	63.958 万元	官商合办
宝兴矿业银行	长沙	1912.09	1918	42.01 万两	合办股份
湖南裕商银行	长沙	1913.03	不详	30 万两	商办

(注:本表由《湖南省志·金融志》统计而来,参见吉振兴主编:《湖南省志·金融志》,湖南出版社,1995 年版。)

表中可见,湖南地方银行多兴起于民国元年,在民国七年后相继歇业。主要是民国七年以来,湖南银行发行票币贬值,信用丧失殆尽,以致湖南整个银行业无可复振。④ 因此,民国七年当为近代湖南银行业发展史上的一个分水岭。这一阶段中,就各县银行分布情况,以民国五年为例做一简单统计。据湖南实

①湖南商钱局由湖南商务总会王寿昌发起,依照奏定商会章程呈请商会担保,由农工商部注册给照。参见《北洋官报》,1907 年第 1466 期,11 页。

②(美)耿爱德(E. Kann)著;钱屿、钱卫译:《中国币图说汇考·金银镍铝》,金城出版社2014 年版,第 504 页。

③湖南银行资本银 80 万两,包括前朝官钱局资本银 53 万两及由该局历年余利项下加拨银 27 万两。

④曾赛丰、曹有鹏编:《湖南民国经济史料选刊》(一),湖南人民出版社 2009 年版,第 213 页。

业杂志所载,湖南各大县内(长沙除外)有银行 28 家。其中,各县具体银行分布数量见图 1 所示。

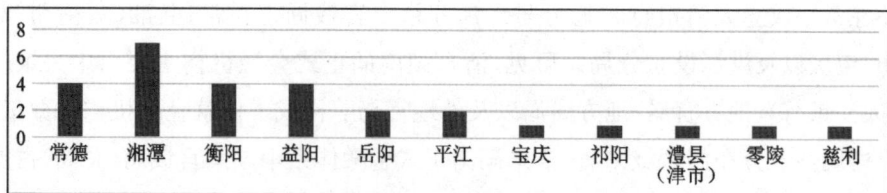

图 1　民国五年湖南各县银行数量

注:本表根据湖南实业杂志第十六期材料编成。

　　民国初年湖南各县的金融机构虽有所增加,但全省主要金融聚集区域多承自清末。同时,这一阶段(清末—民国七年),作为非正式的金融机构,钱号、票号和典当行业无论是在数量、分布范围、资金实力和放款额上,占据着同样重要的地位。如学者任放就认为:"大体上,在清末民初的两湖地区,传统的钱庄、票号与新式银行在业务上是平分秋色的。"[①]就湖南而言,"湘省道咸年间,……沿街列肆,有小钱摊多江西人为之,本省零星汇兑。"[②]故湖南最迟在咸丰以前已形成较为完整的银钱体系。湖南钱号分为钱铺与钱庄。其中,钱铺资本少,以发行零星钱票及兑换零星银钱为主,存放及汇兑数额有限;钱庄则规模相对较大,其不仅发行大面值的银票,所经营的存放与汇兑更是数额巨大。因金融业的发展及朝廷对钱业的管控,清末湖南"钱庄增加,骎骎执商业之牛耳矣。"[③]故本文所述钱号者多为钱庄。同治年间,湖南著名的钱号有饶太和、沈自福、杨广生等。光绪二十八年(1902),受洋务局提款事件影响,长沙钱业稍受打击。[④] 是时,"长沙市场不如湘潭繁盛,长沙钱庄业务也不及湘潭。"[⑤]据统计,民国元年以前湘潭大小钱庄有百余家之多,每月资本流通达 100 余万。[⑥] 清末全省的钱庄

---

　　①任放主编:《华中近代经济地理》,华东师范大学出版社 2016 年版,第 96 页。

　　②湖南调查局编印;劳柏林校点:《湖南商事习惯报告书》,湖南教育出版社 2010 年版,第 92 页。

　　③湖南调查局编印;劳柏林校点:《湖南商事习惯报告书》,湖南教育出版社 2010 年版,第 93 页。

　　④曾赛丰、曹有鹏编:《湖南民国经济史料选刊》(一),湖南人民出版社 2009 年版,第 267 页。

　　⑤余小石:《长沙钱庄缩影》,湖南省政协文史委员会《文史资料稿》,1964 年第 157 卷。

　　⑥湘潭市地方志编纂委员会编:《湘潭市志》(第 5 册),中国文史出版社 1996 年版,第 839 页。

数更是接近 400 家。时人评价:"湖南一省,钱业资本金几占全国总额之半。"①
民国肇始,因票币价落,钱庄操纵利率,一时间"营业之盛,无与伦比。"②据民国
元年之统计,民初湖南各县钱庄业共计有 374 户,资产总额为 31402674 元。③
其中,各县钱庄行业分布及资本如表 2 所示。

表 2　　　　　　1912 年统计的湖南地区各县钱庄业数量及资本情况　　　　（资本:元）

县别	浏阳	宁乡	衡阳	沅陵	湘阴	衡山	慈利	平江	祁阳	湘潭
户数	2	14	23	10	2	3	6	30	12	9
资本	76153	42750	210000	38900	36768	20000	4400	669150	296000	541200
县别	江华	益阳	会同	石门	沅江	南洲	桃源	常宁	永定	醴陵
户数	7	11	18	1	1	1	1	1	1	6
资本	35000	83689	209600	15000	10000	10000	10000	4500	2000	238560
县别	郴县	湘乡	岳州	常德	溆浦	长沙	邵阳	零陵	澧县	攸县
户数	2	2	2	22	10	156	8	3	5	5
资本	61200	45000	11533	75000	45000	27948400	375680	56831	65764	164590

（资料来源:农商部总务厅统计科编:《中华民国元年第一次农商统计表》,中华书局,
1914 年,第 239—240 页。）

可见,民国初年湖南的钱庄主要集中在长沙、衡阳、湘潭、邵阳、常德等传统
商埠,以平均资本算每户资本额达到 83964 元,可以说资本极为雄厚。同时,湖
南钱庄有本帮与西帮之别④,其中多系西帮经营,"湘省自金融改革以来,现金奇
紧,……吉安帮及吉安各钱庄纷纷搬运现洋往汉口、长沙、湘潭。"⑤而江西钱庄
经营又分正本与副本,副本一般不为外人所知。⑥ 因此,湘省各钱庄的资本总额
可能远超 3100 万元。是时,因汉口受战乱影响,长沙银钱业一度远超汉口。民
国四年(1915),湖南钱庄仍有 213 家,分布于全省 28 县市,是时全省尚有无钱

①黄炎培:《民国元年工商统计概要》,商务印书馆 1915 年版,第 61 页。
②曾赛丰、曹有鹏编:《湖南民国经济史料选刊》(一),湖南人民出版社 2009 年版,第 267 页。
③农商部总务厅统计科编:《中华民国元年第一次农商统计表》,中华书局 1914 年版,第
239—240 页。
④湖南人经营的为本帮,江西人经营的为西帮。
⑤《各埠金融及商况》,《银行周报》1919 年第 3 卷第 20—21 号,第 23 页。
⑥杨勇:《近代江西农村金融体系的制度变迁》,《江西财经大学学报》2009 年第 5 期,第
80—85 页。

庄者 46 县市。① 民国五年(1916),湖南各属钱庄(除长沙)有 243 家,遍布 27 县市,资本总额达 1795065 元。② 民国七年(1918),受湖南银行倒闭影响,"由省城而及各外县,钱庄乃多告倒闭。"是时,长沙仅剩钱庄 71 家。③ 其中,等级评价为"大"的庄号元利丰、大亨贞、大德通、百川通、湖南商钱局等,皆因受湖南银行票币损失,而收束或破产。④ 至民国十八年,政治稍显稳定后,湖南钱业方得以喘息。⑤

票号又称票庄,始入湖南时间晚于钱庄,主营商业汇兑,兼营存放款项,多为晋商经营。⑥ 山西票号在湖南主要经营商业汇兑(汇汉口)、捐官及捐监⑦的汇兑。道光年间,日昇昌与蔚泰厚一度在长沙、常德开设分庄。光绪年间,山西票号在湖南全盛之时,在湘共计票号 23 家,其中长沙 9 家、湘潭 7 家、常德 7 家。⑧ 同时,以 1907 年蔚长厚汉口分号对常德商号的收交汇总额达 66 万两之多,可见票号在湖南金融市场中占据重要地位。⑨ 但票号多从事与官府、大商号以及官吏私人有关的存放款与汇兑业务,其官款的存放、汇兑与晚清银行(官钱局)业务存在冲突,地位日渐降低。⑩ 民国元年以后,票号日渐衰败。民国八年(1919)长沙《大公报》记载:"民国以来,汇票行逐渐消失,山西帮之势力取消。"⑪钱庄则继续延续传统金融的血脉。

在非正式金融机构中,典当行业与乡村生活关系密切,是传统民间社会经济中较为常见的融资现象,"平民社会间之经济流通,端赖典业。"⑫清康熙三年

　　①张朋园:《中国现代化的区域研究:湖南省(1860—1916)》,"中研院"近代史所,1983年,第 255—256 页。

　　②曾赛丰、曹有鹏编:《湖南民国经济史料选刊》(一),湖南人民出版社 2009 年版,第 278 页。

　　③曾赛丰、曹有鹏编:《湖南民国经济史料选刊》(一),湖南人民出版社 2009 年版,第 181 页。

　　④数据由民国时期湖南经济调查所调查制表所得,参见:曾赛丰、曹有鹏编:《湖南民国经济史料选刊》(一),湖南人民出版社 2009 年版,第 324—333 页。

　　⑤曾赛丰、曹有鹏编:《湖南民国经济史料选刊》(一),湖南人民出版社 2009 年版,第 323 页。

　　⑥民国时期有人将票号归属于钱庄,认为钱庄可分为北派(山西票庄派)与南派(绍兴钱庄派)。参见潘子豪:《中国钱庄概要》,华通书局 1931 年版,第 33—34 页。

　　⑦清代由捐纳财物而取得国子监监生资格,称为捐监。

　　⑧陈其田:《山西票庄考略》,商务印书馆 1937 年版,第 106—107 页。

　　⑨李永福:《山西票号研究》,华东师范大学 2004 年博士学位论文,第 86 页。

　　⑩李永福:《山西票号研究》,华东师范大学 2004 年博士学位论文,第 87—88 页。

　　⑪《大公报》(长沙),1919 年 11 月 5 日。

　　⑫金陵大学农学院主编:《豫鄂皖赣四省之典当业》,金陵大学农业经济系发行 1936 年版,第 7 页。

（1664），湖南当铺数有 138 家。① 受三藩之乱影响，康熙二十四年（1685），当铺数仅 42 家。其后，当铺业时有涨幅，整体呈上升趋势，至嘉庆年间，湖南省有当铺数 138 家。② 太平军兴后，湖南典当行业再次受到冲击。其后，逐渐恢复，光绪二十三年（1897），湖南全省当铺数增至 81 家。③ 其中省城 11 家，每年纳税银 50 两。④ 民国元年后，因政权更迭，对当铺管理放松，当铺大增。据统计，民国元年，湖南共有当铺 201 家，资本额共计 243 万元，分布于全省 34 县市。⑤ 后湖南银行票币跌价，当铺利率受政府限制，故经营暗中受损。北军入湘，"军士强当恶押，益复不能支持，湖南银行既倒，遂群告歇业。"⑥民国初年湖南社会，当铺每家平均资本额为 1.2 万，仅占钱庄平均额度的 14%，但其分布比钱庄更广，是清末民初社会中民间应急性融资的重要来源。

二、地方货币制度、形态与流通

杨端六先生认为清代的货币制度，是一种不完整的银铜平行本位制度，银两与制钱同时流通。⑦ 考察清代之湖南货币流通，"大宗交易悉以银两，零星交易则以制钱。"⑧湖南所用制钱各时期轻重不一，品类繁复。因制钱短缺，又有掺杂行钱的情况。⑨ 银两有分"平""色"。湘省银两制钱皆以省城长沙所通用者为折合标准。长沙之银两以"色"区分，则有龟宝⑩与铅丝⑪两种。以"平"来看，则有库平与省平。故按计算标准，长沙银两则主要有三——库平银、省平银以及

---

① 吉振兴主编：《湖南省志·金融志》，湖南出版社 1995 年版，第 154 页。

② 刘秋根：《中国典当制度史》，上海古籍出版社 1995 年版，第 258—259 页。

③ 吉振兴主编：《湖南省志·金融志》，湖南出版社 1995 年版，第 154 页。

④ 湖南调查局编印；劳柏林校点：《湖南商事习惯报告书》，湖南教育出版社 2010 年版，第 152 页。

⑤ 农商部总务厅统计科编：《中华民国元年第一次农商统计表》，中华书局 1914 年版，第 256—257 页。

⑥ 曾赛丰、曹有鹏编：《湖南民国经济史料选刊》(一)，湖南人民出版社 2009 年版，第 180 页。

⑦ 杨端六编著：《清代货币金融史稿》，武汉大学出版社 2007 年版，第 3 页。

⑧ 曾赛丰、曹有鹏编：《湖南民国经济史料选刊》(一)，湖南人民出版社 2009 年版，第 149 页。

⑨ 湖南调查局编印；劳柏林校点：《湖南商事习惯报告书》，湖南教育出版社 2010 年版，第 93 页。

⑩ 龟宝，即湖南大宝，湖南银炉业仿库平银成色提炼，重库平银五十两，成色较库平银略次。

⑪ 铅丝，又称元丝银，流通于长沙、湘潭，状如锞子，并有蜂窝，每重省平一两二三钱不等。

铅丝银。① 此外,湘省流通银两尚有方槽、锞子等多种。②

　　是时,湘省藩库收解多为库平银,商人则多使用省库平,乡人田契所书则为铅丝银,而厘捐局所收善后局所付则为制钱。③ 以上货币之间虽可折合,但没有形成固定的比价。同时,银两铸造悉凭商人自主,官方绝无限制。④ "湘省昔年解部、解司之银,均由李元茂、熊新盛两家倾铸,……市面通用足银,则他银炉亦可倾铸之。"⑤以致货币繁杂,"平""色"难辨,不利于商品经济的流通。同时,汉口开埠,湘北商路日渐繁盛,湖南市场体系日渐成熟。⑥ 为满足市场需求,钱商开始发行钱票。"光绪十六七年间,钱店始多出钱票。然仅通行城厢。……民间以钞票为便用,钱商因缘为利,遂恃纸币为资本发行之权惟钱业享有之"⑦,"当时长沙常德湘潭各大埠,莫不乐于流通。"⑧可见,早期的钱票为钱业垄断,主要在商业繁盛的城市较为流行。因钱商发行的钱票(典票)早期是为政府支付薪金,故发行较少。继而各种商号、公司见有利可图,遂开始发行钱票,与钱商争利。诸如长沙的朱云谷堂、和丰、电灯公司等,信誉都较佳。此后,各号发行钱票者越来越多,如常德大商号出票高至数十万,而宁乡钱号资金仅数百金,出票高达万余串,如此滥发纸币,"因而破产者,盖不可胜述。"⑨农村则多使用铅丝银。其中尤以商业重镇长沙、湘潭通行。⑩ 光绪湘潭县志有载:"田房价通用铅丝银,比库银平色百减十五六。"⑪因交易量日渐增多,对铅丝银的需求同样增

---

　　①曾赛丰、曹有鹏编:《湖南民国经济史料选刊》(一),湖南人民出版社 2009 年版,第149—151 页。

　　②方槽,每重十两左右;锞子,每重一两数钱。"平""色"皆如省平银,为省平银一种。

　　③曾赛丰、曹有鹏编:《湖南民国经济史料选刊》(一),湖南人民出版社 2009 年版,第151 页。

　　④曾赛丰、曹有鹏编:《湖南民国经济史料选刊》(一),湖南人民出版社 2009 年版,第152 页。

　　⑤湖南调查局编印;劳柏林校点:《湖南商事习惯报告书》,湖南教育出版社 2010 年版,第93 页。

　　⑥杨志军:《近代湖南区域贸易与社会变迁》,湖南师范大学博士毕业论文 2010 年版,第38 页。

　　⑦湖南调查局编印;劳柏林校点:《湖南商事习惯报告书》,湖南教育出版社 2010 年版,第93 页。

　　⑧曾赛丰、曹有鹏编:《湖南民国经济史料选刊》(一),湖南人民出版社 2009 年版,第152 页。

　　⑨湖南调查局编印;劳柏林校点:《湖南商事习惯报告书》,湖南教育出版社 2010 年版,第93—94 页。

　　⑩王京平:《湘潭银两货币:铅丝银》,《湘潭县文史》(第 5 辑),政协湘潭县委员会文史资料研究委员会,1990 年,第 166 页。

　　⑪清陈嘉榆等修,王闿运等撰:光绪《湘潭县志》"货殖·十二"光绪十五年刊印。

加,从而导致铅丝银的成色不断降低,甚至出现搪塞泥土的情形。据时人言,铅丝银成色最低时,十四两才能换省平一两。[1] 现金的不足、钱票与铅丝银信用的贬值,导致金融停滞,严重影响正常的商务活动与日常生活,发行官票,成了时局中挽救信用不足的重要手段。

陈宝箴抚湘时,创办阜南官钱局,首开湖南发行官票之风气。[2] 是时,"市票之发行正盛;铅丝银之滥铸尚未禁止。"[3]学者黄永豪认为陈宝箴创立阜南官钱局发行官票,插手地方金融供应,更多的是通过强化对地方金融与经济活动的管控,用以支持各项新政。[4] 据称,阜南官钱局共发行制钱票十万串,银两票七八万。[5] 就官票的性质而言,其"效仿"民间钱票发行办法。[6] 大商人朱昌琳在其中扮演了重要的角色,其经营的朱乾益钱号保证了官钱票的信用,"'银行家'凭借自己的信用保证了它们的'兑现'"[7],以此来看官钱票应属银行信用货币。尽管官钱票是政府为财政的需求而发行,可用于缴纳赋税,使其兼具纸币的特征。[8] 但王朝体制下,能够缴赋税无疑又增加了官钱票的信用。

阜南官钱局开设时间较短,发行票币额度不大,但其收束后朱昌琳担保了官票的信用,使得人们咸知官票更胜于商票。除了发行票币外,陈宝箴还铸造了小银币,主要有光绪元宝二角、一角梅花版和双梅花版以及戊戌一角。[9] 同时,为保证银两票的兑换,阜南官钱局还发行省平足纹一两的银币,但旋即停铸。[10]

光绪二十八年底(1902),俞廉三创办的湖南官钱局共发行有银两票、银元票以及制钱票等三种钱票。稍后铜元盛行,遂以铜元票取代制钱票。以上官票皆能够按照票面所载,如数兑现。同时,官票规定:"凡本省完纳钱漕、关税、厘

①曾赛丰、曹有鹏编:《湖南民国经济史料选刊》(一),湖南人民出版社 2009 年版,第 153 页。

②汪叔子、张求会编:《陈宝箴集》,中华书局 2003 年版,第 662—664 页。

③曾赛丰、曹有鹏编:《湖南民国经济史料选刊》(一),湖南人民出版社 2009 年版,第 154 页。

④黄永豪:《米谷贸易与货币体制:20 世纪初年湖南的经济衰颓》,广西师范大学出版社 2012 年版,第 68—71 页。

⑤曾赛丰、曹有鹏编:《湖南民国经济史料选刊》(一),湖南人民出版社 2009 年版,第 154 页。

⑥汪叔子、张求会编:《陈宝箴集》,中华书局 2003 年版,第 1221 页。

⑦李扬主编:《金融学大辞典》,中国金融出版社 2014 年版,第 319 页。

⑧汪叔子、张求会编:《陈宝箴集》,中华书局 2003 年版,第 1221 页。

⑨上海博物馆编:《上海博物馆集刊》(第 12 期),上海书画出版社 2012 年版,第 204 页。

⑩曾赛丰、曹有鹏编:《湖南民国经济史料选刊》(一),湖南人民出版社 2009 年版,第 154—155 页。

金及商民交易,均准一体行用。"①截至湖南官钱局改组为湖南银行止,湖南官钱局共发行银两票约 160 万两,制钱票约 300 万串,银元票约 70 万元。官钱票信誉极佳,"穷乡僻壤,无不流通。"②但因官钱票面额为 1000 文与 500 文两种,面额过大,不利于升斗小民日常使用,更多是商号之间的互相拨兑。如成书光绪三十年(1904)的《湖南》一书指出长沙府虽通行 20 钱、50 钱、一元及两元的纸币,但民众更喜欢铜钱,故铜元局发行铜币满足市场需求。③ 实际上,为满足官钱票兑现的困难,支持官钱票的信誉问题,在光绪二十九年(1903)一月湖南铜元局就开始铸造铜元。据《申报》报道,光绪三十一年(1905)左右,湖南铜元局每日可铸铜元达一百五六十万枚之多。④ 是时,因铜元大量发行,开始出现下跌趋势。⑤ 和丰火柴公司、蚕桑公社、乾益栈发行的小面额市票,即"小票"逐渐取代铜元的地位。⑥

民国元年后,湖南官钱局改制为湖南银行。是时,湖南财政极度艰难,面临破产之困境。⑦ 故谭延闿以旧有局票不敷应用为由,加印银两银元铜元各票用以流通。但湖南银行并未另筹储备金,初时将省库作为银行的储金库,后将银行视为政府财政之金库。⑧ 民初湖南银行票币发行情况如表 3 所示。

表3 民国初年湖南银行标币发行情况

调查时期	银两票(两)	银元票(元)	铜元票(串)
1913 年年底	4,490,000	900,000	11,000,000
1916 年年底	6,095,600	3,515,700	53,893,000
1918 年 3 月	6,095,600	7,065,700	71,259,400

资料来源:《湖南之金融》,长沙:湖南经济调查所,1934,第 14 页,第 2 表。

财政入不敷出的湖南政府根本无法偿还湖南银行所发行的票币,1913 年 5

①见湖南官钱票背面所载巡抚俞廉三的告示,该官钱票文面并盖有藩司印,以资辨别。
②曾赛丰、曹有鹏编:《湖南民国经济史料选刊》(一),湖南人民出版社 2009 年版,第 156 页。
③安井正太郎编,白岩龙平校对:《湖南》,东京博文馆藏版,第 20 页。
④《铜元铸造之扩充》,《申报》,1905 年 12 月 5 日,星期二,第 4 版。
⑤(清)上海通商海关造册处译:《光绪三十一年通商各关华洋贸易总册》,清光绪三十二年上海通商海关造册处铅印本,第 29 页。
⑥《严禁私行小票》,《申报》,1907 年 8 月 31 日,第 11 版。
⑦《财政之艰窘》,《申报》,1913 年 5 月 7 日,第 6 版。
⑧曾赛丰、曹有鹏编:《湖南民国经济史料选刊》(一),湖南人民出版社 2009 年版,第 160 页。

月,湖南省议会上谭延闿也承认积欠湖南银行共 542 万两,月息 5 厘。① 同时,湖南银行纸币发行数目没有任何限制,政府又授权实业银行、矿业银行货币发行权,加之钱庄商店多发行市票,致使湖南纸币自由膨胀,但政府却不加以整理。故时人谓之:"湖南银行票币,遂如柳絮飞天,全城飘舞。"② 对此,北洋政府也有认知。1913 年 12 月,据上海《时事汇报》报道,财政部厘定湖南所发纸币为 10571075 元,认为:"湖南则纯发不兑换纸币,……卒乃决定分期办理,从紊乱省份入手,以湖南、广东为第一期。"③ 汤芗铭督湘后,对谭延闿任内亏空的 3000 余万,多由湖南银行发币支付。④ 可见,财政赤字、发行货币和货币贬值互为一体,湖南纸币发行进入了一种恶性循环。

事实上,信用货币的"兑现"实质是维护信用机构的信誉,保证信用货币的价值,使信用货币正常使用。如果信用机构信誉卓著,即使没有足够的价值物"兑现",信用货币也能正常流通。⑤ 湖南银行发行之纸币,因无法"兑现",由信贷转为借贷,但因能缴纳赋税,仍能正常流通。⑥ 民国四年(1915),湖南政府田赋改征银元,这才致使银两票日益贬值。⑦ 上表中所见,民国五年后银两票停发正是在于此。银元票始发于民国元年。民国三年二月,开始议价。相对银两票而言,政府往往加以维持,且能有限兑现,故信誉一直较好。从民国三年三月起,一百元银元票折合光洋数基本维持 95.00 左右。迟至民国六年十月间开始贬值,民国七年二月间,百元银元票仅值 36.63 光洋。究其原因,则在于民国六年十月后,银元票开始不兑现。⑧ 就流通而言,银两票、银元票主要流通于长沙、湘潭、常德等重要商业城镇。⑨ 由上表可知,湖南银行发行各票,以铜元票为最多。民国五年以前,铜元票一串折合铜元文数基本维持 900 左右,信誉较佳。

---

① 《湘省近事纪要》,《申报》,1913 年 11 月 19 日,第 6 版。

② 曾赛丰、曹有鹏编:《湖南民国经济史料选刊》(一),湖南人民出版社 2009 年版,第 160—161 页。

③ 上海《时事汇报》,第 1 号,1913 年 12 月。

④ 《湘省新纪事》,《申报》,1913 年 11 月 19 日,第 6 版。

⑤ 李扬主编:《金融学大辞典》,中国金融出版社 2014 年版,第 320 页。

⑥ 《湖南田赋征洋之风潮》,《申报》,1915 年 10 月 10 日,第 6 版。

⑦ 崔楷德、周子衡、刘怡:《中华民国四年长沙口华洋贸易情形论略》,《通商各关华洋贸易全年清册》,1916 年第 2 卷,第 79—91 页。

⑧ 曾赛丰、曹有鹏编:《湖南民国经济史料选刊》(一),湖南人民出版社 2009 年版,第 168—169 页。

⑨ 曾赛丰、曹有鹏编:《湖南民国经济史料选刊》(一),湖南人民出版社 2009 年版,第 173 页。

民国六年后开始陡降。迟至民国七年二月,每铜元票一串仅值铜元 277.5 文。相比银两、元票,铜元票流通更广,"铜元票之流通,则全省县镇皆其区域。"①此外,湖南银行为救济市面起见,对民国二三年曾发行流通钱票,不兑现不拆零。民国五年,谭延闿再次督湘时期,又发行一种窄纸流通钱票。②《湖南之金融》中所言流通钱票当为此种窄纸钱票。窄纸流通钱票面额自 50 两至 500 两,前后发行共计 569.51 万两,价格大致等同银两票。③ 民国七年湖南银行破产后,湖南银行清理处仍以湖南银行名义发行铜元新票共计 2510 万两,每串以一折左右发出,政府得 200 余万元,旋即为废纸。④

除了纸币外,民国元年以来湘省铜元也被大量铸造,其部分原因正是为维持纸币之信用。⑤《湖南之金融》中亦言:"当时政府徒因票币发行太多,不能不勉铸铜元,以免人民或致疑于票币之不能兑现。"⑥民国年间,铜元鼓铸数目如表 4 所示(单位:文)。

表 4 民国初年湖南省铜元鼓铸数目

时间	民国元年	民国二年	民国三年	民国四年	民国五年	民国六年二月
数目	737877000	2092000000	5565000000	2168500000	1749200000	331144000

资料来源:《湘省铸造铜元数目逐年调查表》,《湖南实业杂志》第 14 号。

民国元年、二年,铜元一串文抵光洋数基本维持 0.75 左右。民国三年后,铜元虽有跌价,亦能维持 0.65 左右。民国四年稍有回升,维持在 0.7 左右。民国五年后,铜元票开始大跌,但铜元仍能维持 0.65 左右。是时,铜元票一串抵光洋元数在民国五年九月仅能维持 0.5 左右,民国六年十二月,仅抵光洋 0.229。⑦

---

①曾赛丰、曹有鹏编:《湖南民国经济史料选刊》(一),湖南人民出版社 2009 年版,第 173—174 页。

②《湘省破获扰乱金融巨案》,《十月时报》,转自湖南善后协会编:《湘灾纪略》(第 1 卷),第 229 页。

③曾赛丰、曹有鹏编:《湖南民国经济史料选刊》(一),湖南人民出版社 2009 年版,第 174 页。

④曾赛丰、曹有鹏编:《湖南民国经济史料选刊》(一),湖南人民出版社 2009 年版,第 177 页。

⑤《碍难停铸》,《申报》,1913 年 1 月 7 日,第 6 版。

⑥曾赛丰、曹有鹏编:《湖南民国经济史料选刊》(一),湖南人民出版社 2009 年版,第 191 页。

⑦曾赛丰、曹有鹏编:《湖南民国经济史料选刊》(一),湖南人民出版社 2009 年版,第 194—198 页。

可见,铜元票之跌价远胜于铜元。具体而论,由民国元年至民国七年,湖南市场上流通的铜元主要有二:当十铜元与当二十铜元。以民国四年为分界线,民国四年以前省内鼓铸为当十铜元,外省流入者仍主要为当十铜元,故民国四年前为当十铜元的全盛时期;民国四年至民国七年,省内开始铸造当二十铜元,数量不多,但渐已流通,故为当二十的渐盛时期。[1] 就流通区域而言,湘中各市县多通用当二十铜币,如长沙、湘阴、浏阳、醴陵、湘潭、宁乡等;湘南一区,两种皆流通,靠近湘中者多流行当二十,近粤、桂者,多通用当十。湘西则受四川影响,主要流通当五十和当一百,当十当二十流通较少。[2]

三、"国家入场"与近代湖南金融业的变迁

制钱属国家铸币,其铸造和销毁,权力属于政府。私铸者,按律治罪。[3] 银两既不是铸币,也不是本位币,而是国家财政收支计算的单位。银锭、块的铸造,则政府不加干涉。[4] 清代制钱采取各省分散铸造。其中,湖南向设有宝南局,以郴、桂所产铜矿铸造。只不过道光十八年(1838),受"银贵钱贱"的影响,奏明停办,后朝廷屡次发文督促复办,"均因郴、桂产铜渐少,库款支绌,势难买运滇铜,且银价日高,……是以未能复铸,迄今已五十有九年。"[5]清承明制,有关明代制钱中的"制",国内学者认为是时王之制,即现实中的国家权力。[6] 换言之,国家对铸币权的垄断,是国家权力在金融业中的体现。而清代湖南长达五十九年不铸造制钱,可见晚清湖南金融体制长期处于放置不管的"真空期"。

银两虽不是铸币,但在大宗贸易、钱粮解司中大量使用与流通。因银两"平""色"存在差异,因此需要专门的机构铸造与发行。民间通常称这种机构为"银炉""银炉房"或"银炉坊"。南方则普遍称为"银炉",主要为钱庄兼营。"银炉"有官、民之分。湖南银两皆由商人自行铸造。其中,藩库所解银两也多由在

---

①曾赛丰、曹有鹏编:《湖南民国经济史料选刊》(一),湖南人民出版社 2009 年版,第 367 页。

②曾赛丰、曹有鹏编:《湖南民国经济史料选刊》(一),湖南人民出版社 2009 年版,第 367—371 页。

③杨端六编著:《清代货币金融史稿》,武汉大学出版社 2007 年版,第 3 页。

④杨端六编著:《清代货币金融史稿》,武汉大学出版社 2007 年版,第 51 页。

⑤汪叔子、张求会编:《陈宝箴集》,中华书局 2003 年版,第 125 页。

⑥赵轶峰:《试论明代货币制度的演变及其历史影响》,《东北师大学报》1985 年第 4 期,第 41—46 页。

藩库立案的熊兴盛、万福源、李源茂等数家钱庄铸造。[1] 银炉受客户之托,自购生银、外地银锭、大小银元及各种废旧银器等重铸,再交于客户并收取工料钱,此为其主要业务。[2] 宣统年间湖南各市县银炉号分布如表5。

表5中可见,单就工料钱而言,晚清社会由钱庄把持的银炉业利益数额巨大,更不遑论湖南钱业掌控龟宝、铅丝之"平"、"色",所赚取的巨大利益,故时人谓之:"商务稍盛,银钱商人遂得因势利便、汇缘为奸。"[3]此外,钱业、商号以及公司所发行票币,更是利益巨大。

表5 宣统年间湖南各市县银炉号分布情况

市县	浏阳	湘潭	宁乡、新化	湘乡	常德	衡州	晃州	益阳、龙阳
银炉号					张祥顺、陈双胜	沈致和、生泰		金生茂、饶晋丰、席茂顺
工料钱	220文（百两）	320文（百两）	400文（百两）	160文（1锭元宝）	200文（1锭元宝）	120文（1锭元宝）	100文（中银1锭）	40文（1两）

资料来源:湖南调查局编印;劳柏林校点:《湖南商事习惯报告书》,湖南教育出版社,2010年。

既然传统金融业中利益如此之大,为何地方政府会放任自流,甚至放弃对制钱的铸造,究其根源,在于传统中国属于"非一般国家类型中之一国家,而是超国家类型的"。[4] 所谓"超国家",即强调一种"天下"观。民国学者罗梦册认为国家有"族国""帝国"与"天下国","中国是一个'天下机构'、'天下国家'……比之'民族国家'与古今'帝国'前进得多多。"[5]这一"天下"的国家中,国家隐没在社会里面,社会与国家相互消融。其中,国家财政与金融问题主要表现有三:其一,传统中国以"天下"自居,尽管货币发展史上不乏有对私铸的讨论与反对白银的呼声,但统治者难免自恃经济发达,不会介意货币发行主权外有关私铸或

---

① 曾赛丰、曹有鹏编:《湖南民国经济史料选刊》(一),湖南人民出版社2009年版,第152页。

② 姜林:《湖北近代银炉业与汉口公估局》,《中国钱币》2012年第4期,第37—42页。

③ 曾赛丰、曹有鹏编:《湖南民国经济史料选刊》(一),湖南人民出版社2009年版,第152页。

④ 余冰:《国家中的社会:理论构建与例证分析》,第五届当代中国学国际论坛,2012年8月,第651—666.

⑤ 罗梦册:《中国论》,商务印书馆1943年版,第11页。

白银铸造的情况①;其二,因农业国家自身的虚弱,皇权不能滋长健壮,为了维持自身的统治,因而需要"无为而治。"②表现为政治上依靠"第三领域"③处理地方公共事务,经济上凭借非正式金融机构满足日常经济需求。既是节约行政成本,也是能力上的"鞭长莫及";其三,传统财政主要以税收为主,以满足其日常支出,它可以凭借非中央的财政机构来分配特定的收入项目以满足特殊的需求,因此国家不会经常渗透进金融市场。④ 以上或可解释清代湖南地方政府为何停止铸币五十余年,为何白银鼓铸与票币之利皆由民间所掌控。

然而到了近代社会,尤以甲午战败后,帝国主义掀起瓜分中国的狂潮,"保国保种"的呼声在朝野兴起,改革成为时代中的主流。⑤ 换言之,"天下体制"的中国在一贯向着"社会"行进的过程中,被西方"民族国家"所推崇的"现代化"诉求以及"国家建设政权"理念强制"篡改",被迫走向了"国家",从而强化"国家"对"社会"的侵入、控制与渗透。⑥ 就国家财政而言,近代财政国家的构建正是"天下"向"国家"转型的重要组成部分,具体则表现为国家对财政的集中,强化对社会资源的汲取能力,使国家产生一个稳定的收入来源。

陈宝箴抚湘后,设立阜南官钱局,发行官钱票,并主张恢复宝南局,用以复铸铜钱,除了解决现实中湖南的币制困境问题,更深层次原因还在于"统合"原有社会中的资源,为湖南新政提供强有力的保障。如陈宝箴在强调"湘省制钱缺乏已阅数年,……小民生计因兹益窘"之时,不忘指出"将尽用私钱,徒使宵小操常胜之权,穷檐受无涯之害","奸商抑勒把持,利权操之自下"。⑦ 尽管陈宝箴对试图直接干预原有的金融体系考量颇多,如与地方重要绅士协商,"与各司道并省城绅士前国子监祭酒王先谦等往复熟商"⑧,并达成共识。同时,允许搭用

①宁方景:《古代中国货币主权缺失根源分析》,《经济理论与政策研究》2013 年 12 月,第 107 页。

②费孝通:《乡土中国·生育制度·乡土重建》,商务印书馆 2011 年版,第 62 页。

③第三领域是指地方准官吏如乡保、里正以及地方乡绅领袖。

④何平:《传统中国的货币与财政》,人民出版社 2019 年版,第 43 页。

⑤邓文初:《民族主义之旗——近代中国革命与国家转型(1895—1915)》,浙江大学博士学位论文,2005。

⑥梁漱溟:《中国文化要义》,学林出版社 1987 年版,第 222—223 页。

⑦汪叔子、张求会编:《陈宝箴集》,中华书局 2003 年版,第 126—127 页。

⑧汪叔子、张求会编:《陈宝箴集》,中华书局 2003 年版,第 127 页。

官票六成,用以完纳丁漕厘税。① 但在具体执行过程中仍困难重重,一则厘金、善后二局由地方官绅管理,只将半数钱粮解送官钱局;二则主持官钱局的朱昌琳父子屡遭地方士绅举报,致使陈宝箴上奏陈明原委。② 以上则体现为以士绅为主体的社会力量对国家试图介入地方金融的抵制。不过陈宝箴仿地方商号发行官钱票,表明其对地方固有金融体系的认可,此举为后续二元货币体系互为融合埋下伏笔。民国学者称:"阜南官钱局开设之时期虽短,……草创之功,为不可没。"③其所赞许的"草创之功"正是指湖南政府干预地方货币体系之肇始。

继任巡抚俞廉三尽管被视为站在湖南士绅一方的政府官员。④ 但面对日渐沉重的财政压力及金融市场混乱,诸如市场现金匮乏、铅丝银信用丧失及钱庄市票充斥等问题,还是光绪二十八年秋(1902)重办湖南官钱局,⑤并设立铜元局自铸当十铜元。⑥ 官钱局与铜元局互为依赖。⑦ 此时,湖南官钱局较之阜南官钱局,对地方金融的渗透力度更大。具体有四:其一,湖南官钱局以政府存款资挹注,藩库作保障;其二,湖南官钱局统一铸币权,并设法收回银两铸造权,严禁民间铅丝银铸造,同时鼓铸铜元用以兑现,使得铸币权与发行权相辅运用;其三,对市场上流通的市票进行整理,限制非正式机构市票的发行量;其四,将官钱局独立经营,将厘捐海关款项皆存官钱局。⑧ 官钱票与铜元的发行为政府汲取社会资源提供了极大的助力。据统计,清末湖南造币新、旧局的铜元余利就高达长平 1,261,4357 两。⑨ 政府以行政手段推行官钱票与铜元取得一定成效,但随着各省铜元滥铸以及晚清湖南财政入不敷出,制度稍紊,以致铜元贬值、官

---

① 汪叔子、张求会编:《陈宝箴集》,中华书局 2003 年版,第 1221 页。

② 汪叔子、张求会编:《陈宝箴集》,中华书局 2003 年版,第 594—596 页。

③ 曾赛丰、曹有鹏编:《湖南民国经济史料选刊》(一),湖南人民出版社 2009 年版,第 155 页。

④ 周秋光编:《熊希龄集》,长沙:湖南出版社 1996 年版,第 129—134 页。

⑤ 曾赛丰、曹有鹏编:《湖南民国经济史料选刊》(一),湖南人民出版社 2009 年版,第 155—156 页。

⑥ 张家骧:《中华币制史》(第 4 编),知识产权出版社,第 48—49 页。

⑦ 黄永豪:《米谷贸易与货币体制:20 世纪初年湖南的经济衰额》,广西师范大学出版社 2012 年版,第 114 页。

⑧ 曾赛丰、曹有鹏编:《湖南民国经济史料选刊》(一),湖南人民出版社 2009 年版,第 158—159 页。

⑨《中国近代货币史资料》,第 874—911 页。

票出现贴水现象。① 换言之,政府试图以行政力量构建新的货币体制,但是金属货币时代下行政手段无力改变人们沿用的观念,即货币的价值在一定程度上仍取决于市场。同时,因铜元的贬值、市票泛滥,使得地方商号发行的小票充斥市面。② 商号发行小票,需商务局调查与审批通过,即需要得到官方的认可。③ 不过在实际过程中法令往往成为具文。④ 换言之,政府通过发行官钱票与铜元,试图驱逐商号发行之钱票,用以进一步控制地方金融,但与此同时,又不得不承认社会中固有金融体系的地位。此外,小票发行机构中又往往有官股存在。⑤ 可以说,湖南官钱局存在阶段,二元货币体系得以进一步强化,社会抵制国家力量的同时,二者也开始互为融合。

辛亥鼎革,政局动荡,南北对立,湖南财政收入减少,军费开支数额巨大,地方政府不得不依赖发行各类票币用于支付各项开支。换言之,此时湖南的金融环境由正常轨道转入战时环境,即非常态金融体制。此时,湖南官钱局改为湖南银行,因政府支出日竭,银行逐渐沦为增加财政收入之机构。⑥ 为了避免社会货币体系对财政资源的汲取,谭延闿下令取缔公私钞票,试图以行政力量直接干预社会货币体系。⑦ 同时,驻湘军队⑧、湖南警察⑨同时给湖南商务总会施压,限制商号票币的发行。湖南商会作出让步,同意资本雄厚、信誉素佳者,订立三家联环保结发行钞票,发行者由商会加具存案,并得到省政府同意。⑩ 可见,政府在干预社会货币体系上也做出了让步,而这种让步与钱商的反击不无关系。⑪ 不过由于汇水持续上升以及长沙城内缺米供应,谭延闿再次给湖南商务总局施

①曾赛丰、曹有鹏编:《湖南民国经济史料选刊》(一),湖南人民出版社 2009 年版,第 159 页。

②黄永豪:《米谷贸易与货币体制:20 世纪初年湖南的经济衰颓》,广西师范大学出版社 2012 年版,第 131 页。

③《严禁私行小票》,《申报》,1907 年 8 月 31 日,星期六,第 11 版。

④黄永豪:《米谷贸易与货币体制:20 世纪初年湖南的经济衰颓》,广西师范大学出版社 2012 年版,第 135 页。

⑤陈子钊编:《湖南之财政》,湖南经济调查所,1934,A8。

⑥曾赛丰、曹有鹏编:《湖南民国经济史料选刊》(一),湖南人民出版社 2009 年版,第 160 页。

⑦《湘都督取缔公私钞票》,《申报》,1912 年 10 月 17 日,第 6 版。

⑧《湖南商会几受炸弹虚惊》,《申报》,1913 年 2 月 13 日,第 6 版。

⑨《湖南维持纸币办法》,《申报》,1913 年 2 月 1 日,第 6 版。

⑩《湖南之纸币问题》,《申报》,1913 年 4 月 6 日,第 6 版。

⑪《湘省会整顿湖南银行》,《申报》,1913 年 6 月 20 日,第 6 版。

压,意图让商人购买铜元与铜元票,用以增加政府财政收入以及维持官票币值。① 但从结果来看,对小票的取缔进一步加剧了湖南市面金融的紊乱,促使小票更为泛滥。钱商在反对政府过多干预发行票币的同时,还借助民国肇始票价跌落的机会,利用汇水涨落,买空卖空,开始操纵票币利率,终日盘剥,动辄获取极大利益,使得官票价更为低落。② 可见,政府以官票发行挤兑原有金融市场,并辅以行政手段,但民国元年的湖南政府没有能力去构建其权力,反而只知发行票币,促使金融市场更为失序,而钱庄等非正式金融体系的"短视"行径,在汲取利益的同时也将自己捆绑在政府的"战车"上。

如果说以谭延闿为首的湖南士绅与地方咨议局因与湖南地方的金融关系错综复杂,以致干预稍显温和,那么代表北洋政府对湖南进行统治的汤芗铭③,针对湖南金融体系的整顿则更为强硬。因"二次革命"后,湖南的财政压力与金融压力日趋严峻,汤芗铭一方面实行高压政治,对反对力量强力镇压,另一方面加速对金融市场的介入,取缔市票。同时,汤芗铭一改谭延闿时期以湖南商务总会管理市票的方式,直接使用国家机器——警察厅介入地方金融活动,管理货币。④ 此外,汤芗铭规定湘省各商号无力归还者,需将资产抵押给湖南银行。同时,由湖南银行发行票币兑换商号的市票。此举意味着将社会中原有的信贷与债务转移到银行,即政府手中,表明国家对于社会原有金融体系的进一步渗透与控制。⑤ 其后,湖南银行滥发票币,又不能兑现,只不过仍能缴纳赋税,其信誉尚在。但民国三年九月,田赋改征银元,由此票币价值一落千丈。⑥ 可见,汤芗铭政府企图以强有力的政治手段,挤兑社会原有金融体系,从而增加财政收入,强化地方管制。但湖南地方政府并没有足够的资源去构建其权力,即使汤芗铭依靠北京政府的力量强势介入湖南地方金融市场,也不得不承认和丰公司、湖南电灯公司所发行的小面额票币。票币的本质是为"信贷",汤政府强化

①《湘商会文告上之整理市票》,《申报》,1913 年 7 月 5 日,第 6 版。

②曾赛丰、曹有鹏编:《湖南民国经济史料选刊》(一),湖南人民出版社 2009 年版,第 163—164 页。

③汤芗铭(1885—1975),字铸新。民国元年后,历任教育部次长,海军次长,奉命率舰队镇压"二次革命",后出任湖南都督。

④《限令收回商店纸币》,《申报》,1913 年 12 月 15 日,第 7 版。

⑤《湘督整理财政之最近文电》,《申报》,1914 年 3 月 22 日,第 6 版。

⑥《湘省田赋征洋之风潮》,《申报》,1915 年 10 月 10 日,第 6 版。

银行权力用以替代社会中原有体系的同时,不仅强化对社会财富的汲取,同时也是对负债与信贷的承继。但渗透越深意味着其承担的信贷压力越大。一旦失去中央政府支持,以银行为主导的政府金融势必陷入不可挽回的颓势。民国七年以来,袁世凯已经去世两年,汤芗铭失去来自北京的支持,湖南银行破产则在情理之中。同时,(金融)集中也带来了脆弱性增加的问题:即当区域或中心的储备城市受到强有力的冲击时,一旦核心银行无法支撑,冲击将会迅速蔓延并影响到其他的地方银行,从而导致连锁反应与更大规模的系统性动荡。[①] 就近代湖南金融而言,在政府对传统金融的渗透作用下,使得非金融机构主动或被动的依附于以银行为主导的正式金融体系,故湖南银行(核心银行)的倒闭,势必致使整个湖南金融体系崩溃与瓦解。其中,长沙金融动荡尤为明显,说明关联程度与影响大小无疑呈正比关系。

综上所述,陈宝箴新政以来,因构建近代国家的需要,湖南地方政府开始介入传统金融行业,使得湖南金融业原有的"一元"体系开始松动。阜南官钱局、湖南官钱局以及湖南银行的相继成立,湖南金融业中的"国家"与"社会"互为博弈,呈现出"对立"到"融合"的历史演进。概言之,从清末到民国七年,湖南地方非正式金融与正式金融体系由"互为对立"到"一荣俱荣,一损俱损"的转变,主要体现为政府以政治性手段所推动的强制性制度变迁。同时,因正式金融机构由政府的支持与推广,占据优势地位,从而导致非正式金融机构主动依附,也形成了一种诱制性制度变迁,诸如钱庄出现利用汇水涨落,买空卖空,操纵官票利率用以获取利益的行为。当然,由晚清至民国,湖南金融体系的强制性制度变迁形式同样存在不同,其主要受制于外部环境的差异。太平天国被镇压后,晚清政治环境相对趋于平复,尽管中央权势开始下移,但这一时期统一的中央王朝对地方行政体制存有一定制约,同时在相对稳定的政治环境下,地方政府为维持地方稳定的行政支出相对较少,因而对地方原有金融体系采取的强制性手段,亦或是渗透程度也相对有限。反之,民国元年以来,因北洋集团、革命党人以及中央政府与地方政府之间呈现出极为复杂的关系,尤其是在作为革命重要策源地的湖南,地方政府为了维持日常的行政需求,亦或对地方治安的考量,又

①Anderson,Haelim,Mark Paddrik,and jessie jiaxu Wang. 2019. "Bank Networks and Systemic Risk:Evidence from the National Banking Acts."American Economic Review ,109(9):3125-61.

或是对地方权力的争夺,需要大量财政收入用以维持地方统治,因此以银行为主体的正式金融体系势必沦为地方政府的"金库"。尤其是外来势力进入后,对于湖南地方资源的索取更是毫无节制,其"竭泽而渔"式地发行纸币(信贷),借债度日的行径势必导致民国湖南地方金融的持续性混乱与动荡。

辛亥革命后上海江南制造局善后问题研究

顾 磊[①]

摘 要：关于辛亥革命后上海江南制造局的善后处理问题，学界少有涉及，然而江南制造局的善后问题关系到整个辛亥革命东南战局的走向，值得深入研究。上海光复后，江南制造局出现了严重的秩序混乱问题，发生了军火流失、工人闹事的乱象，这些乱象最后在李平书的努力治理下得到了解决。辛亥革命后上海江南制造局善后问题的妥善处理极大促进了江南制造局的生产力，使得江南制造局在攻宁战役中作出了巨大贡献，攻克南京对于整个东南的革命形势具有举足轻重的作用，因此可以说制造局问题的成功善后是有利于东南革命大局的。

关键词：辛亥革命；上海；江南制造局；善后问题

1911年11月3日上海响应武昌首义，反清武装仅仅只用了两天时间就光复了整个城市，但起义者仓促之间并没有对坐落于上海的江南制造局进行有效的管理，在接收制造局的过程中采取了一些不适当的措施，造成革命成功后制造局出现了种种乱象，因此亟待善后。关于辛亥革命后上海江南制造局的善后问题，学界少有涉及，[②]然而这个问题又十分重要，因为江南制造局的善后问题关系到整个东南战局，因此值得深入探讨。

---

①该选题获得江汉大学2019级研究生科研创新基金项目立项资助，指导老师方秋梅教授；作者为江汉大学硕士研究生。

②郭预明《辛亥革命期间的上海群众运动》一文涉及了上海江南制造局的善后处理。文中指出江南制造局在短时间内顺利接受并实现复工复产的关键在于沪军都督府成功地调动了工人们的革命积极性，这也是反清的群众运动进一步向纵深方面迅猛发展的表现，但文章缺乏对都督府善后措施的论述，没有将善后措施发挥的影响与之后攻宁战役中江南制造局发挥的重要性联系起来考察。

一、上海光复后江南制造局的乱象

辛亥革命在上海成功后,起义者没有能够对江南制造局进行有效的管理,制造局内部一片混乱,接连出现了军火流失、工人闹事的乱象。辛亥革命后上海江南制造局的善后处理也是围绕这些问题展开的。

(一)军火流失

1911年11月4日上午,上海起义者攻占了近代中国最大的军火工厂——江南制造局。经过一番激战后的江南制造局一片狼藉,秩序大乱。李平书回忆道:"驰赴制造局,已午后一时矣。民军自入局,纷纷至军火处携取枪械,比余到局,所存新造毛瑟枪千余杆,已一扫而空,办公房前至浦滨,拥挤无隙地。问头目何在? 有无名册? 则人人司令,个个元勋,纷啜喧嚷,不可言论。"①当时的亲历者屠馥孙也写道:"此时厂门大开,任人进出,开库取枪无人禁止,取而复来的也不少。"②最后造成"各兵士人等取出枪支子弹以及未成枪件,为数甚多"。③由于攻占制造局后,起义部队的临时司令部就暂设在制造局,部队也就局驻扎,人多杂乱,门禁松弛,这给窃取军火者创造了有利条件,他们还可以打着革命的旗号堂而皇之地夺取军火。上海的起义者之所以要冒着性命拿下江南制造局,很大程度上就是看重江南制造局存有大批武器,为之后的革命战事作准备,各派革命势力也急需军火壮大自身实力。据两位当事人夏国梁和冯润生的回忆可以看出当时的起义队伍在武器装备方面是何等的匮乏。夏国梁说:"李英石宣布起义,要大家徒手空拳打进制造局去拿枪,真有些尴尬。我趁李英石巡视队伍,走到我们行列前时,我即大胆地责问李英石:'我们手无寸铁,怎么去打仗?'他说:'等一下就有。'所以商团同志送了我一个绰号叫手无寸铁。后来有人送进场来几十支手枪和百余把旧单刀,和一些三炮台香烟罐做的手榴弹,分

①李平书:《且顽老人七十岁自叙》,《辛亥革命在上海史料选辑》,上海人民出版社2011年版,第873页。

②屠馥孙:《上海商团进攻江南制造局》,上海市档案馆藏《辛亥革命七十周年》,档号L1—3—158,第216页。

③《民立报》1911年11月9日,第5页。

发给团员和敢死队,救火会商团分不到手。"①冯润生说:"这时全体团员有枪的少,徒手的多,面部表情形形色色,情绪兴奋的有,胆怯的有。有枪的团员感到打制造局很兴奋,徒手的感到沮丧。有人向李英石提出质讯'没有枪怎么打仗'。后来李英石将敢死队介绍给大家见面,鼓励大家不怕死,跟着就执行命令。"②由于起义者对于武器装备的渴望,致使出现了"纷纷至军火处携取枪械"的混乱局面。这种对军火无组织无纪律的取夺不仅无益于革命大局,而且造成了制造局的财产损失,也会对社会治安产生不利影响。军火流失问题是李平书走马上任制造局总理后要解决的首要问题。

(二)工人闹事

在攻打江南制造局的过程中,江南制造局的工人们为革命做出了巨大贡献,他们引领进攻制造局的战士打开了步枪库和子弹库,"不到两小时共取出枪两千余枝,子弹不计其数",这极大充实了战士们的武器装备。在作战双方相持不下之际,又是制造局工人们挺身而出,"张楚宝住宅被厂内工人放火燃烧起来",③导致江南制造局总办张楚宝误以为革命军已经攻了进来,顿时军心大乱,加速了清军在制造局之役的失败,从中也可以看出江南制造局的工人们对于清廷的痛恨。然而新政权的领导并没有完全体察到工人们的心理,在李平书就职制造局总理通告中写道"凡局内司事工作人员照旧录用,务须一概照常办事"。④这就意味着新政府将保留前清在制造局的所有管理人员,这便引起了工人们的不满,原先制造局炮厂管理王培耀对于工人多有苛待,还有一些制造局管理人员将工人充作私用,"本局委员司事,凡有家眷附局居住者,往往以厂中小工幼童派回差遣,相沿日久,几至视为常例"。⑤工人们指望能通过革命掌握制造局的管理权,将这些清廷管理人员一概罢黜,然而实际情况使得工人们大失所望,最终失望变成了愤怒,致使工人们"相约纠众,群与该厂王管理等为难,甚至以

---

①中国人民政治协商会议全国委员会文史资料研究会:《辛亥革命回忆录》第7集,文史资料出版社1981年版,第536页。

②中国人民政治协商会议全国委员会文史资料研究会:《辛亥革命回忆录》第7集,文史资料出版社1981年版,第538—539页。

③冯自由:《革命逸史》第5集,中华书局1981年版,第246页。

④《李平书就职制造局总理通告》,《时报》1911年11月5日,第1版。

⑤《民立报》1911年12月10日,第6页。

铁器殴伤王管理"。① 制造局工人本身也有许多不良习气，有的工人在制造局内"乃竟有设台聚赌，甚至在局门内船坞巡兵住所聚赌，输赢为数甚巨，且有骚扰情事，殊属不成事体。"②还有些工人好吃懒做，滥竽充数，效率低下。工人中存在的问题如果不能得到有效的善后将会极大影响制造局的生产。李平书也认识到制造局"前为官厂办事，不免积习相沿"，③这一问题亟待身为制造局总理的李平书解决。

二、李平书采取的善后措施

李平书上任制造局总理后，针对军火流失、工人闹事的乱象，采取了一系列措施，成功恢复了江南制造局的秩序。研究辛亥革命上海江南制造局善后问题，有必要对这些善后措施详细论述。

(一)针对军火流失问题采取的善后措施

李平书上任制造局总理后十分关注收缴流失军火工作。他在 1911 年 11 月 9 日发布告示："各兵士人等取出枪支子弹以及未成枪件，为数甚多，实属有碍军政。现在如将各项枪支子弹送缴到局者，随给收单，听候定期酌给赏洋；如仍藏匿不缴，一经查出，定即重惩不贷。为此示仰诸兵士人等知悉，其各禀遵毋违。切切特示。"④李平书希望这些取走军火的兵士能够主动缴还，这既能减少制造局的工作难度，也能照顾到这些革命功臣的脸面。11 月 11 日沪军都督府也发布命令，表示"本都督府访闻局中军械，时有失窃情事，特饬兵卫严密梭巡。有私窃军械情事，一经查出，定义军法从事"⑤。李平书又在 11 月 15 日发布了奖赏细则，其中写道："自今日收缴洋枪，凡新枪刺刀、皮件全备者，给洋八元；旧枪刺刀、皮件全备者，给洋四元；新旧枪刺刀、皮件不全备者，酌给。"⑥在 11 月 16 日又发布了《发赏催缴枪支》的告示，表示"如有未经呈缴枪支子弹，务即赶速呈

---

①《民立报》1911 年 11 月 11 日，第 5 页。
②《赌的不成事体》，《民立报》1911 年 12 月 5 日，第 5 页。
③《民立报》1911 年 12 月 13 日，第 6 页。
④《收缴枪支子弹子弹告示》，《民立报》1911 年 11 月 9 日，第 5 页。
⑤《禁止偷窃军械军械告示》，《民立报》1911 年 11 月 11 日，第 5 页。
⑥《缴还枪械者注意》，《民立报》1911 年 11 月 15 日，第 4 页。

缴,以便一体发给赏洋,毋再延迟,致干查究,切切特示①。"在苦口婆心的劝说后,对于冥顽不灵者,李平书也祭出了军法予以威慑。他在11月19日发布告示给出了收缴军火的最后期限,表示期限一过不再给予奖励,而且一旦查出有人私售洋枪及个人私藏军火者,"即咨行军政府按照军法治罪"。② 通过不懈努力,"虽未能全数收回,而亦十得七八"。③ 除了大力追缴军火外,他还严格门禁,移撤驻局军队,从源头遏制军火外流。他发布告示:"照得本局为制造军火重地,昨已开工,门禁宜严。前司令部暂设局中,故各军队亦暂就局驻扎。查军队与工匠杂处,出入固多不便,而于稽查工匠,尤觉为难,殊不足以昭慎重。刻以商准司令部移驻城内海防厅衙门办事,所有前经驻局部队,似宜移就司令部办公处所,择地驻扎,以便就听命令,而局中工匠出入,亦易稽查。是此办法,庶于军队、工作两有裨益。除函请司令部转饬遵照外,为此示仰驻局军队人等一体知悉,是为至要。切切特示。"④李平书向工人们颁发工牌,"饬令悬挂胸前,以便出入稽查,一目了然,而免闲人混入"。针对不配合工牌制度的工人,"准巡查各局门弁兵巡士扭送前来。除随时革斥外,仍察核情节轻重,从严惩办,以示儆戒,而严门禁。"⑤李平书深恐奸宄混入制造局,以制造局为制造军火重地,发布命令禁止闲杂人等参观制造局,表示"惟兹值军务紧急之际,厂工重要之地,似未便有工匠以外之人入厂,致扰工作"。⑥ 上述努力有效地改变了制造局的混乱局面,有利于江南制造局的财产保管和复工复产,有利于光复后上海的治安稳定。

(二)针对工人问题采取的善后措施

针对工人纠众殴打管理人员的事件,李平书发出指示:

照得大汉光复,气象一新。凡吾同胞,务各万众一心,共扶大局。查本局自克复以后,即日开工,实因军火为军队命脉,出战各同胞以性命与人相争,端赖军火以资利用。必须本厂赶造大批军火,方足以资

---

①《发赏催缴枪支》,《民立报》1911年11月16日,第5页。

②《不得私有军火》,《民立报》1911年11月19日,第5页。

③姚文楠:《通敏先生行状》,《辛亥革命在上海史料选辑》,上海人民出版社2011年版,第885页。

④移撤驻局军队告示》,《民立报》1911年11月11日,第5页。

⑤《民立报》1912年2月1日,第6页。

⑥《禁止参观制造局告示》,《民立报》1911年11月24日,第5页。

接济。是本厂制造军火,实与出战各同胞性命息息相关。素知我厂各工匠凤抱热心,必能爱恤同胞,互相奋勉。自今以后,所有在厂各工作,不独须与平时一样,并须比平时格外出力,加工赶造,务使成数加多,成件比前精利。果军火能源源接济,则各同胞战胜攻取,指日天下成平,共享幸福。推原其始,岂不由我厂各工匠所赞助,而名誉著于环球哉。惟查本局各厂人数众多,好义急公者固多,难保无一二好尚意气之人,万一在厂或有冤抑不平之处,只须明白具禀,本经理无不详细查明,秉公办理。绝不稍存偏袒,致拂公理。惟望众以文明勿施野蛮手段,贻笑外人,致误大局。为此出示谕知,仰本局各厂工匠夫役人等一体知悉。自示之后,倘有不遵诰诫,挟众借故滋生事端,一经查出,除斥革外,仍须从重惩办。须知本经理一秉大公,恩威并用,勿得视为具文。切切特示。①

文中先是耐心劝导,唤起工人们的使命感,使工人们认识到他们对于整个战局的重要性,要求工人"互相奋勉",使"名誉著于环球哉"。对于工人们的不满之处,李平书表示:"万一在厂或有冤抑不平之处,只须明白具禀,本经理无不详细查明,秉公办理。绝不稍存偏袒,致拂公理。"要求工人们以文明方式处理不满情绪,然后威胁道:"自示之后,倘有不遵诰诫,挟众借故滋生事端,一经查出,除斥革外,仍须从重惩办。"这便是李平书所采取的恩威并用措施。

李平书针对管理层的陋习,发出了《禁以工人充私用》的命令,指出私自使用工匠化为己用,"殊属不成事体,现当光复之初,从前积弊,亟须革除,以肃厂规而重工作。为此申禁,嗣后无得再以在工人役拨充私用"。② 对于带头闹事的工人,李平书决不姑息,"送交上海县司法署寄押三星期,以示惩儆"。不过押期届满后,李平书又示以恩义,"念该工匠等,平日工作尚勤,仍饬照常工作"。③ 针对工人的赌博不正之风,李平书派出管辖江南制造局的高昌庙警员严密巡逻,"一经查见,立即严拿,从重惩办,决不姑宽",严查赌博行为,开除屡教不改者,甚至对那些把房屋租给工人用于赌博的房东,李平书也没有放过,"除将房屋发封外,仍须究办房东知情不发"。④ 可以说李平书采取了霹雳手段,重挫制造局

---

① 《就工人滋事李平书发布的告示》,《民立报》1911年11月11日,第5页。
② 《禁以工人充私用》,《民立报》1911年11月10日,第6页。
③ 《申报》1911年11月12日,第2张第2版。
④ 《民立报》1911年12月5日,第5页。

工人们的不良习气。李平书对于工人们能够采取赏罚分明的态度,用奖惩手段约束工人的行为,"有能于表额之外,成数加多、用料较省、工作精致者,即随时从优奖励。国事大定后,并再择尤优请叙奖。其手艺不精、工作迟缓、用料糜费、不能符表定额数者,亦即随时酌核减罚。倘或不安本分,动辄滋事,无论手艺如何,当此军事倥偬、整饬厂规之际,断不留害群之马。一有干犯,定当立时革除,察酌情事轻重,送军政府,按照军律从严惩办,以儆其余。"①李平书还用物质奖励激励工人们的工作热情,在工资之外"特再每名赏洋一元,以示鼓励,因此各工匠甚为欢悦"。②李平书还对在职的工人进行技艺考核,禁止滥竽充数,"照得现当光复伊始,军事方兴,军火尤为军队命脉所关。本局制造,为军火之源。军火精利,端由各厂工匠手艺精良,而手艺良非考试不能表见。兹拟于下星期一起,派员分赴各厂考试。工匠即将本日所做之事,检取编号弥封,延请机学洋员详加考验,分别优劣,订定等次。"③李平书还建立了新的工厂规章制度,采用了军营的管理方法,对制造局进行军事化管理,从制度层面约束工人的一举一动,使他们不能恣意妄为,"本局为制造军火之厂,关系至为重要,一切章制执法,当与军营相同"。④在李平书的大力改革下,制造局面貌焕然一新,"该局厂工匠,日夜加工,赶造枪炮、子弹。闻局中每日出枪之数,较之从前,可增数倍"。⑤工人们的觉悟也大大提高,"制造局炮弹厂各工匠,因念沪军政府需饷甚殷,慨然各愿输捐,共计捐得洋一百七十元"。⑥制造局工人问题得到了有效的善后处理,这体现了李平书超凡的管理才能,无怪乎当时的报纸称赞他"明干稳练,劳勋夙著,为舆情所信仰"。⑦

三、制造局问题的成功善后有利于东南革命大局

上海光复,江南制造局落入革命党人之手,这对于清政府无疑是个沉重打击,"自湖北始得汉阳铁政局,而清人军械之取资于国中者,已三去其一;及得上

①《民立报》1911年12月13日,第6页。

②《鼓励工匠》,《民立报》1911年11月12日,第5页。

③《民立报》1912年1月31日,第6页。

④《民立报》1911年11月13日,第6页。

⑤《申报》1911年12月16日,第2张第3版。

⑥《炮厂工人爱国心》,《民立报》1911年12月23日,第6页。

⑦《时报》1912年5月2日,第6版。

海制造局,而三去其二。"①上海是清廷军火生产的重要基地,上海起义成功,攻克江南制造局,不仅成功遏制住了军火运往湖北镇压革命,还使这些军火被起义者所掌控,增强了革命武装力量。1911年11月7日,新军第九镇统制徐绍桢在革命党人的推动下在南京发动起义,结果被清江南提督张勋所部击败,退守镇江,革命军失败的一个重要原因就是由于缺乏弹药,"苦战竟日夜,卒以子弹不足,未能得手"。②徐绍桢遂派人向上海求援,11月11日,陈其美致电江苏都督程德全、浙江都督汤寿潜,提议组织江浙联军,由徐绍桢任总司令,指挥攻宁战役,并表示:"至接济军火,敝处当弹力以筹"。江浙联军在合攻南京的过程中,"军械不数,则问沪军",③最终在12月2日,江浙联军攻克了清廷在东南的政治中心南京,有利于整个东南的革命大局。江南制造局在攻宁战役中发挥了巨大作用,为联军供应了大量的军火,"其后联军进攻金陵,弹药半取给于制造局"。④由于军情紧急,李平书号召工人们日夜加工,"李总理以刻值军务倥偬,待用军火甚殷之时,除炮弹厂已饬加作夜工外,尚有炼钢厂、机器厂、生铁厂、铜引厂、洋枪楼均未开办夜工,自应令其一体加作夜工,故由各厂工匠已于前晚为始一律开赶夜工矣。"⑤"各工匠以此事关系民军甚巨,莫不乐而忘疲"。⑥试想革命后制造局的乱象如果不能得到良好的善后,会有这番井井有条、积极向上的生产场景吗?可见如果只是控制了制造局而没有解决好制造局存在的问题,便无法激发制造局的生产潜力,也就无法保证革命军的军火供给,江南制造局问题的成功善后是革命最终在东南各省获得成功的一个重要因素。

---

①龚翼星:《光复军志》,《辛亥革命在上海史料选辑》,上海人民出版社2011年版,第254页。
②中国史学会主编:《江苏光复纪事》,《中国近代史资料丛刊·辛亥革命》(7),上海人民出版社1957年版,第14页。
③秦孝仪主编:《陈英士先生文集》,台北"中央"文物供应社1977年出版,第114页。
④龚翼星:《光复军志》,《辛亥革命在上海史料选辑》,上海人民出版社2011年版,第254页。
⑤《民立报》1911年11月18日,第5页。
⑥《申报》1912年11月16日第2张,第3版。

民国武汉妇女读书会研究

朱晓艳[①]

摘　要:武汉妇女读书会以湖北省公立女子师范学校学生为基础,是湖北省第一个由中国共产党领导的妇女革命团体。该团体以学习宣传马克思主义为目的,以唤醒妇女意识觉醒、推动妇女解放为宗旨,积极参与社会政治活动,是中国共产党建党初期妇女运动策略的探索与实践,在一定程度上直接推动了湖北妇女运动的发展。在这过程中,逐步完成了妇女在近代社会发展进程中角色的转变。

关键词:民国;武汉;妇女读书会

在传统封建纲常伦理教化下,女性大多被禁锢于家庭。近代以来,随着西方自由、民主、平等思想的传入,女子教育得到重视。特别是五四运动以来,妇女解放、男女平等的呼声日益高涨。在这种背景下,妇女读书会开始多了起来。据相关研究显示,民国时期的妇女读书会按照发起人可分为五类,主要有:中国共产党发起的妇女读书会,民众教育馆或图书馆主办的妇女读书会,基督教青年会主办的妇女读书会,书店举办的妇女读书会,中华平民教育促进会总会开展的乡村妇女读书会。[②] 其中,1921 年冬在武昌黄土坡成立的武汉妇女读书会,[③]以湖北省立女子师范学校(今武汉市第三十九中学)学生为基础,是湖北省第一个由中国共产党领导的妇女革命团体。该团体可以说是中国共产党成立初期妇女运动策略的探索与实践,在一定程度上直接推动了湖北妇女运动的发展。

①湖北省社会科学院文史研究所,助理研究员。

②尹红:《民国时期妇女读书会研究》,《四川图书馆学报》2020 年第 3 期。

③关于读书会成立时间,这里采用的是 1921 年冬,参见:湖北省妇女联合会编:《湖北妇运史资料》第 2 辑,第 48 页。另一说是 1921 年春,参见:武汉地方志编纂委员会:《武汉市志·社会团体志》,武汉大学出版社 1997 年版,第 227 页。

一

20世纪初,以陈独秀、李大钊为代表的知识分子发起的新文化运动,在国内掀起了一场反封建的思想解放,各种新思潮风起云涌。其中,提倡妇女解放、唤醒妇女自主意识是其重要内容之一。一方面,他们倡导女权,实现男女社交公开,如被胡适称"'只手打孔家店'的老英雄"吴虞曾提出女子应"有意识之平权"①。另一方面,要求男女教育平等,如当时北京大学校长蔡元培先生在北京青年会演讲曾谈到男女共校,认为:"改良男女的关系,必要有一个养成良习惯的地方,我以为最好的是学校了。外国的小学与大学没有不是男女同校的;美国的中学也是大多数男女同校。"②意在呼吁男女教育实现平等化,有力冲击了传统女子教育模式。另外,在实现婚姻自由、妇女经济独立方面呼声也非常高,如李大钊曾在文章中明确指出妇女问题的本质,认为"经济问题一旦解决,什么政治问题、法律问题、宗教制度问题、女子解放问题、工人解放问题都可以解决"③。到五四运动前后,妇女解放思潮空前活跃,并且从文化运动蔓延至政治运动。除了女工队伍不断壮大外,北京、天津、上海等大中城市绝大多数女学生也开始积极投入到各地反帝爱国运动中,妇女运动发展起来。

1921年中国共产党成立,虽然中共一大上对妇女运动问题只"略略谈到大要"④,但在实际工作中却已承担起领导妇女运动的责任。同年11月,《中国共产党中央局通告——关于建立与发展党团工会组织及宣传工作等》文件要求"关于青年及妇女运动,请各区切实注意"⑤。之后在上海中华女界联合会改组时,明确提出"纠合我们中华要解放的女子,使我们要求的声音一天一天高起

① 中华全国妇女联合会妇女运动理事研究室编:《五四时期妇女问题文选》,生活·读书·新知三联书店1981年版,第14页。

② 中华全国妇女联合会妇女运动理事研究室编:《五四时期妇女问题文选》,生活·读书·新知三联书店1981年版,第264页。

③ 李大钊:《再论问题与主义》,《每周评论》1919年第8期。

④ 中华全国妇女联合会妇女运动理事研究室编:《中国妇女运动历史资料(1921—1927)》,人民出版社1986年版,第11页。

⑤ 李忠杰、段东升主编:《中国共产党第一次全国代表大会档案文献选编》,中共党史出版社2015年版,第36页。

来,使我们奋斗的力量一天一天强大起来"①。从此,我国的妇女运动"在党的领导下迈开了新的步伐"②。在早期妇女运动策略引领下,中国共产党人积极探索实践。一方面,通过创办学校、开展读书会、创办刊物等多种途径培养造就更多知识女性;另一方面,组织妇女参加斗争实践,培养了一大批无产阶级妇运骨干。

武汉作为新文化运动、五四运动的重镇,孕育了一大批具有新思想的革命青年,这些人中的一部分成为武汉早期共产主义小组成员。他们积极学习和宣传马克思主义理论,在妇女解放问题上系统阐发了自己的观点。在中共一大后,李汉俊、董必武、陈潭秋等人作为湖北早期党组织负责人回到武汉,指导并参与妇女工作。他们先后进入学校宣传妇女解放思想,湖北省立女子师范学校正是其中之一。

一直以来,湖北省立女子师范学校被视为封建堡垒,校长王式玉是一位封建守旧派。然而迫于五四运动的影响,1921 年秋新学期伊始,仍邀请了李汉俊到湖北省立女子师范学校作讲演。李汉俊在谈到妇女问题时强调,"现在妇女由于经济上隶属于男子,故没有独立的人格和社会地位,因而也就不能成为一个独立的'人'。""妇女要想得到同男子平等的地位,首先要谋取经济独立;要想获得彻底的解放,又必须谋求社会的改造。"③这次演讲,让始终接受传统教育的女学生观点为之一新,正如陈碧兰在回忆里说的,在"封建的堡垒里撒下了一些新思想的种子"④。之后,刘子通、陈潭秋、黄负生等一批早期共产党人先后到学校任教,他们以白话文授课,破除了女师只学习文言文的传统;以进步刊物为教材,宣传新文化、新思潮,唤醒学生觉悟。不仅如此,他们还在进步女学生中发展了一批社会主义青年团员。在这种背景下,1921 年冬,为更好宣传妇女运动思想,以陈潭秋、刘子通、李汉俊等为发起人,由湖北省立女子师范学校进步女学生为主体的妇女读书会在武昌黄土坡 27 号(今武昌首义路)黄负生家中成立。

---

①中华全国妇女联合会妇女运动理事研究室编:《中国妇女运动历史资料(1921—1927)》,人民出版社 1986 年版,第 11 页。

②罗琼:《妇女解放问题基本知识》,人民出版社 1986 年版,第 84 页。

③李丹阳:《陈碧兰有关李汉俊的回忆》,《中共创建史研究》,上海人民出版社 2020 年版,第 137 页。

④李丹阳:《陈碧兰有关李汉俊的回忆》,《中共创建史研究》,上海人民出版社 2020 年版,第 137 页。

二

前文提到,武汉妇女读书会是由中国共产党发起的妇女革命团体。在成立之初,作为读书会发起人之一的陈潭秋就明确表示:"一个革命党人,他应该掌握革命的理论。我们不是为了咬文嚼字才来办读书会,才来学习理论的。我们学习它,是为了要用它,用它来救我们的国家,来救受压迫的劳动人民。"[①]由此可知,与民众教育馆、图书馆、平教总会等为发起人的妇女读书会不同,武汉妇女读书会是建立在知识女性(即女师学生)基础上,以唤醒自主意识、培养妇女运动骨干为目的团体组织。陈潭秋认为:"对于那一部分安于现状的妇女,用牧师传教的手段促使她们猛醒,使她们觉得有联合奋斗的必要,那时我们的运动,岂不是又去一层障碍,加了一层势力吗?"[②]因此,武汉妇女读书会从一开始就具有明确的政治目的,积极吸纳进步女青年加入,以扩大马克思主义的影响。

武汉妇女读书会成员以湖北省立女子师范学校学生为主,最初只有二、三十人,据史料记载,主要有李学惠、徐全直、杨子烈、夏之栩、庄有义、陈媲兰(陈碧兰)、陈慕兰、袁溥之、袁震之、王延成、叶家洪、王文宜、刘玉贞、宋炜、杜林、亢文惠、范明洁、李文宜、兰淑文、李兰英等[③],由高班生李学惠负责借书以及在讨论时作记录等事宜。和其他读书会形式一样,武汉妇女读书会没有明确的组织架构,形式比较灵活松散,成员自由组合,每周不定期到武昌黄土坡参加讨论会、辩论会。但在这里,成员们可以自由借阅各类进步书籍和杂志,如《新青年》《向导》《共产党宣言》《国家与革命》《雇佣劳动与资本》等;可以参与讨论各类政治、社会问题,不少成员常在《武汉星期评论》上发表时评。不仅如此,据夏之栩等人回忆,李汉俊、董必武、陈潭秋、黄负生等也常到读书会作报告,"他们利用教书的机会,向我们宣传革命道理,告诉我们十月革命是怎么一回事,使我们的思想得到了启蒙。"[④]以读书会宣传介绍马克思主义,在当时革命岁月中,中国共产党极为推崇这一组织形式,并积极借助它开展工作。[⑤]

在读书、辩论之余,妇女读书会成员在董必武、陈潭秋、李汉俊等引导和支

---

①《斗争业绩有光辉》,《长江日报》1978年12月28日。

②陈潭秋:《陈潭秋文集》,人民出版社2013年版,第2页。

③湖北省妇女联合会编:《湖北妇运史资料》第2辑,第49页。

④夏之栩:《革命的引路人——忆陈潭秋同志》,《回忆陈潭秋》,华中工学院出版社1981年版,第47页。

⑤樊宪雷:《革命时期的读书会》,《党的文献》2017年第3期。

持下开始从事参与社会活动。如 1921 年 11 月，自发上街参与庆祝"太平洋会议"开幕的游行活动；1922 年五一劳动节时参与筹备纪念会，在纪念会中，除参加演讲外，也参与了话剧、歌舞等游艺节目。① 1922 年暑假，妇女读书会在位于武昌的武汉中学筹办了暑期妇女补习班，并邀请董必武、陈潭秋、李汉俊、刘子通、邓中夏等人授课，报名学生以女师学生居多。由于暑期补习班反响不错，在寒假又以妇女读书会名义开办了寒假补习班，然因天气寒冷等因素影响，寒假补习班报名学生少了很多。虽然如此，补习班邀请的都是学识渊博、思想进步以及在新文化运动、五四运动中活跃的人物，在思想和学识方面影响了一批女师学生。除此，据李文宜回忆称，妇女读书会成员"有的参加了卢森堡、李卜克内西的纪念活动，有的在人力车夫罢工时进行了人力车夫家访慰问，有些人还参加了京汉铁路大罢工时江岸宣传慰问工作以及以后的施洋烈士追悼会"②，等等。通过参与这些活动，成员们对社会问题有了更深的体会与理解，政治觉悟、思想意识得到进一步提升。

在妇女读书会参与的众多活动中，影响最大的当属 1922 年掀起的"女师学潮"。在陈潭秋、刘子通来校任教以后，湖北女师新思潮发展很快，以妇女读书会成员为代表的进步学生纷纷要求改革教育。适时，刘子通在《武汉星期评论》第 33 至 37 号上连续刊发了《改良湖北教育意见书》，猛烈抨击腐败的教育制度。这对以校长王式玉为首的封建守旧派是一次巨大的冲击。1922 年 2 月 15 日，王式玉以此为由，宣称国文教员刘子通煽惑、教坏学生，将其解聘。当得知这一消息后，乙班学生代表杨子烈、徐全直、夏之栩、陈碧兰、庄有义 5 人向校长提出挽留意见，遭到拒绝，于是乙班学生开始罢课。罢课断断续续持续了半年。在这半年时间里，校长继续采取高压专制手段，打压学校进步力量，在下学期刚开学时便挂牌开除了杨子烈等五名学生代表，袁溥之、袁震之由家长领回开除。这一举动遭到了更多学生的反对，学生们纷纷到省教育厅请愿，并继续罢课游行。此次请愿震撼了整个武汉，新闻界也纷纷声援。如有的报纸以《女师风潮近状》为题说："省立女子师范一部分学生护王运动，背后乃王氏及一部分与王有饭碗关系之教职员，从中主持各节，已经各报皆载。"也有报纸评论说："省立

①李丹阳：《陈碧兰有关李汉俊的回忆》，《中共创建史研究》，上海人民出版社 2020 年版，第 138 页。

②李文宜：《回忆李汉俊在武汉的生活片段》，《李文宜纪念文集》，群言出版社 2000 年版，第 327 页。

女子师范校长王式玉学界资格虽老,然其黑幕亦深,早为学界所不齿。"①最终迫于各界压力,教育厅厅长宗彝不得已同意将校长王式玉解职、七名学生保留学籍和照发毕业证,但刘子通仍被以"行为乖谬,有妨教育"等罪名驱除出武汉。②至此,此次学潮才告一段落。

这次女师学潮,可以说是湖北省立女子师范学校第一次新旧思想的大交锋,基本以新思潮的胜利得以结束。同时,也是中国共产党领导下的反封建妇女运动的一次胜利,被誉为"湖北妇女革命运动的第一声春雷"③。在此次学潮中,李汉俊、董必武、陈潭秋等共产党人参与进来,指导学生斗争,使得学生在学潮运动中做到"有理、有利、有节"④,因此能够得到社会广大阶层的支持。最后,考虑到军阀政府要动用武力镇压,以及罢课时间太长等因素,中共地下湖北区党委决定请李汉俊、陈时、刘觉民、李廉方等社会名流出面斡旋。1922 年的女师学潮,不仅彰显了青年妇女大无畏的斗争精神,也在湖北女师中播下了革命火种,培养了一批妇女运动骨干力量。经过学潮洗礼,表现突出的读书会的骨干成员徐全直、袁溥之、袁震之、夏之栩、杨子烈⑤、庄有义、陈媲兰、李文宜等 8 人纷纷加入社会主义青年团,后来成为中国共产党员,走向艰苦卓绝的革命道路。

在此之后,武汉妇女读书会继续为从事女权运动而努力。1922 年下半年,读书会成员夏之栩、杨子烈、李文宜、王文宜、刘玉贞等人,积极联合省立一女中、二女中、湖北女师、女子职业学校部分师生参加筹备湖北女权运动同盟会,该会宗旨为"以结合全省女界同胞组织同盟运动,拓充女权"⑥。1923 年 2 月,武汉妇女读书会参加由北京学生为代表在武汉召开的各界代表大会,会上决定成立湖北全省民权运动大同盟,读书会成员刘玉贞被选为五个委员之一。同年4 月,为反对日本帝国主义侵略,武汉妇女读书会参加了武汉各界外交后援组织

①武汉市政协文史资料委员会,武汉市武昌区政协文史资料委员会等编:《武汉文史资料》1992 年第 1 辑《江夏春秋·风云录》,1992 年,第 24 页。

②湖北省妇女联合会编:《湖北妇运史资料》第 2 辑,第 55 页。

③武汉市政协文史资料委员会,武汉市武昌区政协文史资料委员会等编:《武汉文史资料》1992 年第 1 辑《江夏春秋·风云录》,1992 年,第 19 页。

④李文宜:《回忆李汉俊在武汉的生活片段》,《李文宜纪念文集》,群言出版社 2000 年版,第 324 页。

⑤杨子烈,1922 年 10 月加入中国共产党,1924 年与张国焘结婚,1938 年以后追随张国焘一起走上叛党道路。

⑥武汉地方志编纂委员会:《武汉市志·社会团体志》,武汉大学出版社 1997 年版,第227 页。

成立大会,会上读书会成员夏之栩发表演说。[①] 不仅如此,1923 年 11 月,在《江声日刊》编辑周邦式和青年团员马哲民的帮助下,读书会还创办了《妇女旬刊》,随《江声日刊》发行,由杨子烈任编辑。该刊主要负责报道女师学潮和其他妇女团体的活动情况,呼吁恋爱婚姻自由,反对旧礼教,反对童养媳、蓄婢纳妾等恶习,进一步探讨妇女解放途径。[②] 刊物持续一年之久,共发行 70 余期,遍及湖北、湖南、河南、南京等省、市,是武汉第一个革命妇女的刊物。

三

随着妇女运动的发展,武汉妇女读书会已不能适应革命形势的需要。1925年 5 月,由中共武昌地区区委书记陈潭秋指导,在读书会成员李文宜、徐全直、袁溥之等秘密筹备下,成立了"武汉妇女协会"。该协会同时创办《武汉妇女》旬刊,联络人是徐全直。1925 年 8 月,湖北省妇女协会在武昌三道街成立,妇女协会领导人多出自武汉妇女读书会。《武汉妇女》旬刊也随即改为《湖北妇女》旬刊,主编初由原读书会成员亢文惠负责,1926 年改由袁溥之担任,编辑有袁震之等,主要以政论性文章为主,以宣传妇女运动思想和反映武汉妇女运动状况为主,另外设有"消息""通讯""时事短评"等栏目。[③] 之后,在湖北省妇女协会的领导下,湖北省立女子师范学校学生参加了多次反帝斗争,大大推动了湖北妇女运动。

武汉妇女读书会从成立到终止,共历时四、五年,虽然短暂,但在当时所带来的影响却不可忽视。

首先,从阅读书目的选择上来看,武汉妇女读书会的阅读书目主要以马列主义著作或进步书籍和杂志为主,其目的在于学习与宣传马克思主义理论,"在号召妇女阅读、指导妇女阅读,达到女性阅读能力锻炼和培养的基础上,更解放了当时妇女的思想,使中国传统女性摆脱封建牢笼成长为具有现代意识的进步女性。"[④]即在启迪民智的公益性质外,武汉妇女读书会更侧重政治性,以唤醒妇

---

①中国人民政治协商会议武汉市武昌区委员会编:《武昌文史》第 5 辑,1989 年,第 114—115 页。

②田景昆、郑晓燕编:《中国近现代妇女报刊通览》,海洋出版社 1990 年版,第 50 页。

③田景昆、郑晓燕编:《中国近现代妇女报刊通览》,海洋出版社 1990 年版,第 55—56 页。

④乔晓鹏、王鹏飞:《现代意识、公共空间、性别塑造:民国妇女读书会的形式逻辑与功能外延》,《出版科学》2020 年第 5 期。

女意识觉醒、推动妇女解放为宗旨。

其次，从活动形式和内容来看，武汉妇女读书会采用集体读书、演讲、讨论、辩论等活动形式，讨论的内容从日常生活到妇女问题，再到政治、社会问题，从个人小事到国家大事。这一点在 1922 年发布的《武汉妇女读书会募捐启》中有明确体现。启示中称"增进知识"和"研究社会"是当今"急务"，原文是这样写的："我们女子为那'女子无才便是德'的思想所误，智力萎缩了数千年；为那'男外女内'的思想所误，与社会隔离了数千年。现在我们觉悟了我们为人的意义，知道我们也应该同男子一样发展智力，服务社会了。……所以增进知识，研究社会，是我们现在的急务。"[①]在这一过程中，青年妇女"进行着公共领域的参与和知识空间的拓展"[②]，这使得妇女逐渐摆脱家庭以及传统封建教育的的束缚，走向社会，参与到公共事务中去。

最后，从产生的结果来看，通过各类进步书籍和马列主义著作的阅读与讨论，武汉妇女读书会成员产生了从思想到行动的转变。一方面，在思想上得到启蒙，反对封建压迫，呼吁改革教育，实现妇女解放。如徐全直在 1923 年 11 月 11 日出版的《妇女旬刊》第 2 期上发文《妇女解放途径》，写道："我们因为受压迫，所以要求解放，那末，我们就要明白在现社会组织之下，受压迫的还不仅是女子啊！因此，我们的运动决不是单独的，是要与所有被压迫的阶级的人们，大家携手联合起来，推倒一切现存的制度，铲除一切不平等的阶级。"[③]另一方面，她们带头反对传统婚姻，剪短发，走出校门参加各类社会、政治活动，许多成员也成为后来湖北妇女革命运动的骨干力量。

作为中国共产党领导下的湖北省第一个妇女革命团体，武汉妇女读书会培养了一批无产阶级妇女运动骨干，以星火燎原之势，点燃了武汉乃至湖北地区妇女革命运动之火，在中国妇女革命运动史上留下浓墨重彩的一笔。另一方面，和民国其他妇女读书会一样，妇女通过读书会开始参与公共事务，也意味着"女性身份的重塑"[④]，体现出妇女在近代社会进程中角色的转变。

---

①《武汉妇女读书会募捐启》，《民国日报·觉悟》1922 年第 4 卷第 21 期。
②乔晓鹏、王鹏飞：《现代意识、公共空间、性别塑造：民国妇女读书会的形式逻辑与功能外延》，《出版科学》2020 年第 5 期。
③田景昆、郑晓燕编：《中国近现代妇女报刊通览》，海洋出版社 1990 年版，第 50 页。
④乔晓鹏、王鹏飞：《现代意识、公共空间、性别塑造：民国妇女读书会的形式逻辑与功能外延》，《出版科学》2020 年第 5 期。

长江文化
与当代实践

长江文化与武汉滨江文化空间的互塑①

刘玉堂②　　姜雨薇③

摘　要:滨江区的存在对社会成员来说,有着特殊而强大的意义,滨江区作为江与城之间自然因素与社会因素紧密相连的"中介体",是演绎城市历史、彰显城市精神、维系城市文脉、再现都市记忆的独特文化空间。武汉滨江文化空间是以长江文化为核心象征,以码头文化、商埠文化、工业文化、革命文化、渡江文化等为代表的动态文化复合体。在全球化和网络社会崛起的时代,通过提炼核心文化符号,打造多元文化时空;唤醒城市集体记忆;建构"可沟通的"虚拟滨江文化空间等路径,重塑人与江、人与地、人与城之间情感连结和"地方依恋"。

关键词:滨江文化空间;长江文化;武汉滨江区

列斐伏尔在其 1970 年出版的著作《都市革命》中预言"我们的社会已经完全被都市化,它在目前是潜在的,但在未来却是现实的。"④时至今日,我们确已抵达了列斐伏尔笔下的"都市社会"。城市的发展席卷乡村,越来越多的人从乡村辗转至城市,城市吸纳了大量的劳动力和资源,人口的大规模迁徙带动了经济发展,同时催生了巨大的社会变革。然而,城市的发展也不堪重负,面临着诸多挑战,城市问题也成为一种世界性问题。

在美国社会哲学家刘易斯·芒福德看来,城市与语言文字一样,是人类文明的表征之一。武汉作为特大城市,地处长江中游,长江文化的演变与武汉的

①此项目由中央高校基本科研业务费资助(优博培育项目)"城市记忆视域下博物馆文化创意产业的发展研究"(项目批编号:2022YBZZ039)

②刘玉堂(1956—),湖北大悟人,华中师范大学特聘教授,湖北大学文化建设研究院院长、湖北省社会科学院研究员。

③姜雨薇(1994—),湖北郧西人,华中师范大学国家文化产业研究中心博士生。

④亨利·列斐伏尔:《都市革命》,首都师范大学出版社 2018 年版,第 48 页。

城市发展是相伴相生的。滨江区作为自然因素与社会因素紧密相连的地域之一,是展示武汉城市形象与城市文化的重要窗口,滨江区不仅是天然的亲水空间,更是再现城市历史、彰显城市品格、维系城市文脉、勾勒都市记忆的文化空间。在高速运转的现代化进程中,由钢筋混凝土浇筑的城市是"可复制"的产品,城市形象易陷入"千城一面"的发展困境。滨江区作为城市独特的文化空间也面临着城市记忆模糊、城市文脉断裂、文化内涵单质化、景观同质化以及氛围商业化等挑战。

本文通过引入人文地理学之"地方感"的研究视角,揭示滨江区作为城市文化空间所承担的文化价值和社会文化功能,其最终维系着人与地、人与江、人与城之间的情感依恋和"地方依赖"。文章接着提出,现代化进程中的武汉滨江文化空间面临着"地方感"的消逝及重塑。回溯人类文明史和武汉城市发展史,长江所代表的水文明无疑是浓墨重彩的一笔。滨江区作为江与城之间的连结体,探讨滨江文化空间必然离不开对长江文化的深入剖析。因此,文章将近一步论述长江与武汉、长江文化与武汉城市发展之间的重要关系,阐明二者如何互构,梳理其中恣意生长的多元都市文明和空间中留存的历史文化遗产。更为重要的是,审视在当前由信息技术所主导的互联网新时代,数字化城市应从物理和虚拟空间两个视角探索武汉滨江文化空间的建构。

一、问题的提出:城市滨江空间"地方感"的消逝

地方感(sense of place)作为人文地理学的一个重要话题,[1]离不开以段义孚为代表的人本主义地理学者将"地方"概念的重新引入。地方感体现的是"人在情感维度上与地方之间的深切连结,是经过文化与社会特征改造的特殊人地关系。"[2]从人本主义的视角观之,地方感是人以地方为媒介所产生的特殊情感经验。

在经济全球化背景下,"地方"是与世界相区别的一个概念。在现代化社会中,人的诸多复杂情感难以自渡,常常需要仰赖一些支持、养育我们并使人感到亲切的地方,如家和社区。地方即暗示着"家"的存在,是给人以呵护、温暖和依

---

①HEIDEGGER M:《Being and time》,NY:Harper and Row,1962 年,第 32 页。

②TUAN Y F:《Topophilia:A study of environmental perception》,NJ:Prentice－Hall,1974 年,第 136 页。

恋的特殊场所。人文主义地理学的奠基人段义孚在其著作《空间与地方》中，主张将一座城市的整体视为一个地方，"城市是一个地方，主要是意义的中心。它具有许多极为醒目的象征；更重要的是，城市本身就是一个象征。"

随着经济水平的提高和数字技术的发展，人类已经步入一场以城市为主导的"都市革命"。在此语境中，城市不再是亚里士多德口中的物理空间和"容器"，城市本身即是一种生活方式，是驱动社会发展的动力，并与技术、经济共同促成人类社会的稳健运转。步入 21 世纪以来，全球化和城市化是时代的底色，日益增强的流动性和环境问题威胁着地方的存在以及人地关系，"地方"的内核被不断消解，"地方感"及意义也随之发生变化。千篇一律的现代化建筑，摩肩接踵的陌生人社会，现代人城市生活的时间节律紊乱，空间也变得支离破碎。一方面，短期经济发展取代长期的社会文化价值，经济效益成为评价城市发展强弱的决定性指标；另一方面，在都市追求国际化发展的征途中，外来文化的入侵，间接导致了本土文化的失语，传统文化和地域文化的主体性被迫让渡给外来文化。由此，我们的城市和社会的发展常常不得不以牺牲优秀传统文化、献祭共同体精神为代价。在诸如旧城改造、老城拆迁、传统村庄改建等规划实践中，我们看到，城市在奋力奔赴现代化同时，也消弭了某些特定空间所承载的集体记忆和文化认同。在当下，建设"国际化大都市"是主导城市空间实践的全球性话语，在这种具有支配性的话语霸权和叙事逻辑中，随之而来的是城市居民主体存在的失落、精神世界的失落、人的异化以及城市"地方感"的消逝。

在后工业化时代，依靠水运的滨江工业因为污染环境而被迫迁往城市非中心地段。随着信息技术的日益完善，铁路、航运、公路等交通网络的全面覆盖，水运的重要性随之下降。诸多码头、货运仓库、轮渡、工业厂房被迫停用并废弃，或面临着行业变迁和社会转型的压力，城市滨水区曾经作为商业和水运的功能性效应在现代化背景下逐渐削弱。但在新时代，滨水区的文化功能又彰显出独特价值，人们日益增长的精神文化需求，使得城市居民更热爱休闲生活和游憩时光，都市人分外渴望能拥有一片短暂停留、随时"充电"的自然之地。城市滨水区以其独特的亲水性、感性的自然空间很好地平衡了都市社会千篇一律的理性格局，其带有地方性的深刻烙印，是了解武汉城市物质文明，理解城市居民精神世界的重要情感载体。

二、"江"之于"江城":长江文明与武汉城市文化的互动

长江自唐古拉山奔流而下,游走至中游地区,穿城而过,将武汉一分为二。在武汉市民的"生活词典"中,"过江"是如同"过早"①般稀松平常的事宜。在"两江四岸"穿梭游走是开启武汉城市生活的动态密码,人在城中走,江从脚下过,江水一直都流淌在武汉的城市血脉中。滨江区是城市中自然因素最为密集的地方之一,水与陆地在此相逢,促成了人类活动与自然环境的紧密互动。

河海之滨和江河流域是孕育人类最初文明的摇篮,世界上的人类文明大都发祥于江河之地。"中华文化历来是由南北二元耦合而成,北方以黄河文化为标识,南方以长江文化为表率"②,故黄河与长江共同孕育了中华文明。长江流域覆盖面积广,地理环境复杂多变,几番沧海桑田孕育了不同的地域文化圈,主要以上游的巴蜀文化,中游的荆楚文化和下游的吴越文化为主体。总而言之,长江文化是指"长江流域地区文化特性和文化集结的总和与集聚,是时空交织的多层次、多维度的文化复合体。"③

从历时的角度考察,武汉居于长江中游富庶的江汉平原,是楚国早、中期的腹心地带。长江与汉水在此相汇,江水浩浩汤汤穿城而过,形成了武汉三镇隔江鼎立的城市格局。武汉地区较早的城市文明可追溯到商代早期的盘龙城遗址,长江流域丰饶的沃土和发达的水系吸引先民们在此繁衍生息。因为坐拥中游宽阔的河道和星罗棋布的湖泊,水运作为重要的媒介,使武汉与外界充分互联,并由此成为内陆地区重要的交通枢纽和航运中心。明清时期,汉口凭借长江天然的"黄金水道"发展航运,水运带来了"吴商蜀客"并促成了多元文化交流,商贾云集的汉口一跃成为中国四大名镇之一,依托长江而形成的码头文化也一直氤氲至今。"黄鹤楼中吹玉笛,江城五月落梅花"——诗仙李白的千古绝句传诵至今,成就了武汉"江城"的美誉。

---

①湖北地区一种俗称,尤以武汉、黄石、荆州、宜昌、襄阳一带较为突出。由于地理环境和经济活动的关系,人们很早就养成了户外"过早"的饮食习俗。"过早"这一词汇最早出现在清代道光年间的《汉口竹枝词》中。直到今天,当地人仍然保持了这一习俗,并且由于现代生活节奏的加快,加之人们工作、学习的场所与居住区距离的增大,这种"过早"的习俗呈增强的趋势。

②刘玉堂:《关于长江文化研究的若干问题》,《光明日报》,2005年1月13日。

③徐吉军:《论长江文化区的划分》,《浙江学刊》1994年第6期。

从国家政策层面考察,2016年《长江经济带发展规划纲要》正式印发,武汉作为中游城市群的"龙头"城市,在新时代保护和修复长江生态、实现区域联动发展等方面需发挥重要支撑作用,这也是从国家层面确立了长江与武汉未来发展唇齿相依的关系。近年来关于武汉城市发展的顶层设计,有越来越多的目光投向了长江,诸如"长江文化主轴""历史之城暨长江文明之心""长江文明枢纽""长江文化之都""世界滨水文化名城"等相关规划和设想渐次浮出水面。无论是过去还是现在,长江文化都是武汉重要的城市血脉、动脉和文脉,勾连着一座城的过去和未来。

"江"与"城"须臾不可分离,长江与武汉是相伴相生的,长江与武汉城市的发展休戚与共、唇齿相依。一方面,武汉城市形态的起源和发展、城市边界、城市文脉都与长江休戚与共;另一方面,长江文明作为时空交织的文化复合体也孕育了流域地区独特的风土人情。

三、"相伴相生":长江文化与武汉滨江文化空间的关系

空间理论能够进入学术界研究视野,应归功于法国哲学家列斐伏尔触发的"空间转向"。在很长一段时间里,空间与物理学、数学、哲学、建筑学、地理学等学科"联姻"而被视为是物理意义上静止的"容器"和实践展演的背景与场所。列斐伏尔将其视为"资本主义和消费活动的产物和生产过程","将空间作为日常生活批判的一个切入点"[1],确立了空间作为研究视角的主体地位。文化空间作为专业术语,首先在非物质文化遗产领域展露头角,1998年联合国教科文组织颁布《人类口头及非物质文化遗产代表作宣言》明确提出文化空间的概念。在人类学和非物质文化遗产领域,文化空间指涉"在特定场所人类周期性的行为、聚会和演绎,是一种具有岁时传统的独特文化形式"[2]。随着时间推移和研究的深入展开,文化空间的概念发生了"转义",其内涵与外延已经超出了最初的范畴。

列斐伏尔敏锐地洞悉到我们社会的生产已不再停留于马克思所论述的物质资料的生产,而是从"空间中事物的生产"(production in space)转向"空间本

---

①Lefebvre H:《The Production of Space》,Oxford:Blackwell,1991年,第26页。
②向云驹:《论"文化空间"》,《中央民族大学学报(哲学社会科学版)》2008年第3期。

身的生产"(production of space)①。下文将承袭列斐伏尔关于空间生产的洞见,从文化空间的角度来解释社会与历史,以此构建"武汉滨江文化空间—历史—社会"的三元辩证法。此外,尝试进一步探讨长江文化与武汉滨江文化空间之间的关系及其互构过程。

(一)长江是武汉滨江空间的自然肌理

水是地球生命的源泉,也是人类文明生成的源泉,长江孕育并滋养了长江文明。"长江干流全长 6300 余公里,仅次于尼罗河和亚马孙河,位居世界第三。"②长江横贯我国疆域东西,其流域纬度大致浮动于北纬 30 度附近。文明的诞生并非是偶然,得天独厚的地理环境是人类文明萌芽的温床。在地球上神奇的北纬 30 度附近,"并列诞生了古埃及、古巴比伦、古印度、古中华四大文明"③。我国疆域辽阔,经纬度跨越面积大,长江流经的地域,地理形态复杂多变。高低起伏、多元变化的地理形势,有利于将来自太平洋的东南季风吸引其内,青藏高原和西部横断山脉成为天然的屏障,造就了长江流域雨水充沛。"长江全流域年降水量达 1126. 7 毫米"④,"充沛的淡水资源和丰富的热能——长江流域兼具文明发展的两大必备条件"⑤。

汉水是长江最大的支流,如今也是南水北调中线工程的重要水源地,汉水流域也是孕育中华文明的发祥地之一。《诗经》中也记录了诸多关于汉水的诗篇,诸如"江汉浮浮,武夫滔滔""滔滔江汉,南国之纪""汉之广矣,不可泳思";《尚书·禹贡》记载了"江汉朝宗于海",意指长江与汉水如诸侯朝见天子般奔流入海,描绘出了长江与汉水波澜壮阔、百川入海的磅礴意境。明嘉靖年间编纂的《汉阳府志》也将"江汉朝宗"列为汉阳十景之一。长江与汉水的交汇不仅成就了"江汉朝宗"的大气之象,也造就了武汉"两江四岸"的独特风情。

---

①包亚明:《现代性与空间的生产》,上海教育出版社 2002 年版,第 47 页

②长江水利委员会长江志总编室、长江技术经济学会:《长江志》卷 1《流域综述》第 2 篇《自然条件》,中国大百科全书出版社 2004 年版,第 1 页。

③冯天瑜、马志亮、丁援:《自然与人文双优的长江文明》,《华中师范大学学报(人文社会科学版)》2019 年第 1 期。

④曾小凡、翟建青、姜彤、苏布达:《长江流域年降水量的空间特征和演变规律分析》,《河海大学学报(自然科学版)》2008 年第 6 期。

⑤冯天瑜、马志亮、丁援:《自然与人文双优的长江文明》,《华中师范大学学报(人文社会科学版)》2019 年第 1 期。

长江横贯东西,支流广阔,水系发达,素有"黄金水道"美誉。中下游地区降水量更为丰富,便于发展水运和通航,众多支流也满足地方的农业灌溉和生产。自古以来,人类赖以生存的发达水系也会反噬人类的生命和生存环境,历史上的长江流域是洪涝灾害频繁光顾的地区。每年夏季的汛期,洪水肆虐,整个云梦泽江湖难辨、水天相连、陆地行舟。"东晋永和年间开始兴建的荆江大堤,为江汉平原乃至长江流域兴建最早的堤防。"①元明清时期,汉水中下游地区洪涝频发,大水溃堤入城,居民难以幸免。清朝光绪年间,又有张之洞主持兴建后湖长堤。纵览武汉的城市发展历程,既是一卷长江文明史,也是一部与暴雨、洪涝等自然灾害抗衡的斗争史。时至今日,武汉人民仍然在探索如何与长江、汉水和谐共处。武汉的城市抗洪史也形塑了武汉"勇立潮头,不畏艰险;海纳百川,砥砺前行"的城市精神和城市品格。

(二)长江文明是滨江文化空间的核心象征

文化是由社会成员共享的意义系统,是社会认同的基础。文化空间的目的在于展示出这种区别性文化。高丙中认为,文化空间的关键意旨为"具有核心象征"②。核心象征由集中体现价值的符号组成,承载着核心价值,并被文化空间中的共同体成员所认同,是集体意识的基础,是文化空间的文化属性的外在表现。

人类依水而居,城市傍水而兴。河海湖泊是现代化城市得天独厚的重要资源,长江与汉水作为天然的地理分界线和行政区划将武汉一分为三,三镇分庭抗礼,共饮长江水。天然的水运交通,商贾云集,人头攒动,南来北往的人在这驻足又漂离。回溯历史,以汉口为中心的码头与商埠文化,无疑是武汉滨江文化空间实践中浓墨重彩的一笔。"建于清乾隆元年(1736年)的天宝巷码头是武汉可考的最早的码头"③,随着商业的兴旺发达,长江沿岸也渐次建起了诸多码头,叶调元在《汉口竹枝词》中描绘了"廿里长街八码头,陆多车轿水多舟"的热

---

①李国琴:《江汉平原历代防洪方略研究》,华中师范大学城市与环境科学学院硕士学位论文,2013年。

②关昕:《"文化空间:节日与社会生活的公共性"国际学术研讨会综述》,《民俗研究》2007年第2期。

③涂文学:《关于武汉城市文化个性的几个问题》,《江汉大学学报(社会科学版)》2007年第2期。

闹景象。1861 年汉口被迫开埠,西方人的租界立于长江沿岸,外商来汉办厂,从事商业贸易,洋行、洋码头日益兴盛。汉口的开埠促使武汉从"内陆型封闭式的传统市镇"逐渐向"开放式的国际化贸易中心"迈进,沿江空间逐渐成为武汉城市繁荣的中心。作为大商埠与大码头,"瓦屋竹楼千万户,本乡人少异乡多"①,南来北往的九州商贾使武汉成为一个以码头空间为中心的文化大熔炉。

与大多数滨水城市的命运相似,武汉滨水码头万商云集的繁荣盛市是以牺牲滨水环境和自然景观为代价的。随着城市铁路、航空、公路运输业的发达,昔日百舸争流的繁华不再。废弃的港口、码头、货栈、厂房充斥在滨江两岸,水运繁华随风而逝,剩下杂乱的滩涂裸露于江边。步入二十一世纪,曾经承担着经济功能和商业贸易的滨水空间也面临着转型和升级。水资源和水岸线作为稀缺资源是城市发展的生命线,人们逐渐意识到滨水空间对于城市的特殊意义。复兴滨水区生态景观,打造滨水文化空间成为许多城市的重要规划,"长江大保护"作为国家战略也被提上日程。

城市滨水空间的发展历程经历了起源、繁荣、衰退、复兴四个阶段。文化空间作为一个动态过程,从历史和社会发展的角度来看,武汉滨江文化空间是以码头文化、商埠文化、荆楚文化、革命文化为代表的长江文化作为核心象征,具体表现出开放包容、多元荟萃、敢为人先、变革趋新的整体文化性格。

(三)滨江文化空间是对长江文明的再现

"城市的物质文化、制度文化、精神文化三个层次互动共生,构成了一个有机联系的城市文化系统,城市的物质文化体现了城市的制度文化和精神文化。"②滨江文化空间是对长江文明中的物质文化、制度文化、精神文化的再现。

漫长的城市发展史,光荣的革命记忆,历久弥新的历史文化,给滨江沿岸留下了诸多长江文明的印记。当下,汉口江滩作为武汉滨江核心区域独领风骚。汉口江滩与沿江大道相临,与龙王庙、江汉关、租界历史建筑群、江汉路步行街相接,与黄鹤楼遥相呼应。汉口江滩是武汉城市中心独具风貌的文化空间,集中展示了武汉的文化内容和文化意象。当然,城市文化是多元共生的,除汉口江滩外,武昌江滩保留了诸多工业遗迹,诸如铁路客运码头、轮渡、铁轨等,依此

①范锴、白舫:《汉口丛谈》卷 2。
②王承旭:《城市文化的空间解读》,《规划师》2006 年第 4 期。

打造铁路文化,促成工业遗址的创新性发展。武昌江滩现有"长江诗廊"风景带,集中展示与武汉、长江相关的诗歌,漫步诗廊,可纵享诗情画意和快意人生。与"长江诗廊"遥相呼应的是汉阳江滩的"大禹神话园",汉阳江滩致力于营造芳草萋萋、青草绿野的鹦鹉洲文化。同比之下,青山江滩与硚口江滩的文化建设则稍显逊色。纵览武汉江滩的带状图景,呈现出区域间发展不平衡以及文化空间的断裂等问题。

以江上轮渡为例,天然的水域资源给予城市独特的地理环境和人文风貌,夜游长江为成为富有地域性和差异性的特色旅游活动。水上夜游空间一方面是城市发展夜间经济的重要载体;另一方面也是城市居民、外来游客亲密接触自然、感受城市文明的窗口。每当夜幕降临,江面上缓缓驶过霓虹闪烁的游轮,在每一个观者的凝视中,城市完成了对长江和长江文明的叙事。伴随着两江四岸恢弘的灯光秀,凝视者建立起了基于视觉冲击的城市初体验。在城市化进程中,灯光秀和夜间经济是展示现代化都市"肌肉"的重要组成部分。然而,这种基于感官刺激的城市体验是难以长久维系的,灯光建构的是关于城市现代化文明的宏大叙事,变幻莫测的光影和流光溢彩的水际线是城市繁荣的注脚和表征。值得反思的是,越来越多的城市借用灯光来展示城市形象,仅仅注重表面的照明却缺少自身的文化内涵和鲜明的主题。运用华丽的元素进行堆砌,易造成视觉审美的疲劳,滨江文化空间难免陷入同质化的窠臼。

在日常生活所接受的信息中,我们的社会似乎也逆来顺受地接受了被他者化的过程。作为城市名片的滨江文化空间,是展示现代化和城市化结果的巨型舞台,灯光秀夜夜浮现城市的繁华与喧嚣。在被资本和商业裹挟的两江四岸,高楼林立的建筑物是展示商业和资本的表征,在建设国际化大都市的过程中,城市居民被迫迁往城市边缘区域,将故土赎于资本家使其建成繁华的商业体,滨江文化空间成为集中展示资本和现代化发展的橱窗。在此我们试图追问的是,当城市居住者步入滨江区域时,个体的"地方"与家园何在?当下滨江文化空间是展示城市经济效益的舞台,在当下的诸多的城市规划和城市叙事中,我们很难看到城市与个体之间的情感连结。滨江空间是被改造、被开发的"容器"和"物体",城市的发展是与"地方感"背道而驰的过程。一方面,滨水区域常常是商业中心和交通运输的集散地;另一方面,也是一座城市最具人间烟火和生活气息的文化空间。但在当下的城市叙事中,我们很难准确捕捉到城市的精神与文化。

四、武汉滨江文化空间的建构路径

滨江区作为一个特殊的地理单位,其背后也蕴含着深层意义与价值。其并非卫星地图或城市规划中的一个"地点"(point),而是属于每一个城市居民的"地方"(place)。在段义孚看来,"恋地情结"是人与地之间的情感纽带。武汉滨江空间是以长江文明为核心,多元文化并行的文化复合体。武汉早期城市文明发源于长江之畔,近代以来对外贸易的繁荣兴盛同样依托于长江汉水,历史的车轮在两江四岸遗留下了诸多文化遗迹。下文将进一步探讨在新时代应如何建构武汉的滨江文化空间。

(一)提炼滨江核心文化符号,打造多元的文化时空

当前,城市发展面临着"主题文化建设与多元文化生态维护之间的'两难'选择"[①],城市易陷入审美"同质化"与文化生态单一化的窠臼。城市本身就是一座活态的历史博物馆和公共的艺术展览,具有储存、传承国家与族群记忆的功能,城市的文化空间是由物理空间、精神空间、社会空间共同构成的立体空间。滨江空间是城市的核心景观带和公共空间之一,武汉的城市发展史倒映在滨江区的发展之中。滨江区作为江与城之间自然因素与社会因素融合的中介体,也是展示城市主题文化和城市精神品格的"名片"。

长江全域自然环境千差万别,历史发展过程也有所不同,由此便形成了形态各异的特色文化区。武汉地处中游荆楚文化区,"荆楚文化的具体内涵有八大系列:炎帝神农文化、楚国历史文化、秦汉三国文化、清江巴土文化、名山古寺文化、长江三峡文化、江城武汉文化、现代革命文化"[②]。武汉文化是包蕴在荆楚文化之中,荆楚文化又包蕴在长江文化之中。从文化内涵与外沿大小观之,武汉滨江文化空间依次蕴含着长江文化、荆楚文化、武汉城市文化。既然如此,滨江空间是一个复合多变的文化综合体,如何在纷繁复杂的文化脉络中抽取出独特性的象征物和文化符号是值得我们思考的。

---

①傅才武:《文化空间营造:突破城市主题文化与多元文化生态环境的"悖论"》,《山东社会科学》2021年第2期。

②刘玉堂、刘纪兴、张硕:《楚文化与湖北文化产业发展研究》,《湖北社会科学》2003年第12期。

长江学研究 2021

从物理空间的物质实体出发,武汉滨江空间的核心象征应有:江汉路及中山大道历史文化街区、江汉关、长江大桥、黄鹤楼等物质文化符号;还有码头文化、商埠文化、工业文化、革命文化、渡江文化等精神文化符号。滨水区一般分为亲水、临水、近水、远水区域,在滨江空间临水和近水区域应以上述文化符号和文化景观作为主体。除此之外,在滨江文化空间的外延区还应包含其他文化因素。

江汉路及中山大道历史文化街区沿江而建,西洋建筑林立,独具异域特色,是值得保护的历史文化建筑。伴随着汉口开埠,江汉关也于江边兴建起来,开埠设关对武汉的城市发展具有重要的推动作用,在某种意义上是武汉与外界互通互联、走向开放的象征。长江大桥作为新中国成立后重要的基础设施,于国家、于武汉都具有重要的划时代意义,它是武汉滨江区跨江空间重要的历史标志性建筑之一。它改变了武汉人民的城市行走方式,是武汉居民集体记忆中荣光闪烁的篇章。黄鹤楼地处蛇山之巅,濒临万里长江,自古以来都是文人墨客附庸风雅的名胜之地。这些物质文化符号都具有特殊的文化意义,内涵丰富,且皆与长江和长江文化直接相连。文化空间是由核心象征、符号系统、主体、集体记忆共同交织而成,把握了这些核心象征,即可以准确把握武汉的城市文化。这些物质文化和精神文化的存在和再建构,是为了提醒后人是行走在历史中、徜徉在文化空间中、延续着城市文脉的传承者。

(二)唤醒城市集体记忆,重塑人与江的"地方依恋"

"城市是人们集体记忆的场所"[1],记忆的魅力使城市从瞬间化为永恒,从有限延伸为无限。在一座城市的历史中,记忆和重新记忆的活动从未停止,在某种程度上,城市是"靠记忆而存在的"[2]。城市记忆并非是某种已知存在的事物,城市记忆既体现纵向时间的内容,也包含横向社会空间的内容。[3] 其中,城市记忆的载体包括语言、文字、物质文化、活动、虚拟化人工媒介。

武汉的城市化进程倒映在滨江区的发展之中,滨江区的日新月异也体现出武汉城市发展的历史脉络。在武汉漫长的城市发展史中沉淀的城市记忆,始终绕不开对长江文明的传承与传播。从历时的角度回溯,建于殷商时代初中期的

---

①B. A. 克鲁捷兹基:《心理学》,赵璧如译,人民教育出版社1984年版,第48页。
②科恩:《思维世界的语言》,唐韵译,中国青年出版社2000年版,第107页。
③朱蓉:《城市记忆与城市形态》,东南大学建筑学院博士学位论文,2005年。

盘龙城是武汉城市之"根",先民在此繁衍生息,自此开启武汉的城市文明。三国以后,武汉既是兵家必争之地,也是商贾往来、市民聚居的通都大邑。汉口开埠,"楚中第一繁盛地"声名鹊起,武汉有着清晰连贯的长江文明传承发展脉络。关于武汉的城市记忆是对"大江大湖"的城市环境及长江文明为核心所具有的美学特征认同后产生的集体记忆。

武汉的城市记忆是由不同群体书写的鲜活的生命历史,这种历史不仅包括城市中的重大事件,也包括日常生活故事;不仅由官方进行宏大叙事,也由市井居民参与城市记忆的"编撰"和"注疏"。新中国成立初期,"万里长江第一桥"坐落江水之上,改变了武汉滨江空间的城市格局。长江大桥作为长江水道上的标志性建筑物见证了武汉的荣辱兴衰,它既是历史的丰碑也是武汉人民的文化遗产。"一桥飞架南北,天堑变通途",长江大桥的落成是由官方和本土、主流和非主流社会成员共同书写的城市记忆。因此,大桥作为滨江文化空间重要的文化意象是武汉城市记忆的载体,它绝非简单的人工构筑物,它为我们的生活留下了记忆,并作为媒介,保存、传递、延续着城市历史与文化。

除了依托长江而发展的工业文明,武汉在历史发展中也留下了诸如革命文化、渡江文化这样的特色文化记忆。盛夏七月的江城是市民与江水亲密接触、"物我两忘"的好时节,《诗经》曾描述先民在长江汉水游憩的故事,近代张之洞"自强新军"也曾组织过游泳和渡江的训练,民国二十三年,武汉首届渡江活动在"强身救国"的口号下开始。[①] 1956 年毛泽东在视察武汉时三次畅游长江,"到中流击水,浪遏飞舟"。一代伟人身体力行,搏击江水,与武汉、长江结下了不解之缘。自此,渡江成为了武汉人强身健体、勇立潮头的象征;横渡长江被赋予"伟大气魄和伟大革命实践""征服风浪、开辟革命通道"的政治意义。时至今日,一年一度的渡江节作为武汉的民俗活动,其含义早已发生了转变,但顽强拼搏、不畏艰难仍然是其核心意涵。渡江作为一种仪式性的活动超越时空,自上而下地书写了城市的记忆。这些由城市和人民共同孕育的集体记忆,是值得被珍视、被保存并再度示人的。在快节奏的城市生活中,我们总幻想"生活在别处",希望短暂地跳脱日复一日的庸常,奔赴灵魂可以诗意栖息的远方。殊不知,滨江文化空间既是个体向往的"远方",也是社会成员栖息的"地方"。由此,唤醒社会成员的城市记忆,重塑人与地、人与江之间的地方依恋显得尤为重要。

---

①王其慧:《万里长江横渡——武汉渡江活动的起源及其发展评述》,《武汉体育学院学报》1989 年第 1 期。

（二）建构"可沟通的"虚拟滨江文化空间

车水马龙的都市生活是诸多年轻人争相追逐的时尚,然而城市却未能完美践行"让生活更美好"的承诺,"城市病"也给城市生活涂上了浓重的阴影。如何才是更美好的城市,如何才是更丰富的滨江文化空间是值得思考的议题。在当前可见的城市评价体系中,有"城市经济发展水平""城市综合竞争力""智慧城市""数字城市"等多种标准,然而这些框架却未能完整地为城市的当下和未来发展指明方向。以滨江空间为例,它是城市休闲游憩空间,在当前肉眼可见的滨江环境中,过多的商业因素和消费主义侵占了人们的注意力。因此,我们倡导建构"可沟通的"滨江文化空间,"这并非是在既有的评价体系中增添一个新的维度,而是尝试以一种更为综合、包容的方式理解城市并重塑城市"。[①]

在当下,我们的生活日益被移动电子设备所侵占,在信息技术主导的互联网社会中,万物互联是未来社会的发展趋势。以二维码为例,我们的日常生活离不开手机扫码,在后疫情时代,健康码和通行码是我们出入各处、获得人身自由的凭证;在博物馆、艺术展览、旅游景区,扫描二维码获取具体信息的案例随处可见。新媒体技术的发展给我们的城市生活带来了极大改变,滨江空间的建构也不再停留于物理空间,更在于虚拟文化空间。正如英国传播学家麦奎尔所言:"现代社会生活的空间体验经由建筑结构和都市领地、社会实践和媒体反馈之间错综复杂的相互构造而崛起。"[②]值得注意的是,在信息化时代,城市是开放的,但是数字化网络和移动电子设备的操作过程却不那么清晰,老年群体、农民工群体等弱势群体是数字技术时代的"难民"。

"可沟通城市"正是基于这样一种人文关怀,期冀社会成员都能平等地共享技术带给我们的改变。电子信息技术是辅助我们了解长江文明,协助我们超越时空界限对滨江空间进行多感官体验的重要手段。具体而言,滨江文化空间的"可沟通性"主要体现在以下方面:首先,"可沟通性"意味着连接,即滨江区内的各文化要素之间是广泛关联,两江四岸不同行政区划的江滩公园和文化景观应形成一个互通互动的空间网络;其次,"可沟通性"意味着流动,无论是物质实体、信息还是文化意义,都是在人与人、人与物、人与江、人与空间的"交流"过程

---

① 谢静:《可沟通城市:网络社会的新城市主张》,《新闻与传播研究》2015 年第 7 期。
② 麦奎尔:《媒体城市:媒体、建筑与都市空间》,邵文实译,江苏教育出版社 2013 年版,第1 页。

中交换、共享，从而形成空间的再生产，迸发新的空间活力；第三，"可沟通性"意味着对等，文化空间网络中的各个文化要素具有同等影响力，各个社会成员和社会主体都可以平等地共享空间，实现人与物的情感连结；最后，"可沟通性"还意味着融通，即各种矛盾价值的悖论式统一。由于城市网络的高度复杂性，一些价值诉求之间不可避免地存在着矛盾与冲突①。比如，滨江空间一方面作为城市名片，需要招商引资，充分展示城市的现代化魅力，城市的生产犹如工业流水线上的产品一样被大量复制；另一方面，滨江文化空间也是属于市民的精神空间，资本与权力对于空间意义的争夺，势必会侵占市民的精神文化空间。

　　面对新媒介技术的突飞猛进与网络社会崛起，滨江虚拟文化空间的建构应给予不同社会群体充裕的存在空间，给不同的价值观、审美趣味以充分的尊重和包容，促成异质人群之间的聚合和交往。滨江区实体空间与虚拟空间也应相互嵌入，实现虚实融合。街区、广场、桥梁、特色建筑、纪念碑、雕塑、自然景观等支撑的城市实体空间与大众媒介建构的虚拟空间并非截然相对，城市"地点"提供的身体在场感维系了个体对空间的依恋，承载了社会成员的情感寄托，珍藏了特定人群的集体记忆，倾注着公共或私人的情感，具有无可替代的文化内涵和社会价值；而虚拟空间不仅没有取消反而促进了实体空间的交往。在信息化时代，借助互联网和新媒体技术建构虚拟滨江文化空间，实现线上与线下的互动与交流是未来城市发展的潜在方向。

---

①谢静：《可沟通城市：网络社会的新城市主张》，《新闻与传播研究》2015 年第 7 期。

长江学研究 2021

赓续红色血脉　谱写荆楚新篇

熊　霞①

摘　要:荆楚大地红色百年波澜壮阔,湖北为中国革命和建设事业做出了重大贡献。荆楚红色百年的探索与实践,铸造出无数的"红色"高地和丰碑,它们是铁血荆楚奋斗百年路的营养剂,更是英雄湖北起航新征程的动力源。湖北将赓续红色血脉,奋力谱写新时代的壮丽篇章。

关键词:湖北;红色百年

荆楚有光荣的革命传统,湖北是红色热土、英雄之乡。湖北的红色历史,是一部艰苦卓绝的斗争史,是一部可歌可泣的英雄史,是一部开天辟地的发展史。回首百年历史,湖北书写了波澜壮阔的红色画卷,为新中国的成立和社会主义现代化建设作出不朽贡献。展望新的征程,湖北将赓续红色血脉,奋力谱写新时代的辉煌壮丽篇章。

一、红色荣光耀荆楚

湖北是一片红色热土。湖北的红色历史是一部艰苦卓绝的斗争史,在筚路蓝缕的峥嵘岁月和革命征程中,湖北的地位举足轻重。

(一)湖北是中国革命的发祥地和策源地之一,是中国工人运动、农民运动和大革命运动的中心地

中国共产党创建之初,湖北是中国共产党的重要发祥地之一。1920 年夏,在上海共产党早期组织的直接指导下,李汉俊、董必武、陈潭秋等进步知识分子开始筹建湖北共产党组织。1920 年秋,"武汉党支部"宣告成立,湖北武汉成为

①湖北省社会科学院文史研究所,副研究员。

国内组建中国共产党早期组织的 6 个省市之一。此外,没有与共产国际、中国共产党早期组织取得联系的湖北先进知识分子恽代英、林育南,也在独立探索在中国建立无产阶级政党的重大问题,在湖北黄冈创立了共产主义性质的革命团体共存社。在中国共产党第一次代表大会上,出席会议的 13 名代表中,有 5 名是湖北籍,分别是董必武(湖北黄冈籍)、陈潭秋(湖北黄冈籍)、包惠僧(湖北黄冈籍)、李汉俊(湖北潜江籍)、刘仁静(湖北应城籍)。早期的无产阶级革命家在荆楚大地播撒了马克思主义的火种,掀开湖北革命斗争的崭新一页。

中国共产党成立后,工农群众运动如火如荼,湖北成为开展工农群众运动的中心区域之一。据统计,中国第一次工人运动高潮中,党在全国领导的工人罢工达 100 多次,其中发生在湖北的就有 30 多次,约有 3 万余工人参与其中①,其罢工数量之多、参与范围之广、影响之深刻,为历史上前所未有。从 1921 年起,湖北的共产党组织先后领导了粤汉铁路武昌徐家棚机车处工人罢工、汉口人力车工人罢工、汉阳钢铁厂罢工、粤汉铁路武长段罢工、扬子江机器厂罢工、汉口英国香烟厂罢工、汉口棉花厂罢工、黄石下陆罢工等系列罢工运动。1923 年 2 月,在汉口江岸爆发的京汉铁路大罢工,将中国工人运动的第一次高潮推向顶点。工人运动领袖邓中夏对湖北武汉在工农运动高潮中的地位给予高度评价,他指出:"在中国,第一次罢工高潮于武汉方面出现一个令人不可逼视的狂潮,以工业中心城市的罢工而论,当时应首推武汉"②。

随着国民政府和中共中央机关相继迁至武汉,湖北成为大革命的中心地区,武汉成为革命"赤都"。湖北党组织积极贯彻党的国共合作方针,领导掀起反帝反封建的群众性大革命运动,将第一次国共合作推向高潮。1927 年 2 月,中华全国总工会正式迁至汉口华商总会办公。同年 3 月,国民党中央农民运动讲习所在武昌正式成立,中国共产党在讲习所中占主导地位,他们宣传党的革命思想与理论,培养了 18 个省的近千名学员,农民运动的火种由此播及全国。刘少奇在汉口主办工人运动讲习所,以武汉为中心的湖北工人运动蓬勃发展。在 1926 年至 1927 年的第二次工人运动高潮和农民运动中,1927 年 1 月汉口收回英租界的工人运动和斗争更是载入了中国革命的光荣史册。在轰轰烈烈的大革命时期,湖北工农运动狂飙突起,革命风暴席卷荆楚大地,湖北成为这一时

①章开沅、张正明、罗福惠主编,田子渝、黄华文著:《湖北通史》(民国卷),华中师范大学出版社 1999 年版。

②邓中夏:《中国职工运动简史》,人民出版社 1953 年版,第 31 页。

期工农运动的 3 个中心省份之一。

(二)湖北是中国革命武装夺取政权的策源地,是中国工农红军的主要诞生地和中国革命胜利的主要根据地

1927 年,蒋介石、汪精卫相继发动反革命政变,在党和革命事业生死存亡的关键时刻,中共中央政治局于同年 8 月 7 日在汉口江岸召开紧急会议,毛泽东同志提出了"枪杆子里面出政权"的战略思想,制定了土地革命和武装斗争的总方针,给正处于思想混乱和组织涣散的中国共产党,指明了新的出路。八七会议挽救了党,挽救了革命,湖北成为扭转革命前途和命运的转折地。

在"八七"会议精神的指引下,湖北成为全国秋收暴动的重要地区,鄂南秋收起义、鄂西秋收起义、鄂中秋收起义、鄂北秋收起义、黄麻起义、荆江两岸年关暴动等武装斗争遍及全省,点燃了湖北革命的星星之火。根据会议制定的总方针,中国共产党在全国 10 多个省 140 多个县发动了近百次武装起义,有重大影响的起义有 10 多次,[①]其中著名的黄麻起义(1927 年 11 月)是继中国共产党领导的南昌起义和秋收起义之后,在长江以北地区首次举行的规模最大的农民武装起义。它揭开了鄂豫皖地区武装斗争、土地革命和苏维埃政权建设的序幕,为创建鄂豫皖革命根据地和红四方面军起了先导作用,在中国革命史上写下了光辉的一页。

为保存和发展革命力量,湖北各地党组织在武装起义的基础上相继创建了鄂豫皖、湘鄂西、湘鄂赣、鄂豫边、湘鄂川黔、鄂豫陕革命根据地。鄂豫皖创造了以大别山脉为中心,由西向东,进而贯穿统一的独特形式;湘鄂西创造了上山下湖,分块割据,互为犄角,相互依托的独特形式;湘鄂赣创造了以幕阜山为界,南北分片独立割据,主力红军骑山跳跃策应的独特形式;鄂豫边创造了化整为零,插枪隐蔽,秘密割据,伺机而起,大举扩展的独特形式。湖北成为全国土地革命的主战场之一。

随着根据地的蓬勃兴起和地方武装的不断发展,多支主力红军在湖北境内相继诞生。1930 年 7 月,红二军团在湘鄂西根据地公安县成立,贺龙任总指挥,周逸群任政委,成为红二方面军的主要来源。1930 年 6 月,红三军团在湘鄂赣根据地大冶刘仁八成立,总指挥彭德怀,总政治委员滕代远,成为红一方面军的

---

① 王国梁:《论湖北红色文化的渊源、特色及地位》,《理论界》2007 年 3 月。

重要组成部分。1931 年 11 月,红四方面军在鄂豫皖根据地的黄安(今红安)成立,总指挥徐向前,政委陈昌浩。红四方面军战略转移以后,鄂豫皖根据地又组建了红二十五军。湖北人民为创建革命革命据地和工农红军作出了特殊功勋,促进了湖北革命由低谷走向复兴的转变。

(三)湖北是抗日救亡运动的中心,是中国抗日之脊梁

抗战时期,湖北这片铁血土地又一次担负起了国家与民族的重任。1937 年 12 月,中共中央在武汉建立长江局,湖北武汉成为抗日战争初期国民党统治区的抗战中心和中国共产党由根据地走向国民党统治区的重要战略枢纽。抗日救亡团体和抗日救亡报刊的汇聚,以周恩来为副部长的国民政府军事委员会政治部及其领导下的第三厅(郭沫若为厅长)的成立,湖北党组织的积极组织和发动,使武汉迅速成为全国抗日救亡群众运动中心。

1938 年 4 月 7 日,第三厅开始在武汉组织“第二期扩大宣传周”,宣传周包括文字宣传日、演讲日、歌咏日、美术日、戏剧日、电影日、游行日。为期 7 天的抗战宣传周在全国产生轰动效应,它如同一连串冲破时代沉寂的呐喊,使得在刀光剑影中已经窒息了整整 10 年的武汉市民再次展现英雄本色。尤其是 4 月 13 日即抗战宣传周的最后一天,省委发动各救亡团体及其影响下的群众,冒雨参加武汉三镇拟定举行的“六十万民众大游行”①,其中党领导的武汉 90 余个工界团体近 2 万工人投入运动,成为大革命失败后十年以来武汉工人阶级的最大集会。1938 年 7 月 7 日,为纪念“七七”抗战一周年,第三厅发动大规模的献金运动,中共湖北省委及各级党组织发动广大党员和群众积极参加这一活动。5 天之内,武汉人民献金达 50 万余人次,捐款计 93 万元,金银饰物 1156 件,现金和实物折款相加计 100 万元以上。② 在长江局、湖北省委的组织和推动下,湖北群众救亡运动如火如荼、声势浩大,使武汉继辛亥革命、大革命后期之后,第三次成为中外瞩目的中心。

湖北是中国共产党领导的抗战主力之一新四军的诞生地,以及鄂豫边抗日根据地和新四军第五师活动的主要地区。1939 年 1 月,李先念率新四军独立大队及随行干部 160 人挺进鄂中,在敌后开展的游击战中迅速发展壮大为新四军五师,从此,湖北的敌后抗战进入了新的发展阶段。至 1945 年 8 月日军投降,

①《六十万民众大游行今在三镇同时分别举行》,《扫荡报》1938 年 4 月 13 日,第 4 版。
②《武汉三镇献金圆满结束》,《新华日报》1938 年 7 月 12 日,第 3 版。

新四军五师对日伪作战 1200 余次,歼敌 4.3 万人,[1]先后创建了豫南、鄂东、鄂中、鄂南、襄西、襄南等敌后抗日根据地,形成对武汉地区日军的战略包围。抗日战争胜利前夕,以新四军五师为核心的鄂豫边区发展为东起安徽宿松,西至湖北宜昌,北接河南舞阳,南到湖南洞庭湖的广大地区,面积 9 万多平方公里,人口约 1300 万。以湖北为主体,横跨鄂皖湘赣等省的鄂豫边区抗日民主根据地,成为中原抗战的中流砥柱和解放战争初期党领导的六大战略区域之一。

(四)湖北是人民解放军"解放全中国"的前进基地

中原军区部队在湖北大悟胜利突围,荆山楚水成为全国解放战争的胜利起点。1946 年 6 月,蒋介石公然违反关于国共双方就中原地区停止武装冲突的《汉口协定》的约定,将解放军中原军区部队 6 万余人包围在以大悟宣化店为中心、方圆不足百里的狭长地带,并以 30 余万人的兵力,首先对中原军区部队发起大规模进攻,致使内战全面爆发。在中国革命面临两种命运、两种前途决战的紧急关头,中原解放军按照中央"立即突围,愈快愈好,不要有任何顾虑,生存第一,胜利第一"的指示,除留部分地方部队在原地坚持斗争外,主力兵分三路突围。由此,以中原突围为起点的全国解放战争开始。中原部队主力冲破国民党重重截击合围,胜利攻破国民党 30 万大军、6000 座碉堡,完成了战略转移任务,保存了主力,建立了豫鄂陕、鄂西北两块根据地,蒋介石限期全歼中原部队的阴谋彻底破产。中原突围战役揭开了全国解放战争的序幕,成为党从根据地走向全国的又一座重要里程碑。

1947 年 8 月 7 日,遵照党中央和毛泽东主席把战争引向国民党统治区的指示,刘邓大军实施南下战略转移,率领晋冀鲁豫野战军主力突然甩开敌军,分兵三路,向南疾驰,开始了千里跃进大别山的壮举。1947 年 10 月,刘邓大军进入鄂东地区,辗转于红安、麻城、蕲春等地。创建了长江、淮河、汉水之间拥有 3000 万人口的新中原解放区,把南线敌军总兵力 160 多个旅中的 90 个旅,调动和吸引到中原战场,取得了具有战略意义的重大胜利。这是解放战争的一个伟大转折,毛泽东同志对此予以高度评价,他说:"这个事变一经发生,它就将必然地走向全国的胜利。"[2]刘邓大军千里跃进大别山,胜利实现了人民解放战争 20 年来

---

①国家文物局主编:《中国文物地图集(湖北分册)》(上),西安地图出版社 2002 年版,第 106 页。

②《目前形势和我们的任务》,《毛泽东选集》第四卷,人民出版社 1991 年第 2 版,第 1243 页。

由战略防御向战略进攻的转变。随着鄂豫、江汉、桐柏等解放区的恢复和重建,湖北成为人民解放军"解放全中国"的前进基地。

二、为有牺牲多壮志

湖北是一方英雄之地,湖北的红色历史是一部可歌可泣的英雄史。为有牺牲多壮志,敢叫日月换新天,为了中国人民的解放事业,无数荆楚仁人志士赴汤蹈火、为国捐躯,为中国革命作出了重大的贡献。

红色土地,热血铸就。英雄之城武汉是北伐大革命的赤色首都、中国抗战的战时首都。武汉在大革命失败以后,是国民党白色恐怖最严重的地区之一,从 1928 年至 1930 年,党在武汉的组织经历了 5 次破坏 5 次重建,往往新建的省委尚未站稳脚跟,便从领导机关到基层支部又被破坏殆尽,先后共有 10 余名前来担任湖北省委书记的负责人和数百名党员干部被捕牺牲,但是顽强的湖北共产党人仍然前仆后继、毅然决然地坚持着白区斗争。历史见证了英雄城市武汉如火如荼的抗日救亡运动,深入人心的文化宣传、规模宏大的示威游行、感人肺腑的"七七"献金运动,充分展现了武汉人民不畏牺牲、舍我其谁的英雄本色。黄麻起义的策源地黄安县,不仅是鄂豫皖革命根据地的中心区域和红四方面军的诞生地,更是被鲜血染红的红色土地,是英雄的故乡。这里"家家有红军,户户有烈士",为了中国人民的解放事业,在中国共产党的领导下,黄安儿女英勇奋斗、丹心报国,先后有 14 万英雄赤子献出宝贵生命,在册革命烈士达 22000余人。① 为了表彰黄安人民革命斗争业绩,1952 年 9 月经中央人民政府政务院批准,黄安县更名为红安县。红色,被鲜血浸染的颜色;大别雄风,将军摇篮,作为全国著名"烈士县"和第一"将军县"的红色圣地,"红安"之名可谓实至名归。

红色荆楚,英雄辈出,湖北红色历史的百年画卷,每一个篇章都闪耀着的英雄的光芒。

深潭逢秋,清澈明亮,澄清浑浊的世道,这是中国共产党创始人和早期领导人、无产阶级革命家、党在湖北地区的主要负责人陈潭秋一生坚持革命的写照。陈潭秋早年与董必武共同创立"传播革命种子的园地"的武汉中学、参与创建武汉共产主义小组、参加了中国共产党第一次代表大会。他以武昌高师(武汉大学前身)为基地,培养和吸纳了武汉地区最早的一批共产党员。陈潭秋既是马

---

①《湖北红色地图》(内部用图),湖北省地图院编制,2011 年 6 月印刷。

克思主义的播火者和理论家,同时也是持枪杀敌、浴血疆场的共产主义战士。1942 年,陈潭秋被军阀盛世才逮捕。被捕后,陈潭秋坚持党的立场,受尽酷刑,依然对革命信念毫不动摇,拒绝在《脱党声明》上签字,最后被秘密杀害于新疆。陈潭秋说:"我死后要化作一黄土,铺在通向胜利的路上。"碧血洒边塞,浩气万古存,陈潭秋的一生是革命的一生、英雄的一生。

"浪迹江湖忆旧游,故人生死各千秋。已摒忧患寻常事,留得豪情作楚囚。"这是荆楚杰出儿女、广州起义领导人之一、中国青年运动的领袖和导师恽代英就义前留下的感人肺腑的诗篇。他是武汉地区五四运动的主要领导人之一;他与林育南在黄冈创立共产主义性质的革命团体共存社,成为独立探索在中国建立无产阶级政党等重大问题的先行者;他创办和主编的《中国青年》培养和影响了整整一代青年。恽代英是马克思主义的传播者,也是传统文化精华的传承者,更是革命道德的践行者。1931 年 4 月 29 日,由于被叛徒出卖,身份暴露。少年恽代英在南京狱中惨遭国民党反动派杀害。恽代英作为党的领导人,生活朴素,甘于清贫,他曾说:"我身上没有一件值钱的东西,只有一副近视眼镜值几个钱;我身上的磷,仅能做四盒洋火;我愿我的磷,发出更多的热和光,我希望它燃烧起来,烧掉古老的中国,诞生一个新中国。"恽代英一生短暂,但他的清贫操守和光辉业绩将永垂青史、永远照耀荆楚大地。

"忽反顾以流涕兮,哀高丘之无女",屈原《楚辞》诗句中之"女"意指意志坚定、力挽狂澜的神女,荆楚优秀儿女萧树烈将自己笔名命为"楚女"正是为表明自己的救国和革命之志。萧楚女是中国共产党早期运动领导人之一、中国共产党著名理论家、教育家和无产阶级革命家。他才华横溢,用文字和智慧引领渴求进步和光明的青年。萧楚女担任《新蜀报》主编时勤于笔耕,几乎每天都写一篇社论或时评,共计撰写 100 万字,文章把斗争锋芒指向帝国主义和封建军阀,积极反映工农和市民的疾苦。为此萧楚女经常收到各种威胁和恫吓匿名信,但他对此毫不畏惧和退缩,曾在《新蜀报》公开回复:楚女何人?汉阳鹦鹉洲一穷光棍,赤条条来去无牵挂,死又何惜?到处青山可埋骨。1927 年 4 月 15 日,萧楚女在广州反革命政变中被捕,4 月 22 日在高呼"共产党万岁""中国革命万岁"中英勇牺牲,时年 34 岁。萧楚女曾说"人生应该如蜡烛一样,从顶燃到底,一直都是光明的",他为中国革命燃尽了自己短暂而辉煌的一生,为黑暗中摸索的人们,照亮了前进的航程。

"相信你会看到我们举过的红旗飘扬在祖国的蓝天",这是中国革命先驱、无产阶级革命家夏明翰留给母亲的诀别信中表达的共产主义必胜的信念。夏明翰生于屈原故乡湖北秭归，与屈原大夫一样心怀深厚的爱国之情、强烈的救国之志。夏明翰出身于豪绅显赫之家，却毅然与封建家庭决裂，走上救国救民的革命道路。1928年2月，由于湖北的党组织遭到严重破坏，夏明翰被党中央选派到武汉地区开展革命工作，任中共湖北省委常委。当时的武汉正笼罩在白色恐怖的血雨腥风之中，夏明翰到武汉不久被叛徒出卖，被捕入狱。狱中夏明翰虽受尽各种酷刑折磨，却依然宁死不屈，誓死保守党的机密、捍卫共产主义信念。1928年3月20日，夏明翰在汉口余记里刑场慷慨就义，年仅28岁。临刑前他留下了传世千古、气壮山河的《就义诗》："砍头不要紧，只要主义真。杀了夏明翰，还有后来人"，这首用热血和生命谱写的英雄战歌，激励了无数后人为革命而奋斗。

热血沃荆楚，今开盛世花。李汉俊、林祥谦、施洋、向警予、周逸群、段德昌、贺英、吴焕先……这些曾在荆楚大地上战斗的英雄儿女，他们的名字将永远镌刻在湖北地区和共和国的不朽丰碑上。今日盛世繁花的绽放，还有更多无名英雄的热血浇灌和生命支撑。在整个新民主主义革命时期，湖北共有70万英雄志士献出了宝贵生命、31位湖北正副省委书记英勇牺牲。这方英雄之地走出了2位共和国主席，走出了235位开国将帅（1名元帅、2名大将、14名上将、31位中将、187名少将），形成了83个老区县市区，855个老区乡镇。① 湖北，楚文化的发源地，千百年来传承着筚路蓝缕的进取精神、一诺千金的忠诚品格和九死不悔的爱国之心。楚文化血脉的流淌和中华民族传统文化的滋养，赋予荆楚儿女坚忍不拔、不畏牺牲的革命精神和英雄情怀，激励他们为革命事业赴汤蹈火、出生入死。英勇顽强的湖北人民，在中国共产党领导下浴血奋战，经历了血与火的战斗洗礼，在荆楚大地上谱写了一首首荡气回肠的英雄之歌。

三、荆楚潮涌谱新篇

湖北是光荣的土地，湖北的红色历史也是一部开天辟地的发展史。中国人民革命的胜利和中华人民共和国的成立，揭开了湖北历史的新篇章。历史橡笔在荆楚大地上镌刻的坚实而厚重的印迹，见证了我们党从革命党向执政党的成功转型。

---

①《湖北红色地图》（内部用图），湖北省地图院编制，2011年6月印刷。

（一）湖北是新中国进行社会主义建设布局的战略要地

中华人民共和国成立初期，湖北因独特的区位优势、资源优势成为国家工业化战略的重要基地。"一五"时期，湖北省是国家经济建设重点投资的省份之一。国家根据武汉自然资源和地理条件，设想将武汉建设成以冶金、机械、纺织工业为主体的南方工业基地，将苏联援建的156项重点建设项目中的3项安排在武汉，即武汉钢铁公司一期工程、武汉重型机床厂和青山热电厂一期工程。随后，国家又安排了长江大桥、武汉肉类联合加工厂、武昌造船厂、武汉锅炉厂以及大冶有色金属公司冶炼厂和部分矿山工程建设等。此外，为加强内地轻纺工业建设，国家从上海迁建了武汉印染厂、沙市热水瓶厂等。这些项目的建设和迁建，不仅关系到国家社会主义工业化的大局，而且对湖北工业以至湖北国民经济的发展也至关重要。国家在湖北重点工程的顺利开工和"一五"计划的提前完成，改变了湖北国民经济结构和工业结构，增长了地方工业实力，湖北工业乃至于整个国民经济因此有了长足发展。

1966到1976年，国家在湖北的"三线"重点工程建设取得大规模发展。国家直接安排在湖北的投资约150亿元，其中大部分是大、精、尖项目和国防军事工业重点项目。如续修武汉钢铁公司、兴建葛洲坝水利枢纽工程、续建丹江口水利工程，开展江汉油田和第二汽车制造厂的建设。其中，武汉钢铁公司生产的具有先进技术的一米七轧钢机工程、年产十万辆载重汽车的第二汽车制造厂和总装机容量271.5万千瓦的三三〇工程（葛洲坝水电站），被湖北人民称为"一二三工程"，它成为带动湖北的钢铁、机械和水电工业发展的龙头工程。围绕国家在鄂重点工程，湖北大力发展地方工业，进行"小三线"建设，全省"小而全"的工业体系迅速建立。十年间，全省"五小"（小钢铁、小机械、小化肥、小煤炭、小水泥）工业发展迅猛，共建成小氮肥厂62个、县以上国营磷肥厂43个、小水泥厂近100个。[①] 大小"三线"建设推动湖北以工业为主的经济建设取得很大发展，进一步加强了湖北工业的基础。

---

① 中共湖北省委党史研究室编：《中国共产党在湖北90年(1921—2011)》，湖北长江出版集团、湖北人民出版社2011年版，第172页。

（二）湖北在改革开放起步阶段的"敢为天下先"

改革开放初期,在中国共产党的领导下,湖北将光荣的革命传统转化为高涨的改革激情和开放气度,敢为人先、奋发有为,在多个领域率先突破,创下多项"全国第一"。

湖北第一个恢复开放小商品市场,武汉汉正街成为具有全国示范效应的"天下第一街"。1979年,经武汉市批准,汉正街103户个体工商户成为第一批闯市场新路的探索者,他们在把柜台摆上汉正街的同时,也把市场经济推上了中国经济的舞台。汉正街的小商品市场引起中央的高度重视,1982年8月28日,《人民日报》发表社论,对汉正街小商品市场的经验进行介绍。10月16日,国家工商行政管理局召开会议,推广汉正街小商品市场的经验。汉正街敢为天下先,引爆震动全国的"蝴蝶效应",成为改革征程的先行者。

湖北省成为全国最早与西方国家建立省际友好关系的省份,迈出了对外开放的坚实一步。1979年8至9月,湖北省委第一书记陈丕显率领湖北代表团访问美国俄亥俄州。10月底,双方在武汉签署《中华人民共和国湖北省和美利坚合众国俄亥俄州建立友好省州的协议》,湖北开启对外开放之门。

湖北沙市市是国家第一个城市经济体制改革试点城市。1981年7月31日,国务院批准《关于在湖北省沙市市进行经济体制改革综合试点的报告》,沙市成为全国第一个经济体制改革的综合试点城市。沙市的综合经济体制改革取得明显成效,1984年5月,全省城市经济体制改革座谈会总结推广了沙市的经验。"沙市经验"全国推广,在全国经济体制改革中发挥了"试验田"和"排头兵"作用。

湖北企业改革开全国风气之先。1984年11月,我国国有企业第一位"洋厂长"格里希在武汉柴油厂走马上任。湖北在人才引进方面的大胆探索,在改革开放之初为全国引进国外智力、助力改革开放树立了典范。1988年5月,国内第一个企业兼并市场在汉口前进一路举行开业典礼,成为中国产权市场的起步和发端,企业产业转让被认为是继扩大企业自主权、企业承包经营之后的"第三次企业改革浪潮",在全国引起了强烈反响。

湖北城镇经济体制改革的试行,冲破了旧经济体制的长期束缚,逐渐开始探索一条与改革开放相适应的新的现代经济发展模式,为城镇经济的优化与发展推进注入了勃勃生机,揭开了湖北新时期城市改革序幕的先声。

(三)加快改革开放和现代化建设步伐

1992 年春,88 岁高龄的邓小平开始了具有重大现实意义和深远历史意义的南方之行。1 月 18 日,邓小平乘专列抵达武昌火车站,与湖北省、武汉市主要领导作了重要谈话。这些谈话和接下来在深圳、珠海、上海的谈话,最终形成了对中国发展意义深远的"南方谈话"。以"南方谈话"为标志,我国改革开放进入了社会主义市场经济体制框架逐步建立、初步形成的新阶段。湖北作为邓小平视察南方第一站,历史性地成为新一轮改革开放的思想发源地之一。

邓小平南方谈话和中共十四大以后,湖北加快了了改革开放和现代化建设的步伐。"八五"时期,湖北全社会固定资产投资总量是新中国成立以来各个五年计划中最高的五年,为"七五"时期的 3.3 倍[①]。五年间新增一批适应社会主义市场经济的大中型骨干企业和骨干工程,基本建成东风汽车公司扩建工程、鄂城钢铁公司、大冶钢铁公司改扩建工程、汉川电厂 60 万千瓦发电机组、长飞光纤光缆有限公司、郑武(郑州—武汉)铁路电气化工程、黄麦岭和大峪口矿肥结合工程、华新水泥厂扩建工程、武汉天河机场、宜黄高速公路、武汉长江二桥、黄石长江大桥、京九铁路湖北段、京汉广光缆工程湖北段、清江隔河岩电站、阳逻电厂一期工程、湖北彩电中心等一批重点工程。这些重点工程的建成为湖北经济登上新台阶发挥了重要作用。

湖北加大了开放开发的力度,确立了湖北长江经济带的开放开发战略,形成了具有湖北特色的以武汉为龙头,以长江、汉江为依托的全方位开放格局,建立了武汉东湖高新技术开发区、襄樊高新技术开发区、宜昌高新技术开发区等 25 个不同类型的国家级、省级经济开发区。武汉东湖高新技术开发区成为全省重要的对外开放的"窗口",在光纤通信、新材料、新技术、生物技术、微电子与计算机软件、激光技术与机电一体化等 6 大重点领域初步形成产业规模,吸引了大批外商投资企业投资开发。

以兴建长江三峡水利枢纽工程为契机,湖北加快现代化建设步伐。1992 年4 月 3 日,七届全国人大五次会议通过了关于兴建三峡工程的决议。1994 年 12

---

①中共湖北省委党史研究室编:《中国共产党在湖北 90 年(1921—2011)》,湖北长江出版集团、湖北人民出版社 2011 年版,第 231 页。

月 14 日,三峡工程开工建设。1997 年 11 月 8 日,三峡工程成功实现大江截流。在三峡工程建设过程中,湖北加大了沿长江地带的交通通信等基础设施建设,并通过调整经济结构,促进资源优化配置等措施进一步完善区域经济布局、优化湖北投资环境。全省经济得到全面协调和快速发展,不断向现代化大省迈进。

(四)开创湖北跨越式发展新局面

迈入新的世纪,湖北进一步解放思想,突破思维桎梏,促进新一轮经济大发展,开创了湖北跨越式发展的新局面。

发挥湖北科教和人才优势,实施科技兴鄂战略,创新产业成为湖北新的经济增长点。2001 年,国家科技部、发改委批准在湖北武汉建设第一个国家光电子产业化基地——"武汉·中国光谷",这是全国首个专业化集群产业基地。目前光谷已建设成为中国最大的光纤光缆制造基地、中国光通信领域最强的科研开发基地、中国最大的激光设备生产基地。在"武汉·中国光谷"的辐射带动下,各地不断加快高新技术产业开发区、特色产业基地的建设发展步伐,初步形成了武汉东湖高新区光电子信息产业基地、鄂州高新区生物技术与新医药产业基地。高新区、特色产业基地成为湖北高新技术产业化的重要载体和区域经济新的增长点,奠定了湖北在全国创新产业版图中举足轻重的地位。

十六大以后,区域经济的协调发展成为科学发展的重要内涵。2005 年 8 月,胡锦涛总书记在视察湖北时进一步提出,湖北应该加快发展,走在中部地区前列,成为促进中部地区崛起的重要战略支点。为促进"战略支点"的建立,湖北全面实施"两圈一带"区域发展总体战略、推进大别山革命老区经济社会发展试验区、武陵山少数民族经济社会发展试验区建设,深入实施"一主两副"中心城市带动战略,进一步促进了湖北经济社会协调和可持续发展。

进入新的世纪,湖北的改革开放迈出新步伐:在区域发展中的综合实力显著提升,全省经济发展进入快车道,生产总值继 2008 年突破万亿元大关后,2011 年接近 2 万亿关口,在全国的排序由 12 位上升至第 10 位,[①]跨入全国第一方阵。基础设施建设强力推进,区位优势更加凸显。"十一五"全省固定资产投

---

①李鸿忠:《奋力推进科学发展跨越式发展,为加快构建重要战略支点实现富民强省而奋斗——在中国共产党湖北省第十次代表大会上的报告》,《湖北日报》2012 年 6 月 15 日。

资累计超过 3.2 万亿元,年均增长 29.6%。举世瞩目的三峡工程建成并投入运营,南水北调中线工程及汉江中下游治理工程加快推进;高速公路通车总里程达到 3673 公里,居全国第六位,各市州实现高速通达;铁路总运营里程达到 3300 公里,湖北率先进入高铁时代;天河机场年客流量突破千万人次;武汉新港成为亿吨大港。湖北正在由"九省通衢"向"九州通衢"跨越。① 大东湖生态水网工程和洪湖、梁子湖生态工程等进展顺利,水环境不断改善。随着"十二五"的良好起步,湖北省继续迈向科学发展跨越发展的轨道。

(五)"建成支点、走在前列、谱写新篇"

2013 年 7 月,习近平总书记视察湖北,从国家战略的层面对湖北经济社会发展作出科学定位,明确要求"努力把湖北建设成为中部地区崛起重要战略支点","争取在转变经济发展方式上走在全国前列"。2018 年 4 月,习近平书记再次视察湖北,为长江经济带发展把脉定向、掌舵领航,对新时代湖北改革发展赋予新使命,提出"奋力谱写新时代湖北高质量发展新篇章"新要求。"建成支点、走在前列、谱写新篇",这一目标定位,赋予湖北重大政治责任和光荣历史使命,成为鼓舞荆楚儿女开启新征程、进入新阶段的号角。

"共抓大保护,不搞大开发",湖北循着习近平总书记的指引方向,全面打响长江大保护十大标志性战役,深入实施绿色发展十大战略性举措,以壮士断腕的决心、攻城拔寨的拼劲,直指影响长江生态的顽瘴痼疾。"绿水青山就是金山银山",湖北高擎绿色发展大旗,奋力书写生态修复、环境保护、绿色发展"三篇"文章,全面实施"大气十条""水十条""土十条",重拳治水、治气、治土,在全国率先实现河湖长制全覆盖,深入推进"美丽湖北、绿色崛起",护佑千湖之省碧水长流、荆山揽翠。

"江山就是人民,人民就是江山。"湖北人牢记嘱托、感恩奋进,坚定不移地向着总书记指引的方向稳步前进,不断提高民生福祉。截至 2020 年,城乡居民收入比 2010 年翻了一番,全省 581 万贫困人口实现稳定脱贫,完成 31.8 万户 88.2 万人易地扶贫搬迁,贫困地区生产生活条件明显改善,绝对贫困问题即将得到历史性解决。推进与民生密切相关的"厕所革命"、精准灭荒、乡镇生活污

---

① 《2011 年湖北省政府工作报告——2011 年 2 月 20 日在湖北省第十一届人民代表大会第四次会议上》,《湖北日报》2011 年 3 月 9 日。

水治理和城乡生活垃圾无害化处理四项重大生态工程。"四馆三场两中心"公共文化设施网络实现城乡全覆盖。国民体质监测合格率提高到92.4%。人均预期寿命预计提高1.5岁,达到78岁。①

"武汉不愧为英雄的城市,湖北人民和武汉人民不愧为英雄的人民。"2020年是湖北历史上极不平凡的一年,新冠疫情的突如其来,使湖北、武汉成为疫情防控阻击战的中心和焦点。习近平总书记亲自指挥和部署,他视察湖北时,深情点赞武汉为"英雄的城市"。在以习近平为核心的党中央的坚强领导下,湖北坚持人民至上、生命至上,经过三个月艰苦卓绝的努力,武汉保卫战、湖北保卫战取得决定性成果。战后湖北坚持"防控不松懈、疫情不反弹、发展不停步"的方针,推动全省经济从"按下暂停"到"重启恢复"再到"加快全面恢复",夺取了统筹疫情防控和经济社会发展的"双胜利",交出了让湖北引以为豪的英雄答卷。

谆谆嘱托重如千钧,殷殷期望激励荆楚。进入中国特色社会主义新时代,湖北深入贯彻习近平总书记的指示和定位,统筹推进"五位一体"总体布局,协调推进"四个全面"战略布局,聚焦"四个着力"、实施"四个切实"、推进"五个湖北"建设,在"十三五"时期决胜全面建成小康社会取得决定性成就:综合实力提档升级,地区生产总值相继迈过3万亿元、4万亿元大关,②2019年全省人均GDP达到1.12万美元,居中部地区首位;创新动能不断增强,高新技术企业接近万家;改革开放持续深化,重点领域和关键环节改革纵深推进,积极融入共建"一带一路"。截至2020年2月,湖北自贸试验区累计新增企业47273家,是原有企业存量的1.7倍,企业活跃度达到94.7%,截至2020年6月,中欧班列(武汉)辐射亚欧大陆34个国家近80个城市。③ 推动区域协同发展,以实施"一主引领、两翼驱动、全域协同"区域发展布局推动全省高质量发展,以全省高质量发展撬动长江中游城市群协同发展和中部地区加快崛起。多极带动、多点突破,湖北汇聚荆楚共建支点的强大合力,在"建成支点、走在前列、谱写新篇"的

---

① 王晓东:《政府工作报告——2021年1月24日在湖北省第十三届人民代表大会第五次会议上》,《湖北日报》2021年2月2日。

② 《中共湖北省委关于制定全省国民经济和社会发展第十四个五年规划和二〇三五年远景目标的建议》,《湖北日报》2020年12月10日。

③ 《建成支点 走在前列 谱写新篇——论牢牢把握湖北发展目标定位》,《湖北日报》2020年12月3日。

道路上阔步前行,为开启全面建设社会主义现代化新征程奠定了坚实基础。

从红色热土到重要增长极,湖北秉承"筚路蓝缕、以启山林"的进取精神和"不鸣则已、一鸣惊人"的昂扬气概,在党的领导下,伫立历史潮头,走在时代前列,为中国社会主义的伟大事业做出了巨大贡献。站在新的历史起点,湖北锚定"建成支点、走在前列、谱写新篇"的战略目标,承载着中部崛起重要支点的光荣使命。新的长征路上必将面临新的风险和挑战,我们要赓续红色家谱,铸就更多荆楚红色"高地",从中汲取精神动力,攻坚克难、砥砺前行,努力在新的"赶考"之路上续写华章、再创辉煌,在实现伟大复兴的新征程上,彰显更多的湖北风采、贡献更大的湖北力量。

湖北红色文艺发展现状探析

高　娴①

摘　要:湖北红色文化积淀深厚,70年湖北文艺发展中不乏红色佳作。本文按照不同文艺形式,对近年来湖北红色文艺创作加以分类梳理,尤其注重总结新兴文艺形式中,红色题材的发展态势和存在的问题,为现代文艺生产与传播模式下的湖北红色文艺创作,总结经验教训、寻求发展思路。

关键词:红色文化;文化产业;文艺创作;湖北文艺

红色文艺是我国文艺创作中的一种独特类型,红色题材文艺作品不仅仅真实再现历史,同时也是我国近代以来革命精神传承的重要路径。在文化发展走向市场化和产业化的今天,红色文化产品以人们精神文化需求为基础,以高科技手段为支撑,以网络等新传播方式为主导,日益彰显出了创意的多样性和文化的丰富性。湖北红色文艺发展承袭红色资源优势,湖北红色文化资源为湖北文艺创作提供了丰富的素材。2019年《中共湖北省委、湖北省人民政府印发关于加快全省文化产业高质量发展的意见》公布,湖北红色文艺创作与红色文艺作品的市场化运作,也必然依托相关资源取得更广泛的社会影响。

一、红色题材:源自民间、服务大众

文学作品可以分为网络文学作品和传统文学作品。在红色题材的文学作品中,红色文学IP可谓家喻户晓,红色经典享有很高的社会认知度和文化影响力。经典的红色文学作品,有《红旗谱》《创业史》《红岩》《青春之歌》《暴风骤雨》《太阳照在桑干河上》等;文学中的抗日儿童题材:鸡毛信、小兵张嘎、小萝卜头等红色儿童文学,也成为儿童文学中的经典。继红色经典之后,当代的红色文

---

①湖北省社会科学院文史研究所助理研究员。

学作品也层出不穷。在《抗战题材网络小说与"红色经典"的承传关系》一文中提到,抗战题材的网络小说从 2005 年到 2015 年,历经十年出现两个蓬勃期,分别在纪念抗战胜利六十周年和七十周年之际。① 2015 年,"中国作家网"以排行榜的形式重点推出了五部抗战题材的网络小说,分别是《喋血红心》《抗日之红颜悍将》《抗日之潜伏者》《烽烟尽处》《烽火男儿行》,可以作为当代红色网络文学的代表。

湖北当地的红色题材文学创作也非常多样。红色文学创作体现出紧贴地方红色记忆和凸显地方文化特色的特征。

一方面,湖北民间文艺资源丰富,红色歌谣、红色戏剧曾经是革命宣传的重要工具,如今成为了传承红色记忆的重要渠道。其中,得以广泛流传的红色歌谣《八月桂花遍地开》《三大纪律八项注意》等,就是在大别山地区广为传唱的,表现革命战争时期军民风貌的最好见证。另一方面,当代红色文学的创作在作家群体和民间文学爱好者中得到延续。新中国成立初期,不少湖北作家以自身的抗日生涯为依据,创作出表现革命党人成长和艰苦卓绝斗争的文学作品。有一部分作品为戏剧创作提供了素材,之后被改编搬上舞台及大荧幕。近年来,整理民间的红色写作和红色文学资源工作依旧在继续,如《夺棉记——湖北版精品民兵革命斗争故事连环画》这样的红色题材的民间叙事收集整理工作也获得丰硕成果;再如《湖北革命老区故事选》的出版也对湖北红色民间文学的传承有所裨益。

二、红色影视:再现历史与地域风情

抗日题材作为一种主流影视创作类型,获得了电视观众的广泛喜爱,成为诸多电视频道黄金时段播出的主要题材。《红河谷》《北平无战事》《战长沙》《铁血红安》《伪装者》《金陵十二钗》《斗牛》《风声》等,都是成功的红色题材电视作品。影视行业本身就是高度产业化发展的行业,明星演员和高质量制作团队的操刀,让这些影视作品具有很强的传播力和影响力。影视作为讲故事的艺术,关键是能够讲好故事,红色影视不但表现历史真实,那些反映抗战艰辛的曲折情节往往能够引人入胜,达到很好的商业效果。红色影视产业还能融入红色文化产业链,推动地方红色文化产业的发展升级。

---

① 韩颖琦:《抗战题材网络小说与"红色经典"的承传关系》,《小说评论》2017 年第 5 期。

地方的红色文化资源,成为影视作品中细节真实和历史真实的来源。湖北卫视立足本土文化,在黄麻起义 87 周年之际,创作了革命历史题材电视剧《铁血红安》。电视连续剧《中原突围》表现抗战结束后,李先念率领 6 万中原大军浴血奋战,开创鄂豫皖川陕革命根据地,完成了人民解放力量的战略转移,揭开了解放战争的序幕的重要历程。2016 年在湖北备案的影视剧《海棠依旧》《东方战场》《宜昌保卫战》等,在上星卫视及央视黄金时段播出,受到好评。湖北省与江通电影合作《四渡赤水》,与八一电影制片厂合作了《血战湘江》,与博纳影业合作了《荡寇风云》等电影,先后在 2016、2017 年上映。

电视连续剧《大汉口》是纪念辛亥革命 100 周年的献礼剧,以真实的历史为背景,讲述革命先驱陆浩坤一家三代艰苦卓绝的斗争。《宜昌保卫战》侧重于写中国抗战历史,并以反腐视角成功引发观众的强烈共鸣。《武昌首义》表现以黄兴、宋教仁为首的革命党人推翻统治中国两千多年的封建帝制,夺取政权、保卫政权的血雨腥风历程。《东方战场》再现从九一八事变至日军投降这段时期内发生在东方战场的一百多个历史事件。在众多作品中,电视剧《铁血红安》得到了口碑和市场的双重认可,创下了网络点击率突破 9 亿的纪录。

在影视创作的题材选取上,湖北影视创作也注意结合观众的收看兴趣,创作了如谍战题材、民族题材、地域历史文化等类型的红色影片。谍战剧《内线》以解放战争为背景,讲述了一群归属于不同阵营的间谍在特殊历史时期下进行的生死较量。少数民族题材谍战剧《大水井风云》,以湖北西南部恩施地区的鄂西会战为背景,讲述的中共地下党员只身与日本特务、国民党反动势力作斗争的故事。电视剧《生死血符》讲述了美国飞虎队员本尼达奉命赴中国帮助抗日,飞机被日机击落在陈老坞村的水塘里,被当地军民救起并成功脱险的传奇故事。

湖北红色影视创作最具特色的地方在于,有大量作品呈现出浓郁的荆楚文化风情。如电视剧《大水井风云》中,表现出源远流长内涵丰富的荆楚文化元素,它的这些多样化精神内核为当代湖北省电视剧的创作提供了丰厚的文化滋养。利川隶属于恩施土家族苗族自治州,属于少数民族聚居区,土司文化繁盛地,也是民歌《龙船调》的故乡,巴楚文化在这里交融、民族风情浓郁。故事向观众展示了土家族地域文化特色,同时剧中的插曲《女儿场》也充满着浓郁的民族风情。这些电视剧推动了荆楚文化的传播与发展。通过电视剧这样一种现代化的创作方式延伸了荆楚文化的精神内涵,有利于当代荆楚文化精神的建构,也为当代抗战题材电视剧的创作开辟了一条新的道路。

三、红色戏剧:传承经典、勇于创新

戏剧在抗日战争时期是面向群众的有利宣传武器。在当代,红色戏剧的创作与演出对帮助当代年轻人树立正确的人生观、世界观、价值观具有现实意义。在红色戏剧创作方面,湖北歌舞剧、戏剧创作的成绩可圈可点。

《洪湖赤卫队》是湖北红色歌舞剧中最负盛名的作品。二十世纪五十年代,一首《洪湖水浪打浪》传遍神州。作品取材洪湖当地真实故事,又几经打磨修改,成为艺术性和群众性都非常成功的舞台剧作品。之后该剧还被搬上电影荧幕,改编成电视剧,取得了更加广泛地社会效应。近年来,为了适应新的市场需求,该歌舞剧得以修改创新,以更加年轻的状态与观众见面,获得了全国观众的好评。

《洪湖赤卫队》堪称新中国文艺中的红色经典佳作,女主人公韩英是革命浪漫主义精神的人物代表,革命信仰就是她的生命,为了坚守信仰,她可以付出一切。这部歌舞剧不仅表现了热烈赤诚的革命精神,也凸显了荆楚文化特色,堪称湖北红色文艺创作的一份荣耀之作。

大别山地区有着丰富的红色文化资源和民间文艺素材。其中,歌舞剧《八月桂花遍地开》就取材于大别山区。该歌舞剧艺术地再现了大别山人民在党的领导下觉醒并走上革命道路的红色历程。在动荡的时代和命运的洗礼下,"桂花"作为大别山儿女的代表,她烧毁养母托付的地契,接过了苏维埃牌匾,坚定地投身革命浪潮,与千千万万大别山儿女一起,共同开创"八月桂花遍地开,鲜红旗帜竖起来"的新世界。

"八月桂花遍地开"的旋律和歌词具有广泛的感染力和传播力。以"红安"为叙事基点和文化品牌的《红安回响》也以这首民歌作为艺术创作的基点。这是一部红色革命题材的大型原创音乐剧。故事展现了中华民族自强不息、敢于牺牲的民族精神,展示了一个时代、一个民族为建设理想社会而不断奋斗、不怕牺牲的革命乐观主义精神和大无畏的英雄气概。音乐剧以"黄麻起义"为历史背景,以原产于红安的革命歌曲《八月桂花遍地开》为音乐主基调。

老河口市豫剧团自编自演的抗战题材历史剧《家传楚王剑》,讲述了发生在老河口的一个平凡汉水人家的一系列抗日故事,《黄河大合唱》词作家张光年的家乡在老河口,《家传楚王剑》剧中也表现了这首情绪激昂的合唱作品。

新时期湖北戏曲、戏剧还产生了《虎将军》《青年董必武》《大江东去》《中原突围》等作品。这些作品以饱满的热情讴歌老一辈无产阶级革命家。其中楚剧《虎将军》截取徐海东将军在长征路上的一段经历,表达了对老一辈无产阶级革命家高尚人格和美好人性的深情赞美。剧中徐海东的形象塑造回归了人的本真状态,更加真实可信。

此外,湖北红色戏剧展演活动安排也较为丰富。如,2015 年 8 月 17 日起至9 月 3 日,根据湖北省委省政府统一安排,湖北省文化厅组织各地各部门共安排了 200 多场抗战题材文艺演出,其中 9 台抗战题材剧目主要以发生在湖北境内的抗战故事为主体进行创排。其中既有现代京剧《红灯记》等红色经典,也有襄阳花鼓戏《长山壮歌》、豫剧《家传楚王剑》等一批原创剧目;既有楚剧现代戏《弯树直木匠》、随州花鼓戏《不下马的将军》等百姓爱好的戏曲剧目,也有话剧《鬼子进了城》《平民英雄》《激流勇进》和音乐剧《红安回响》等观众欢迎的优秀剧目。在内容上既有反映以李先念为代表的共产党人领导军民抗战的作品,也有展示以张自忠为代表的国民党人英勇抗战的大戏,还有演绎国共两党合作抗战的作品,以及以铁路工人、社区居民、热血青年、民间艺人等普通百姓为主人公的一批优秀作品,全面反映荆楚儿女浴血抗战、保家卫国的悲壮历史。

四、红色动漫:不断探索、寻求突破

红色动漫是动漫中一个特殊的类型。动漫产业包罗广泛,是一项新兴大产业。国务院办公厅转发财政部等十部委联合推出的《〈关于推动我国动漫产业发展的若干意见〉的通知》[①]对动漫概念进行界定。而一般而言,动漫产业涉及传统绘画艺术、雕刻艺术、手工动画、泥塑动画、影视制作、音效制作、广告策划、科学仿真、计算机模拟、计算机图形学、计算机游戏、科幻小说、神话小说、报刊连环画、动画短片、动漫教材、影视发行、音乐发行、玩具设计、礼品发行等多个领域。

让红色动漫体现社会主义核心价值观,发展开发红色动漫产品,对动漫产业的发展提出了更高的要求。文化部、信息产业部联合发布的《关于网络游戏

---

①中华人民共和国中央人民政府网,引用日期:2021 年 8 月 3 日。

发展和管理的若干意见》指出：要积极鼓励、引导、扶持国内软件开发商、网络运营商、内容提供商等各类企业，开发和推广弘扬民族精神、反映时代特点、拥有自主知识产权的网络游戏产品，形成一批具有中国历史文化内涵、凝聚民族精神与情感的民族游戏精品，进一步满足国内外游戏市场需求，丰富广大游戏用户的文化娱乐生活。①

现有的红色动漫品种还比较有限，主要作品如《游击神兵》《淞沪风云》《抗日小奇兵》《帽儿山的鬼子兵》《芦荡金箭》《五子炮》《飞虎队长》《国魂》《回马亭》《那年那兔那些事儿》等。红色文化的历史观要求正确、现实感强，而红色动漫作品的内容创作还需要不断提升品质，以达到传达正确历史观和价值观的要求。

湖北动漫创作亦不乏尝试红色题材叙事的作品。其中，《四渡赤水》是由武汉江通动画联合中共中央党史研究室、湖北省委宣传部、湖北省委党史研究室、长江电影集团等权威机构联合出品的大型红色经典动画电影。该作品为建党95周年献礼作品，是国内首部大型历史纪实红色动画系列片。该片以中国共产党1921年至1949年的重大事件和精彩故事为基本素材，让严肃的党史教育兼具艺术性、观赏性和教育性。项目列入国家广电总局"中国梦"主题重大题材创作项目，并列入中央党史研究室"十二五"重点工作计划。项目定位于对广大青少年进行社会主义核心价值观教育，普及党史知识，面向青少年等群体进行党史的创新性宣传教育，传递"信念"的力量，是《中国共产党历史》（第一卷）的动漫形式的史诗性作品，是一项宣传中国共产党辉煌历史的政治工程、文化工程和教育工程。

红色动漫发展的主要问题在于，对市场的号召力不够强。这正是红色题材与动漫接受人群无法顺利对接的困境。另一方面，红色动漫在历史叙事上容易出现戏说现象。这反映出动漫这种特殊的文艺形式在面对特定的受众人群时，在讲述红色主题的故事方面，难以找到合适的切入点和言说立场。既难以坚持历史教育，又不应该偏重娱乐，这正是红色动漫发展中的症结。

五、红色歌咏：激活记忆、传承经典

从日本军国主义1931年发动九一八事变到1945年正式投降，这期间，无

---

① 中华人民共和国国家互联网信息办公室主页，引用日期：2021年8月3日。

数中华儿女抛头颅、洒热血,积极投身这场民族救亡运动。广大文艺工作者则充分展现创作激情、发挥艺术灵感,以音符再现风起云涌的战势,谱写出《义勇军进行曲》《在太行山上》等众多脍炙人口、鼓舞人心的歌曲,并真实地记录了那段中国人民抗日历程。一曲曲荡气回肠、激动人心的抗日救亡图存歌曲,唤醒了多少沉睡的中华儿女,投入到抗战硝烟中去。

当代湖北红色歌咏艺术在激活记忆传承经典的道路上,不断尝试与突破。2011年10月,湖北卫视"中国人——中国节"系列大型电视活动重阳专场《岁岁重阳岁岁歌》以"追忆"为晚会主题,将红歌新唱作为其中重要环节。该环节名为"红色记忆",其中包括大家耳熟能详的《山丹丹开花红艳艳》《边区十唱》《东方红》等。这些歌曲在革命年代激励着人们,如今再唱依旧振奋人心。在"红歌新唱'红土传情'"环节,80后的年轻歌手将《映山红》《叫一声我的哥》《十送红军》等歌曲做了全新演绎。《岁岁重阳岁岁歌》晚会上以一种全新的形式唱起了红歌,以时尚的编曲、动感的舞蹈,展现了红色歌曲的生机和活力。使得老年人重温红色激情,青年人也乐于接受红色歌曲,受到其感染和感召。

红色歌咏资料的收集、整理与保存工作也紧锣密鼓地进行。在抗战胜利六十周年之际,湖北省人民出版社结集出版一百首抗日救亡图存的经典流行歌曲,名为《抗日歌魂》。《抗日歌魂》以时间为顺序,收录了《新四军军歌》《保卫卢沟桥》《游击队进行曲》《吕梁牧歌》等抗日战争时期,在中国军队、民间广为流传的一百首抗日救亡图存歌曲,歌曲类型丰富、风格多样。其中既有激扬奋进的合唱曲,也有悲壮沉郁的独唱曲目;既有朗朗上口的儿童歌曲,也有地域特色浓郁的民歌,以及民众熟知的电影、话剧插曲等。书中还配有相应的历史照片、朗诵诗歌和历史知识简介,图文并茂、寓教于乐。

2011年6月20日,在中国共产党成立90周年之际,由湖北省文联、湖北省音协、荆州市委宣传部主办的湖北省文联重点文艺创作项目《红色历程的音乐记忆——湘鄂西洪湖苏区红色歌曲歌谣与研究》[①]成果正式发表,这是湖北红色音乐研究中的一枚硕果。该书系湖北监利县退休干部唐永荣历经32年多方收集、系统整理、潜心研究、理论提升的心血结晶。其中收入的280余首红色歌曲、歌谣,以反映苏区军民战斗生活、苏区军民关系,歌颂红色政权和革命新生活、宣传苏区军民革命激情和理想信念为主要内容。

---

①唐永荣编著:《红色历程的音乐记忆:湘鄂西洪湖苏区红色歌曲歌谣与研究》,长江文艺出版社2011年版。

六、小结

湖北红色文艺创作以歌剧《洪湖赤卫队》为一面旗帜,并在新中国成立初就创造了红色歌舞剧风靡神州大地的佳绩,创作了《洪湖水浪打浪》这首堪称世纪经典的歌曲。从现实发展来看,湖北红色文化产品的类型与一般文化产业产品的类型一致,是生产销售独立产品的文化产业。就现存的红色文化产品而言,湖北红色文化产业形成了以文学作品、演艺、影视、音乐为主要门类,兼顾传统传媒与数字传媒的完整产业体系。未来,湖北红色文艺创作还需深耕红安、洪湖等红色文化品牌,在内容生产上多下功夫,从对历史的深刻解读与对历史的多维度叙事入手,创造文化精品,紧密联系市场,以实现红色文化的有效传播与传承。

论湖北红色旅游的发展现状及路径建构

梁桂莲①

摘 要:湖北红色旅游资源丰富,类型齐全,近年来湖北省做大做强红色旅游产业,湖北红色旅游发展迅速,取得了较好的经济效益和社会效益,但相比于江西、陕西、湖南等红色旅游大省,湖北红色旅游要想做大做强,保持可持续发展的良好势头,还必须不断提档升级,创新服务形式和内容,增强红色旅游影响力,实现红色旅游产业化和集群化效应。

关键词:红色旅游 ;红色旅游产业;集群化效应

《2016—2020 年全国红色旅游发展规划纲要》指出,"发展红色旅游是加强爱国主义和革命传统教育、培育和践行社会主义核心价值观、促进社会主义精神文明建设的重大举措。"十八大以来,习近平总书记也多次前往全国革命老区,提出了要"把红色资源利用好、把红色传统发扬好、把红色基因传承好"的重要理论命题。作为中国革命重要区域和红色文化资源富集地的湖北,近年来在国家旅游局、湖北省委、省政府领导及相关部门的支持下,将红色旅游作为"大旅游、大产业"来抓,做大做强红色旅游产业,加强了爱国主义教育,引领了湖北精神文明建设和思想文化建设,也促进了湖北老区建设和区域经济的协调发展。

一、湖北红色旅游发展现状

2004 年以来,湖北省按照党中央、国务院大力发展红色旅游的决策部署,把发展红色旅游摆在突出位置,取得了初步成效。2014 年,湖北省红色旅游游客接待量达 4336.58 万人次,占全省接待旅游人数的 8.6%,同比增长 15.39%,

---

①湖北省社会科学院文史研究所,助理研究员。

其中青少年游客占 50％以上；红色旅游综合收入过 50 亿元，占全省旅游综合收入的 1.7％，同比增长 10.52％，红色旅游直接就业 3.3 万人，间接就业 8.5 万人；①2015 年截止 10 月，湖北省红色旅游游客接待量 4430.84 万人次，占全省接待旅游人数的 9.2％，同比增长 18.58％，红色旅游综合收入 48.9 亿元，占全省旅游综合收入的 1.9％，同比增长 16.29％，红色旅游直接就业 3.4 万人，间接就业 8.9 万人。②湖北红色旅游发展取得了较好的经济效益和社会效益，且呈逐年递增态势。

近年来，湖北省把培育推荐国家级重点红色旅游区，配套完善红色旅游精品线路，打造全国旅游景点景区作为红色旅游建设的重点，多方争取资金，增加了对红色旅游景区和基础设施的建设和投入。截至 2018 年，湖北省已创建红色旅游 A 级景区 29 家，其中 5A 景区 1 家（三峡大坝旅游区），4A 景区 8 家，3A 景区 13 家，2A 景区 7 家。其中，大别山红色旅游区被列为国家培育的 12 个"重点红色旅游区"之一，14 个旅游景区（景点 33 处）被列为"全国红色旅游经典景区名录"。除此之外，各地市、县等地方政府也加大了对红色旅游景区和红色旅游产品的建设投入，如黄冈市投资 2.95 亿元，建设了一批重点红色旅游项目；洪湖市筹资配套 4000 多万元保障了湘鄂西苏区革命历史纪念园改、扩建工程。③在中央政府及各部委的战略指导下，在省、市、县各级政府及相关部门的支持下，湖北红色旅游发展如火如荼，红色旅游景点建设良好完善，文化教育功能大大加强，经济效益显著提高，其具体措施有：

（一）挖掘红色旅游文化内涵，发挥红色文化旅游集群效应

湖北省红色旅游资源类型丰富，分布广泛，几乎遍布各个县市，这使得湖北省在开发红色旅游资源中可以由点到线、由线到面，使相对分散的红色文化景点形成集群效应，形成红色文化景观群。如不足 500 米的都府堤红巷历史文化街区，从南到北依次坐落着中国共产党第五次全国代表大会旧址、毛泽东旧居

---

① 《湖北启动全国红色旅游万里行 发布 4 条红色旅游精品线路》2015—8—31，见湖北省人民政府门户网站：http://www.hubei.gov.cn/zwgk/bmdt/201508/t20150831_1509314shtml。

② 中共湖北省委党史研究室、湖北省旅游发展委员会编：《湖北省红色旅游指南》，第 8 页，中共党史出版社，2016 年 12 月。

③ 中共湖北省委党史研究室、湖北省旅游发展委员会编：《湖北省红色旅游指南》，第 11 页，中共党史出版社，2016 年 12 月。

和中央农民运动讲习所,这三处景点每处都蕴含着独特的革命寓意和红色文化精神,聚合在一起,就形成了集群效应,有利于扩大知名度,树立红色旅游品牌形象。2000年11月,三处景点与武昌起义门管理所合并,组建武汉市革命博物馆,2019年接待观众170万人次以上,2020年,在疫情防控期间,武汉革命博物馆线上访客达2570.59万人,全年接待阵地观众390593人次。[①]

(二)整合相关资源,创新红色文化旅游产品体系

红色文化旅游的核心是"红色",但并非是单一的"红色",相反,随着旅游产业的发展和人们精神文化需求的不断提升,红色文化旅游还必须进行旅游产业链的升级和旅游产品的融合,创新红色文化产品体系,实现促进旅游产业结构从低层次向高层次,从单一性向多元性转变,以人气带动财气,以生机带动商机,实现旅游创收。如洪湖瞿家湾红色旅游景区将绿色生态观光、民俗文化与红色旅游相结合,将红色景区参观、歌舞演出及民俗体验等融合一起,吸引了大批游客;又如湖北随州市的新四军第五师九口堰纪念馆联合境内的古银杏国家森林公园,形成红绿结合的复合型旅游产品,每年也吸引了大批游客参观游览。红安七里坪镇则结合当地革命历史文化、风土人情、自然生态资源,按照"以红为魂、红绿相融、城景一体"的发展思路,形成一心四区的大景区格局,不仅打造出中国红军第一镇,而且所开发的对天河漂流、杨山河氧吧风景区、民俗文化村等也逐渐成为旅游新亮点。

(三)统筹协调,加强红色旅游区域协作

湖北省按照"资源共享、客源互送、线路互推、政策互惠、信息互通、节庆互动、交通互联、争议互商"的合作模式,巩固扩大红色旅游协作成果,拓展省外合作空间,密切省内地区合作,不仅推出了武汉—咸宁、随州—襄阳、荆州—宜昌—恩施、孝感—黄冈四条省内旅游线路,而且还会同红军长征沿线11个省(市)在宁夏六盘山联合举办了重走长征路首届国际旅游节,与安徽、河南联合打造了大别山红色旅游产品,与湖南、江西联合推广"韶山—井冈山—大别山"红色旅游精品线路,提高了湖北红色文化旅游的影响力和知名度。

---

①《武汉革命博物馆2020年度报告》,2021年3—24。http://www.whgmbwg.com.

（四）实行政府主导、社会参与的开发模式，实现红色旅游产业化、融合化

红色旅游被称为政治工程、文化工程，具有强烈的意识形态和文化教育功能，但同时，红色旅游也是经济工程，必须与旅游经济实现产业上的衔接，走产业化道路。湖北省在红色旅游开发中实行以政府为主导，积极引进社会力量，招商引资，争取项目，促进了红色旅游的开发和发展。红安七里坪是国家历史文化名镇，也是全国红色旅游重点景区，为了拓展旅游市场，七里坪镇采取向上"争"、财政"挤"、单位"捐"、社会"募"等多种办法，筹集建设资金，并引进红平旅游开发公司，对七里坪红色资源进行整体规划，促进了七里坪红色旅游的发展和产业化。红安县则按照"优势资源＋项目＋招商引资"的发展模式，招商引资，以黄麻起义和鄂豫皖苏区纪念园为核心，整合周边相关资源，创建了"红安·中国将军城"、共和城旅游度假村以及影视城和东方战场影视基地等，实现了红色旅游的产业化和集群化。

（五）积极开展各项主题活动，扩大红色旅游产品影响

为了扩大红色旅游的社会影响力，湖北省积极开展了各项纪念活动和主题活动。如在2015年纪念中国人民抗日战争暨世界反法西斯战争胜利70周年活动中，宜昌市举办"宜昌抗战图片文献展"，用真实的照片和文字，重现"宜昌抗战"历史，警醒后人勿忘国耻；团省委在孝感市大悟县新四军第五师纪念馆举行了"十万青年重走抗战路"活动启动仪式；三峡大坝旅游区在2019年尝试采用线上线下相互串联的方式开展主题活动，宣传展示大国重器，丰富游客体验，如通过开展"三峡大坝抖音挑战赛""最美三峡大坝全国风光摄影大赛"以及国庆期间推出的"三峡大坝红歌行""三峡大坝集体婚礼""我在三峡祝福祖国"等献礼新中国成立70周年系列活动，组织游客现场零距离互动，充分调动游客参与积极性，激发广大游客的民族自豪感，在丰富旅游区文化内涵的同时也提升了游客的参观满意度。在2021年庆祝中国共产党建党一百周年和党史教育、四史教育活动中，湖北省将党史教育与红色旅游相结合，组织开展"湖北红色足迹遍荆楚"活动，推出了"革命大别山·红色鄂豫皖""红色武汉·英雄城市""湘鄂边苏区""南水北调·活水之源""中国三峡·世纪工程""土家风情·美丽恩施"六条精品线路，充分展示出中国共产党自成立以来的革命、建设历程。除此

之外,武汉市也整合全市近百处红色旅游资源,新编六条红色旅游主题线路,绘制武汉红色旅游地图,推出 10 条红色旅游公交专线,供游人打卡、参观,取得了很好的效果。

在党中央、国务院大力发展红色旅游的决策部署下,湖北省委、省政府高度重视发展红色旅游产业,湖北省红色旅游景区不断提档升级,管理服务水平不断提高,红色旅游影响力不断增强,经济效益和社会效益发挥显著。尤其是2008 年中宣部、财政部、文化部、国家文物局四部委联合下发《关于全国博物馆、纪念馆免费开放的通知》以后,湖北省红色旅游景点向社会免费开放,其盈利模式从依靠门票收入,转向了以“吃、住、行、游、购、娱、学、疗、体、悟”等多点开花、发展的盈利模式,免了门票赚了人气,效益不降反升。据统计,2014 年 9 月 25日三峡大坝免票后的第一个国庆黄金周,“三峡大坝就接待游客 24 万人次,同比增长 60%”,受景区带动效应,长假 7 天,“宜昌市旅游接待游客人数、旅游收入均高于全国平均值近 18 个百分点”。[1] 2017 年上半年,湖北红色旅游景区接待游客 3712.50 万人次,同比增长 27.03%;[2]而在 2018 年,仅红安一地,其红色旅游景点就接待游客 899.4 万人次,实现综合收入 43.97 亿元。[3] 由此可见,在“非门票经济”时代,湖北红色旅游通过人气带动周边餐饮、住宿、娱乐等行业快速发展,延长旅游时间,丰富游客旅游体验,赚了财气,实现了综合效益的提升。

二、湖北省红色旅游发展存在的问题

随着红色旅游的发展和人民对旅游需求的不断提高,湖北加大了对红色旅游项目的建设和产品的开发,取得了一些成效,但与江西、延安等红色旅游发展较好的地方相比,仍显得差强人意。在 2016 年,江西红色旅游就接待游客 1.43亿人次,同比增长 18.2%。占全省旅游人数的 30.36%,占全国红色旅游人数的 12.5%,达到全国总量的 1/8;红色旅游综合收入 1156.82 亿元,占全省旅游

---

①赵珊:《为旅游景区发展提供新模式　三峡大坝免了门票赚了人气》,2014 年 10 月 16日,来源:人民网—人民日报海外版。http://finance.people.com.cn/n/2014/1016/c1004-25843324.html。

②陈熹、张婷婷、曹巧红:《红色旅游暑期人数暴增》,《湖北日报》2017 年 7 月 20 日。http://www.hubei.gov.cn/mlhb/zdnr/201707/t20170720_1019443.shtml。

③《红色沃土续写传奇(壮丽 70 年　奋斗新时代·老区纪行)》,2019 年 6 月 25 日,来源:央广网。https://baijiahao.baidu.com/s?id=1637306898595090994&wfr=spider&for=pc。

综合收入的 23.16%。[①] 因此,湖北要打造红色旅游大省和建成红色旅游发展样板,就必须向江西、延安、湖南等地学习,形成红色景区集群效应。目前,湖北省红色旅游存在的问题有:

(一)湖北红色旅游产品形式单一,特色不足,缺乏新意

近年来,随着旅游业的快速发展,人们对旅游的需求也逐渐变得多元化、个性化,因此,为了吸引、留住受众,旅游产品在开发和经营上,就必须更加注重多元化、特色化和硬软件的配套发展。目前,湖北省红色旅游产品还存在形式单一、以看为主、后劲不足的情况。具体表现为:

一是红色旅游产品主要以静态的博物馆、故居、革命遗址等旅游展示项目为主,体验形式主要为观光游览,缺乏新意和游客的互动。如都府堤红巷红色旅游景区由农民运动讲习所、毛泽东同志旧居、中国共产党五大会址三个景点组成,但三个景点都以参观游览为主,都是"一栋房子、一尊雕像、几个展览室、一段讲解"的旅游模式,这样的红色旅游不仅不能引起游客的兴趣,反而会因单一、重复的旅游体验使游客兴致缺缺。

二是红色旅游开发模式单一,特色不足,景区同质化严重。红色旅游开发要因地制宜,结合本地域的资源特色、文化特色进行合理开发。目前,湖北省虽然已经开发了不少红色旅游资源和产品,但大多数还缺乏特色,大同小异,仅仅局限在观光旅游产品阶段,或多以单体、零散的遗址、故居呈现,难成规模、体系。如监利是第二次国内革命战争时期贺龙等老一辈无产阶级革命家创立革命根据地的中心地,现存湘鄂边、湘鄂西革命根据地旧址 375 处,其中 48 处为全国重点文物保护单位。但目前,监利县红色旅游景点大都以零散的遗址、故居、纪念碑等开展旅游活动,缺少整体规划和联动效应。再如红安作为湖北省重点打造的旅游景区,也是鄂豫皖边区红色旅游的重要组成部分,但红安县在旅游路线规划和城市基础设施建设上却缺乏整体性思维,没有将各景区连点成线、连线成片,合理分区,也缺乏相应的文化、休闲、体验、娱乐等配套设施产品。如红安革命遗址一日游,其内容只是游览烈士陵园、董必武和李先念故居等。在 2005 年的湖北省旅游创新与发展研讨会上,专家们就指出:"湖北红色旅游

[①]江西省旅游规划研究院:《江西及全国红色旅游发展大数据报告》,2017 年 11 月 13日。https://www.meadin.com/yj/147937.html。

资源丰富,但太缺少特色,景点趋同,很难吸引人。"[①]不仅如此,湖北省现有红色旅游景点、景区多数仍以纪念馆、展览馆、故居、烈士墓等来设计、规划,景点内容和表现形式千篇一律,缺乏新意,对革命历史文化内涵挖掘不够,产品也多用简单的图片展示和橱窗式的文物陈列,展示方式和手段都显得陈旧,缺乏娱乐性、体验性和感染力,不符合现代审美观念和旅游者的消费取向,因而也就难以吸引顾客了。

(二)湖北省红色旅游景区分散,成熟度不高,还未形成成熟的旅游产业链

红色旅游开发应该结合地方绿色自然风光、特色民俗、农业及其他历史人文景观等多种资源进行综合开发,这样才能形成具有地方文化特色的旅游品牌,实现红色旅游的可持续发展。目前,湖北省红色旅游的开发程度还较低,处于初级开发阶段,还未形成成熟的红色旅游产业链,具体表现在:

一是湖北省红色旅游景区分散,基础设施落后。除武汉外,湖北省红色旅游景点和景区大都分布于地、市、县的革命老区或偏远地区,如大别山区的麻城、红安、罗田,恩施州的鹤峰、巴东、咸丰等地,这些地方景区分散,不仅增加了成片规划、管理、开发的难度,而且道路交通建设滞后,缺少连接景区的交通主干线,景区(点)的路面等级低,且缺少必要的停车场;给排水系统、通讯设施、环卫设施比较落后,住宿接待等服务配套设施不够完善。例如红安县城有宾馆多家,但档次和接待能力非常有限,三星级以上宾馆数量有限。此外,各地县城的文化娱乐设施、餐饮服务水平、旅游商品及购物场所等也显薄弱,也就更谈不上与旅游配套的"食、住、行、游、购、娱"等设施的健全、完善了。又如监利县红色旅游资源因分布在农村,在水、电、气、交通、网络等基础设施方面存在很大缺陷,宾馆、饭店、超市、娱乐等基本旅游接待设施也较为匮乏,不能提供集旅游观光休闲于一体的基础设施和服务。而作为红色旅游的中心——周老嘴因距县城 25 公里,在基础设施和资源上也很难实现与县城的共享、合作,因而也就使得该地的红色旅游资源难以深度开发和有效发挥了。

二是湖北省红色旅游发展还处于初级阶段,未形成成熟的产业链。虽然红色旅游的核心是"红",但在人们旅游需求多样化的今天,在同类红色旅游产品

①《湖北红色旅游景点趋同缺少特色难以吸引游客》,2005 年 6 月 20 日,来源:武汉晚报。http://finance. sina. com. cn/money/tz/20050620/0943137985. shtml。

同质化竞争的当下,红色旅游不能仅仅走以"红"为特的路子,还应千方百计扩展产品链,完善产品结构,融入当地独特的生态、人文、景观、民俗等要素,实行旅游产业链的深度开发。目前,湖北红色旅游大多以红色旅游产品为内容,形式单一,既未能满足市场需求和游客心理,也不能充分发掘红色旅游的特色和价值,造成同质竞争,效益不足。如红安七里坪镇是有名的将军小镇,红绿资源、民俗资源丰厚,不仅有长胜街革命文化遗址、对天河漂流、香山湖、天台山风景区等名胜,而且还有内涵丰富、韵味悠长的革命歌曲、歌舞以及丰富的土特产,在开发中,可以"红+绿+俗+特"的形式,在保持红色基调的基础上,向绿色旅游、民俗风情展示以及土特产销售等延伸、扩展。目前,虽然红平旅游发展有限公司对长胜街、香山湖、将军故居、对天河等旅游资源进行了整合和开发,但对民俗文化风情和革命歌舞等文化资源仍挖掘不够、重视不够,显得不尽人意。

三是湖北省红色旅游缺乏深度开发和联动效应。湖北省红色旅游资源丰富,但分散于湖北省各市、州、县,这也由此对湖北省红色旅游的深度开发带来挑战。目前湖北红色旅游景点大多处于各自发展的状态,是单一的自成线路,很少与其他区域的红色旅游资源相联系,没有形成统一的规划和管理。如大别山红色旅游资源零星地分布在鄂豫皖三省的交界处,而在我省境内又分散于麻城、黄冈、罗田等县。因此,要进行红色旅游的深度开发就必须打破县域之分、省域之隔,进行联动协作,否则极易重复开发造成产品同质化,造成资源浪费又产生恶性竞争。目前,我省除了麻城与河南商城、安徽金寨签署了共建"大别山旅游合作区"协议,进行大别山旅游合作开发外,还很少看到县域之间、镇与镇之间的联动协作。如湘鄂西革命根据地旧址群分布于洪湖瞿家湾和监利周老嘴镇,两者建筑群相同,革命价值和意义一脉相承,地理位置相距较近,且同属于荆州,但瞿家湾声名鹊起,周老嘴被遗忘,由此造成资源的浪费和开发的不合理。又如分布于阳新县兴国镇的鄂东南革命烈士陵园、龙港镇的革命根据地旧址群、鄂州市梁子湖区梁子岛的军区司令部旧址都属于湘鄂赣红色旅游资源,三地可联合开发,共同打造湘鄂赣红色旅游系列景区。但三地各自为阵,独自开发,由此,良好的红色资源不仅因各地政策、管理不同而未能得到很好保护、开发,而且也因区域限制、地域阻隔影响旅游景点的深度开发和共同协作,造成红色资源的浪费和景点的小打小闹,就更别说人气、财气了。

(三)宣传力度不够,宣传手段陈旧,数字化技术运用不足

湖北省红色资源丰富,有些红色旅游景点更是独树一帜,具有独特的文化价值和时代精神。如大别山旅游景区蕴含的大别山精神、长江三峡水利枢纽工程凝聚的三峡精神、"九八抗洪"凝练的抗洪精神以及南水北调工程蕴含的移民精神等。这些红色文化吸引物以及所凝聚的时代精神,不仅对湖北人民,而且对全国人民,都具有强大的凝聚力和影响力。目前,湖北省虽策划了一些活动推介红色旅游,但相比于火爆全国的瑞金、延安、西柏坡等景点来说,湖北省仍存在宣传不足、手段滞后的问题,以至于很多红色旅游景点"养在深闺人未识"。具体表现在以下几点:

一是宣传力度欠缺,组织策划不够。一般来说,旅游景点在开发之后必须借助一定的宣传营销,才能引起注意,进入受众视野。因此,为了吸引游客,地方政府一般都会借助广告、报纸、电视媒体等进行宣传,扩大影响。但在湖北省红色旅游景点中,除了大别山作为全国知名旅游线路外,其他旅游景点在全国都缺乏影响力,究其原因,除了景点文化内涵挖掘不够、特色不鲜明外,还在于地方政府宣传力度不足、组织策划不够。如我省的八七会议会址、黄麻起义、湘鄂西红二军诞生地等,在中国革命史上都留下了光辉灿烂的一页,但湖北省却没有很好地将这种革命历史知名度转化为旅游品牌、形象知名度,在国内没有形成客源品牌市场。又如武汉新洲区的涨渡湖被誉为武汉的"白洋淀",区内不仅有西汉古墓群和乌龙镇旧址,还是抗日战争时期武汉地区最完善的抗日根据地,李先念、陈少敏、张体学、刘西尧、王群等都曾在此战斗、工作、学习过。不仅如此,涨渡湖还是武汉市环城湿地圈重要组成部分,是被世界自然基金会列入的湿地保护区。但因宣传力度欠缺,组织策划不够及原先交通不便,一直"养在深闺人未识",不仅外地人不知道,就连很多武汉本地人也不知道。由此可见,地方政府要打造文化旅游品牌,增加旅游景点的人气,除了在旅游开发包装上下功夫外,还要注重宣传营销,改变"酒好不怕巷子深"的陈旧思维,扩大品牌宣传、影响,增加受众,以人气带动财气、热气。

二是细分市场不明确,宣传缺乏针对性。一般而言,在目前旅游消费需求多元化的今天,任何旅游目的地都不可能满足整个市场、全部受众的需要,因此必须对市场进行细分,有针对性的开展宣传、营销。如针对老年人可推出怀念思旧红色游,对中青年推出体验互动红色游,对青少年推出感恩教育红色游等。

目前,全国及各省都还未对红色旅游市场进行精准定位、细分,湖北在这方面也缺乏有针对性的宣传、营销,因此,在全国红色旅游热中,虽然湖北省红色旅游表面上看上去也红红火火,但相比其他红色旅游大省,仍显得缺乏亮点。

三是宣传手段陈旧,数字技术化手段运用不足。21世纪,人类进入信息时代。在信息数字化技术大潮中,红色旅游资源的开发、宣传也应与之结合,进入数字化宣传阶段。当前,在"智慧旅游""智能出行""网络旅游""云旅游"模式下,旅游业数据与网络大数据携手,可为游客规划最佳出行、旅游方案。在这种形势下,旅游景点信息必须成为数字信息的一部分,汇入网络大数据。而目前,湖北省红色旅游宣传虽进行了一些创新,进行了"云开放""云展览""数字展馆",取得了一些效果,但总体而言,湖北红色旅游宣传仍显得较为滞后,在飞猪旅行、携程、途牛旅游等平台上都鲜见我省红色旅游的线路或景点宣传,由此极大限制了我省红色文化旅游景点的影响度和受众面,使其名声不响,人气不旺,品牌发展受限。不仅如此,湖北省红色旅游资源的开发仍以场馆建设和物品陈列为重,缺乏数字化技术等的运用和展示,由此也导致湖北红色旅游景点开发方式陈旧,不能给游客带来全新出游体验。

(四)开发与保护失调,保护意识薄弱

红色文化资源是中华民族在革命战争年代积淀的丰富的历史文化资源,是不可再生资源,因此,在红色旅游景点打造中,必须坚持保护第一、开发第二,在保护中开发、开发中保护的战略方针。当前,红色文化资源面临着风雨侵蚀与人为破坏的双重压力,一些地方政府不懂保护原则,在红色旅游发展和红色资源保护中,保护与开发失调,致使红色旅游难以为继。在这方面,湖北省红色文化资源和旅游景点由于地处偏远,地方保护意识薄弱,也出现了保护不利的局面。一是对文物保护理解不到位,对历史文物及遗产穿衣戴帽、现代改造,致使红色文化遗产出现了保护性破坏。如龙港镇革命根据地旧址群就由于地方政府不懂保护原则,出现了保护性破坏行为,造成文物被破坏、损坏。二是在红色旅游景点中大肆开发,破坏红色文化资源的原生态和整体性风貌。三是在红色旅游景点的运营中,地方政府未意识到生态环境对旅游文化保护的重要性,景区及外围、周边环境卫生脏、乱、差,缺乏环保意识,严重影响景区形象。

(五)旅游线路有待丰富、完善

目前湖北省除了全国红色旅游精品线路武汉—麻城—红安—新县—信阳

线外,又在 2021 年增加了六条红色旅游主题线路,将以往纯粹的红色旅游线路和红色教育功能,扩展为全面展示中国共产党百年历程中的革命、发展之路,使红色教育与改革发展成就展示相得益彰。但具体而言,六条主题线路仍存在线路单一、品类不够丰富的情况,如"革命大别山·红色鄂豫皖""红色武汉·英雄城市""湘鄂边苏区"就都是纯粹的红色旅游,缺乏与其他旅游品类的融汇,极易造成旅游审美疲劳。不仅如此,受制于区域、交通等影响,湖北省红色旅游线路灵活性、自由度不高,如大别山景区就只有从武汉出发一条线路,这种单一的旅游线路不仅在很大程度上限制了游客的出行和时间安排,而且也限制了景区之间的联动和自由贯通,从而也在某种程度上限制了全省红色旅游的发展。

(六)湖北省红色旅游产业化不足,集群效应不显

红色文化资源作为特殊的文化资源,在开发与利用时应以政府为主导,但也不能忽视社会力量、群体的参与。目前湖北省红色旅游景点大多处于政府主导、社会群体参与较少或没有的模式,这虽然避免了景点的过度商业化开发,但也因此导致全省旅游景点市场化、产业化程度不高,集群效应不显,缺乏活力和竞争力,更多地沦为政府的"面子工程"。如在全省建成的 14 个全国红色旅游经典景区中,5A 级景区仅三峡大坝 1 个,而在江西 11 个全国红色旅游经典景区中,5A 级景区就占了 3 个。由此可见,与江西等红色旅游大省相比,我省红色旅游景区建设还显得等级不高,缺乏示范和样板效应,因此也难以形成集群效应和应有的产业规模。

三、湖北红色旅游发展的建议与路径建构

发展红色旅游是关系全局、意义深远的国家战略工程。湖北省红色旅游要想做大做强,在今后的发展中,还必须参考借鉴其他省、市的优秀做法和良好经验,分析制约湖北省红色旅游发展的各种因素,实现红色旅游的大发展、大跃进。

(一)理顺管理体制,发挥旅游企业的市场主体作用,树立大市场、大旅游的理念

作为准公共文化产品,红色旅游的开发离不开政府的主导,但作为旅游产

业,红色旅游的发展又离不开市场的调节和产业化发展。因此,湖北省要想做大做强红色旅游产业,就必须在红色旅游产品的准公共文化属性之外,完善其经济属性,激发市场活力,在政府主导的前提下,创新和完善红色旅游市场调节机制,从"政府主导"转向"政府引导,市场主导",变"被动式市场"为"主动式市场"。为此,湖北省在红色旅游发展中应做好以下几点:

一是要理顺管理体制,建立市场调节机制。红色旅游作为旅游产业的分支,其管理主体除了景点、企业之外,还需要政府的引导。三方权责明确,形成合力,才能实现红色旅游的健康发展。为此,湖北省红色旅游必须改变以往政府工程、形象工程的固有思维,积极引进市场主体,理顺管理体制,以市场为导向,以产业为纽带、以网络为重点,以效益为中心,推行小政府、大市场的理念,变"政府主导、企业从属"为政府监管、引导,企业自主运营的管理模式,充分发挥红色旅游的功能和价值。在这方面,政府一是要通过制度设计和政策制定对红色旅游的景区建设、景区管理、产业发展、遗产保护等方面进行监管,引导红色旅游景区健康发展;二是通过制定资金扶持、竞争条例、建设标准、人才引进、遗产保护等方面的政策和制度,引导建立健全市场竞争机制,激发红色旅游市场发展活力;三是通过激励机制,鼓励红色旅游景区和企业进行产品创新。只有这样,才能改变红色旅游公共事业与产业发展脱节、政府与企业权责不分、体制掣肘市场的局面,实现红色旅游健康、长效发展。

二是发挥企业的市场主体作用,树立大市场、大旅游的理念。旅游企业是旅游市场的主体,企业的加入,既可解决红色旅游景区资金不足、发展无力的困境,又能在市场竞争机制下,激发企业活力和创新能力,提升红色旅游品牌的竞争力和市场份额。与政府宏观监管、政策制定的引领作用不同,以企业为主体,更契合红色旅游作为产业发展的本质和精髓,也更善于从市场入手,精准定位,特色营销,走产业化道路。因此,湖北省红色旅游的发展,要在继续发挥政府引导作用的同时,积极培育、发展优质旅游企业,鼓励企业参与红色旅游的开发、运营,发挥企业在红色旅游中的主体作用;树立大市场、大旅游的理念,构建政府主导、部门联动、行业管理、社会参与的大产业框架。

(二)整合多方资源,深入挖掘红色文化内涵,提高旅游产品品质,丰富旅游产品组合,实现红色旅游产业化发展

整合多种资源进行红色旅游资源开发是红色旅游可持续发展的内在要

求。湖北省红色资源集聚,内涵丰富,各地在开发、打造红色旅游景点的时候,要充分利用地域、文化、历史联系等因素,精准定位,走特色化道路,增强市场吸引力和竞争力。

一是要深入挖掘全省特有的红色文化精神和文化内涵,如汉口八七会议精神、武昌辛亥首义精神、荆州抗洪精神、宜昌三峡精神、大别山精神等,将这些精神与中国革命历史和现代化建设有机对接,发掘全省红色文化旅游中的亮点和特点,打造特色红色文化旅游品牌。

二是从内涵、主题、形式、方法、设计等方面对全省红色文化进行创新,促进红色文化旅游形式多样,与时俱进,增强旅游产品的趣味性、体验性、互动性,提升顾客满意度和忠诚度。如可采用声、光、电等多媒体技术和虚拟展示技术,对革命历史、人物、情景等进行再现、演绎,增强红色旅游产品的生动性和形象性,或利用现代数字技术加入游戏、互动环节,增加游客的参与度和体验性,实现红色旅游产品从静态展示—多维再现—互动体验的提升,游客从观看游览—参与互动的身心体验。

三是整合旅游资源,丰富旅游产品组合。目前,湖北红色旅游要实现产业化发展,就必须加强红色旅游景区内的资源整合,丰富红色旅游产品的内涵和外延,将单一的红色旅游观光游览或红色教育转型升级为兼具文化休闲、生态度假等多方面功能,走多元化、综合性、复合型的旅游精品线路。如宜昌与恩施可充分利用境内的自然山水资源和土家族文化资源等走"红+绿+俗"的旅游路线;黄冈、麻城等可利用境内自然休闲风光与民俗文化走"红+绿+土"的产业化道路;荆州则可利用境内的三国文化走"红+古"的旅游线路……事实证明,红色旅游与山水旅游、文化旅游、乡村旅游、民俗旅游等的结合,不仅不会降低红色旅游的品质,而且还可以充分展现红色旅游资源的文化内涵和独特魅力,促进单一红色旅游景区向综合性红色旅游景区的转型升级。不仅如此,结合其他旅游资源进行的红色旅游资源综合开发,还可以减少资源浪费,丰富红色旅游产品类型,增强红色旅游景区的吸引力,实现旅游的规模效应。

(三)加强基础设施建设,注重旅游人才培养,提高旅游服务水平

湖北省大部分红色旅游景点、景区都分布于偏远地区,因地区发展水平落后导致交通等基础设施较差、服务接待水平不高,不仅影响了游客的满意度,也

在一定程度上影响了全省红色旅游文化品牌的创建。2017年，国家发展改革委印发的《全国红色旅游经典景区三期总体建设方案》提出，"全国红色旅游经典景区建设需要重点加强红色旅游活动所必需的旅游公路、景区内的步行道、露天停车场、供电线路、供排水线路、旅游厕所、消防安防设施、垃圾污水收集设施、展陈场馆改造等基础设施建设，以及必要的环境整治。"方案的提出，为湖北省提升红色旅游发展水平提供了方向。在这方面，湖北省应做好以下几点：

一是要按照旅游行业标准和景区建设标准，加大对红色旅游景区交通、水电、通信、环保等基础设施建设投入，改善红色旅游景区公路和游步道设施，完善红色旅游交通格局，提高景区的可进入性、互通性、安全性和舒适性。

二是要按照旅游景区和行业标准，完善、提升景区内餐饮、住宿、购物、娱乐、停车等相关配套服务设施，加大景区卫生、环境、生态等的保护与整治，完善旅游标识系统。

三是在提升景区硬件设施建设同时，加大对软件设施、系统的建设、提升，如景区导览系统装置、多元化身份识别等，提升旅游服务水平、景区管理水平。

除此之外，红色旅游品牌的创建，还离不开高素质的旅游从业人员。在这方面，一是可以利用湖北省丰富的高校资源，与高校合作，定向培养与湖北省旅游发展相适应的红色旅游专业人才；二是建立和完善红色旅游人才培养机制，定期对市、县等各级红色旅游从业人员进行业务培训，加大对专业讲解人员文史等知识的培养，提高旅游从业人员的素质和水平，进而提升红色旅游景区的接待水平和服务水平；三是加大人才引进力度，通过专业人才引导景区发展服务，突破红色旅游景区因管理人员、工作人员水平不高而带来的发展局限。

(四)加强区域合作，推动红色旅游的联动开发和深入开发，形成跨省、跨区的大旅游圈

中国红色旅游景点的跨区域性是由历史造成的，"区域旅游合作就是要树立大市场、大旅游的理念，打破行政壁垒和地区封锁，防止条块分割。区域旅游合作是整合旅游产品、优化旅游产品空间结构、实现区域旅游可持续发展的主要依托之一"①。目前，湖北省已与河南商城、安徽金寨签署了共建"大别山旅游

---

① 卢丽刚：《井冈山红色旅游资源保护与开发的现状、问题及对策》，《井冈山大学学报（社会科学版）》2010年第6期。

合作区"协议,进行大别山旅游合作开发,但为了进一步开发并充分利用宝贵的红色旅游资源,全省还需进一步加强红色旅游资源开发的区域联动,在这方面应做好以下工作:

一是要根据旅游资源分布的区域,统筹协调,打破条块分割,对资源进行优化整合。其中,资源的优化组合又分为两种,一种是红色资源间的优化组合;另一种是红色资源与其他资源的组合。湖北省红色资源丰富,但大部分红色资源都相似度较高,有些开发价值较大,有些开发价值不大,因此,必须统筹协调、科学规划、联合开发,打破各市、区、县各自为阵、独立开发运营的局面,又必须兼顾各种旅游资源的互补,既要避免因资源类型相似而引发恶性竞争,造成资源浪费,又要挖掘、保留旅游资源的真实性、原生态、典型性、独特性,打造一批有代表性、有影响力的旅游目的地。不仅如此,红色旅游资源的跨区整合,还必须与整个区域的经济发展、新农村建设、城镇化建设、美丽乡村建设等紧密结合起来,通过发展红色旅游,加快地区产业结构调整和经济发展,实现景区发展与城镇、乡村建设的共赢。

二是要根据旅游活动实现的条件,结合各市、区的经济联系和交通运力,进行跨区整合。红色旅游的联合,并不是红色区域的简单联合,还必须考虑到区域之间的经济实力与交通可达性,进行最优组合,建立红色旅游生态产业链,形成红色旅游资源共同开发、交通等基础设施共同建设、旅游市场共同监管、旅游线路共推、旅游客源共享①的共生共赢的区域合作伙伴关系。

(五)加大宣传营销力度,提升红色旅游品牌形象

红色旅游的发展,离不开市场的营销和推广。当前,湖北要发展红色旅游,除了在旅游产品开发和项目建设上下功夫外,还必须加大宣传营销力度,创新红色旅游营销模式,提升全省红色旅游品牌形象,在这方面湖北省应做好以下工作:

一是可借鉴、参考井冈山等著名红色旅游景点,深挖红色文化内涵,在宣传红色文化精神的同时,与当地绿色旅游资源、民俗文化资源、历史文化资源等一起联合营销,形成红绿呼应、红古交汇、红俗相应的旅游发展模式和以"红"育

①卢丽刚:《井冈山红色旅游资源保护与开发的现状、问题及对策》,《井冈山大学学报(社会科学版)》年第6期。

人,以"绿""古""俗"留人的红色旅游发展策略。除此之外,还可利用各种节庆、假日以及当地特色自然景观等,如枫叶红、银杏黄、采莲节、龙虾节、大坝情、三峡情等进行宣传营销,配合这些节庆、自然资源等举行活动,在宣传景区、本地特色的同时,提升景区形象,吸引游客。

二是要积极利用现有科学技术和媒体手段,扩大红色旅游宣传途径,提升宣传营销水平。可以通过启用微博、微信、抖音等短视频平台及专门开发的手机应用软件,将红色文化资源数字化、网络化,构建红色旅游电子商务服务平台和红色旅游营销网络,扩大红色旅游景区的影响力,也可通过携程、驴妈妈、去哪儿、飞猪旅行、大众点评网等进行红色旅游宣传推广和线路设计、推荐,进行口碑宣传和形象推广,起到小成本、大宣传,小制作、大市场的效果。不仅如此,红色旅游景点还可以积极探索融入新媒体技术,通过建设掌上智慧应用平台,将馆藏文物照片、背景故事、英雄人物、宣传片等通过互联网以及手机终端呈现出来,建设网上场馆,智慧博物馆、云展馆、数字展馆等,增加游客参观途径,让红色故事在民众日常生活中"活"起来、"传"下来。

三是利用不同年龄、层次、群体的旅游消费心理和消费习惯,精准营销。如针对老年顾客群体,可通过加强与旅行社的合作,通过旅行社宣传、营销,打造红色旅游线路;针对青少年,则可利用携程、驴妈妈等网络平台及微信、微博、短视频等新媒体进行多种形式宣传;在网络欠发达地区,则可通过公众媒体、广告投放等方式增加红色旅游景点宣传的覆盖面……全面、多形式的宣传、营销,不仅可提高宣传效率,增加红色旅游景点的人群覆盖率和知晓率,而且也可提升我省红色旅游的品牌形象,促进红色旅游景点的深入人心。

(六)制定科学发展规划,实现红色旅游资源保护与开发并重

红色旅游资源是中国革命斗争历史的遗存物,具有不可再生性和区域限制性。很多红色旅游资源所在地也是中国历史文化名镇(村),因此,在红色旅游开发过程中,必须切实保护好这些散见于村落中的红色旅游资源和历史文化遗产。目前,湖北省红色旅游的发展进入快速发展时期,由此不仅对景区建设、服务接待等提出了新的要求,也对环境、生态、遗产等保护提出了新的课题。对此,湖北省在红色旅游发展中,一方面要继续加大对红色旅游的支持,加大对基础设施和相关配套设施的建设;另一方面,又必须制定科学发展规划,借助政府

引导,实现资源的科学规划与整合,构建红色旅游保护体系,实现红色文化资源保护与开发并重。在这方面,全省要做的工作如下:

一是充分发挥政府在红色旅游资源保护利用中的主导作用,加强对红色旅游的引导职能和监管职能,建立一个红色旅游可持续发展保障体系,包括建立红色旅游开发实施细则、红色旅游行业管理体制、红色旅游资源保护规划等相关法规和政策等,构建红色旅游资源保护体系。

二是调动人民群众对红色旅游资源和文化遗产保护的认同感、使命感和自豪感,建立政府引导,各职能部门配合,人民群众为主体的红色旅游保护机制。红色旅游的发展,与老区建设、人民利益密切相关,因此,必须充分调动人民群众保护红色旅游资源的积极性和主动性。在这方面,可建立以村民住户或社区居民为主体的群众性基层红色旅游资源保护组织,形成村、乡、县、市的层级保护网络,并聘请专职人员对红色旅游资源和文化资源进行指导、管理,立档归册,使红色旅游资源的保护工作做到无懈可击。

三是要协调好红色旅游发展与生态环境保护、老区经济发展与红色文化遗产保护等的关系,做到人与自然和谐发展,金山银山与绿水青山并行不悖。为此,在红色旅游开发中就必须坚持"保护中开发,开发中保护","保护第一,开发第二"的原则,坚持生态旅游理念,既发展旅游,又不破坏生态平衡,既开发红色文化资源,又传承、保护革命历史文化遗产,真正实现经济发展、社会发展与文化传承、生态保护的均衡推进。

论习近平生态法治观的三重意蕴

——以长江经济带的跨区域生态法治实践为例

刘　林①

摘　要:习近平生态文明思想是新时代建设美丽中国的根本指导思想。生态法治观既是习近平生态文明思想的重要组成部分,也是习近平法治思想的重要内容之一,是两大思想体系的交叉耦合地带,具有特殊重要性和鲜明实践品格,其指导作用和治理效能在长江经济带的跨区域生态法治实践中得到了充分体现。以长江经济带的生态法治案例为依托,分析习近平生态法治观的出场背景,揭示其中蕴含的实践经验和微观技术,有利于更为深刻的认识把握这一重要理论成果,有利于推进更大范围更高层次的跨区域生态环境治理与善治。

关键词:生态文明;法治;长江经济带

生态兴则文明兴,生态衰则文明衰。党的十八大来,以习近平为核心的党中央,深刻回答了为什么建设生态文明、建设什么样的生态文明、怎样建设生态文明的重大理论和实践问题,提出了一系列新理念新思想新战略。其最高、最完整的理论形态就是习近平生态文明思想。习近平生态文明思想是一套内涵丰富、逻辑严密的理论系统,在深刻把握新时代生态文明建设具体国情和生态环境治理规律的基础上,以高度的理论自觉不断回答和回应现实中存在的跨区域生态协同治理难题,形成了一个具有特殊重要性又在逻辑上自然展开的理论子系统——跨区域生态法治的相关理论。严格来说,跨区域不是一个严格的学术概念,本文所使用的也是其日常意义,即跨越不同行政区域和地域界限(省、市、县)。所谓跨区域生态法治,是指跨越行政区域和地域界限的生态治理法治化的基本理论和实践活动。为了实现更高层次、更大范围的跨区域生态环境的

---

① 中共重庆市开州区委党校讲师。

治理与善治,有必要结合既有的长江经济带的生态法治实践,对这一重要问题予以进一步的研究和阐释。

一、问题的提出与文献回顾

党的十八大以来,习近平生态文明思想引起了学术界广泛关注和深入研究,产生了丰富的研究成果。与之相比,学界关于习近平生态法治观的理论阐述以及对建立在这种理论之上的实践的相关研究却相对寂寥。对于习近平生态法治观开展相关研究并非是出于咬文嚼字,而是有着深刻的原因和必要性。新时代习近平中国特色社会主义思想无疑是完整的体系,这个体系之下分布着习近平生态文明思想、法治思想、经济思想等子系统,那么很关键的问题是这些子系统之间的关系是什么? 无疑,不管是从理论还是现实出发,这些子系统都决非相互孤立、隔绝割裂,而是保持着相互渗透、相互支撑、浑然一体的关系。出于研究的目的,我们可以将习近平生态思想和法治思想的交叉部分称之为习近平生态法治观。既有相关研究成果主要围绕以下两个方面展开。

第一,对习近平生态法治观的总体性研究。对于习近平生态法治观,相关学者从总体层面或宏观层面进行了逻辑演绎与规范论证式的探索。吕忠梅(2018)分析了习近平生态法治观的价值观念包括山水林田湖草是一个生命共同体的生态伦理观、绿水青山就是金山银山的协同发展观、保护生态环境就是保护生产力的科学绩效观和良好的生态环境是最公平最普惠的民生福祉的公平正义观,并在此基础上将其理论品质界定为深厚的理论自信、深邃的政治智慧、紧扣时代的实践特性和深切的为民情怀[1]。郭永园(2019)依据十八大以来习近平关于生态文明建设和依法治国的相关论述,从理论出场、核心要义、制度化检视和鲜明特征四条进路,全面完整地论述了习近平生态法治观的理论创新以及建立在理论基础之上的制度践行。[2] 吕志祥、张强(2020)认为习近平生态法治观的理论基础涵盖了中国传统哲学思想、马克思主义生态理论和现代生态伦理思想,并较为新颖地将习近平生态法治观纳入时间和空间两个维度进行分

①吕忠梅:《习近平新时代中国特色社会主义生态法治思想研究》,《江汉论坛》2018年第1期。

②郭永园:《理论创新与制度践行:习近平生态法治观论纲》,《探索》2019年第4期。

析论证。① 段海风、王娟(2021)认为习近平生态法治观的提出除了立足于既有的理论和治国理论的实践,还有着明确的问题导向,即解决了现实中存在的地方领导干部重经济轻生态、生态治理存在条块分割、既有的法律法规之间重叠矛盾等具体问题,并给出了健全立法、规范执法、增强守法和加强国际合作四条实施路径。② 纵观这些研究成果,研究者都是依据习近平总书记在不同时期、不同场合的相关论述讲话,再结合生态学、政治学、法学等相关学科的理论开展逻辑演绎和学理建构的研究工作。这类研究是描述性和解释性的,属于开创性和先导性的成果,较为完整地勾勒出习近平生态法治观的总体框架和概况概貌,但失之于宽泛,没有结合现实的治理案例有说服力地说明其内部结构及各部分之间的关系,也没有在一个具体的场景中论述其绩效产出和制度环境配套等内容。

第二,对习近平生态法治观的微观阐释。杜群、杜殿虎(2018)以三亚市的城市山体保护法制创新为例,详细论述如何将习近平生态法治观贯彻到对城市山体法制保护的具体操作之中,其得出的结论是《三亚市山体保护条例》就是在习近平生态法治观的指导下,充分发挥地方地方立法能动性,因地制宜制定的符合地方生态保护需要的法规,是建立统一的山体保护管理体制,实行山体资源的共管共治共享的法律机制。③ 王成端(2019)在川陕革命老区振兴发展的实践历程中透视习近平生态文明思想的必然性、客观性和可操作性,并在常规的实践路径中增加了加强党内法规的约束性、完善环境诉讼与监督、畅通司法救济渠道等新的内容。④ 纵观这类研究成果,地方政府就山体保护、革命老区振兴等某一项具体内容将习近平生态法治观完成了落地转化,形成了良好的绩效产出和治理经验,展示出了习近平生态法治观是如何在一个微观场景中发挥作用、指导实践的。但是这类研究的不足之处是过于狭窄,或者在没有论述习近平生态法治观具体内容的基础上直接给出其指导意义,或者是就本地区的生态治理的事实来有选择地检视其指导作用,或者案例本身与生态法治思想之间的

---

① 吕志祥、张强:《习近平生态法治观研究》,《沈阳工业大学学报(社会科学版)》2020 年第 4 期。

② 段海风、王娟:《习近平生态法治观探析》,《时代法学》2021 年第 3 期。

③ 杜群、杜殿虎:《习近平新时代生态法治观下城市山体保护法制创新——以三亚市为例》,《北京师范大学学报(社会科学版)》2018 年第 4 期。

④ 王成端:《习近平生态法治观与川陕革命老区振兴发展》,《四川文理学院学报》2019 年第 1 期。

联系不够紧密，以至于对习近平生态法治观的解释和阐述力度有所欠缺。

　　基于既有的两类研究成果和研究路径的基础之上，本文以习近平总书记高度重视、亲自谋划推动的长江经济带的绿色发展和生态治理为个案，所要研究的核心问题是——习近平生态法治观是如何指导解决原本现实存在的长江经济带生态治理的痛点、难点问题。这个核心问题在逻辑展开之下内在地包含着以下子问题——法治为何必须成为跨区域生态治理的根本方法，其学理依据是什么？习近平生态法治观在长江经济带的生态治理实践中体现为哪些内容？其在治理技术层面产出哪些行为和成果？这些不同层次的内容呈现出何种结构形态和相互关系？为了精准有效地回答这些问题，本文选取一种介于宏观和微观之间的中观研究思路，以十八大以来习近平总书记关于长江经济带生态法治的相关论述和战略决策为依据，以跨区域生态协同治理理论为切入点，纵深式地论述习近平生态法治观三重意蕴——出场背景、现实回应和微观技术。

二、出场分析——习近平生态法治观与跨区域生态治理之痛

　　法者，治之端也。党的十八大强调，法治是治国理政的基本方式，要更加注重发挥法治在国家治理和社会管理中的重要作用。党的十八届四中全会审议通过的《中共中央关于全面推进依法治国若干重大问题的决定》（以下简称《全面推进依法治国决定》）中也明确提出："实现经济发展、政治清明、文化昌盛、社会公正、生态良好，实现我国和平发展的战略目标，必须更好发挥法治的引领和规范作用。"[①]这些论断都表明了法治是国家治理的基本方式，一切国家治理行为都无法脱离法治，作为国家治理重要内容的生态治理自然也概莫能外。但是在跨区域生态治理的实践中，存在一些具有特殊性的痛点和难点，而这些痛点难点构成了习近平生态法治观的现实关照。

（一）生态破坏与环境污染天然倾向跨区域

　　一切治理行为都具有问题导向，也就是说一切治理行为都是为了解决负面问题、增加正面效益。生态治理最重要的对象是生态破坏与环境污染，但这两

[①]《中共中央关于全面推进依法治国若干重大问题的决定》，《人民日报》2014年10月29日第1版。

个对象都很难被固定在一定的空间范围内。产生这种难题的根本原因在于生态系统是不可分割的,水、空气、土地、动物、植物等环境因素具有流动性,不同环境要素永恒地处于互相作用和互相影响的动态平衡之中。习近平总书记形象地说道:"人的命脉在田,田的命脉在水,水的命脉在山,山的命脉在土,土的命脉在林和草,这个生命共同体是人类生存发展的物质基础。"①生态系统的这种特殊属性直接带来了生态治理的三大难题:其一,生态破坏和环境污染的恶果天然趋向跨区域,只是在时间长短和空间范围大小表现不一而已;其二,生态破坏和环境污染的受害对象可能是不确定的,因为空间的拓展会导致其范围内所有人和环境要素都是潜在受害者;其三,生态破坏和环境污染可能演化为"公有地悲剧"。正是因为其天然的跨区域倾向和受害者的不确定,美好生态环境作为最普遍的公共利益容易被集体所忽视,"凡是属于最多数人的公共事物常常是最少受人照顾的事物,人们关心着自己的东西,而忽视公共的事物"②。

在长江经济带的生态治理中,上述的治理痛点问题也有过现实的例子。2013年3月,黄浦江二级水源保护区惊现上千头死猪,造成了严重的环境污染,许多媒体进行了大量报道。有关部门负责人表示,"初步调查这些漂浮的死猪可能来自上游浙江方向,由于横潦泾每20个小时会出现2次来回潮,该段水域水流较慢,污染物容易在此处形成滞留"③。类似的问题也被习近平总书记所关注到,他在2018年第二次长江经济带发展座谈会上指出:"同时,出现了一些新问题,比如固体危废品跨区域违法倾倒呈多发态势,污染产业向中上游转移风险隐患加剧,等等"④。跨区域生态治理之痛的理论与现实引起了习近平总书记的高度关注,这些问题必然要在其生态文明思想体系中予以专门的回应和论述。

(二)用法治获取生态治理的确定性

相对于生态治理的种种不确定性,法治具有高度的确定性,法治是基于明

①习近平:《习近平谈治国理政》(第三卷),外文出版社2020年版,第363页。
②(美)奥斯特罗姆:《公共事物的治理之道:集体行动制度的演进》,上海三联书店2000年,第11页。
③黄浦江水源保护区现大量死猪,[EB/OL].(2021-05-19). http://www. voc. com. cn/article/201303/201303081833587785. html.
④习近平:《在深入推动长江经济带发展座谈会上的讲话》,《人民日报》2018年6月14日第1版。

确的法律规章,依靠国家强制力来调节利益、实现社会正义的行为和过程。基于此,法治就必须作为生态治理的最基本方式,用法治的确定性来消减和抹除生态治理中的不确定性和公共利益的脆弱性。正如习近平总书记所指出的那样所指出的,"保护生态环境必须依靠制度,依靠法治。我国生态环境保护中存在的突出问题大多同体制不健全、制度不严格、法治不严密、执行不到位、惩处不得力有关"①。

生态环境的天然属性是产生跨区域生态治理之痛的根本原因,而法治是根治这些难点和痛点的基本方式,这是生态治理与法治二者深度耦合的原理之所在,也是习近平生态法治观现实关照的意义之所在,还是长江经济带生态法治取得良好绩效产出的根本原因之所在。

三、法治实施——长江经济带跨区域生态法治的实践经验

习近平生态法治观与长江经济带生态治理的契合之处不仅在于理论耦合和问题指向,更在于其直接贯穿在整个法治实施过程中,产生了积极效益,提供了成功经验,这也是笔者选择长江经济带作为本研究案例的主要原因之一。

(一)《长江保护法》的出台为生态法治奠基

良法善治,好的法律是实现善治的前提。习近平高度重视立法的重要性,要求"要紧紧抓住全面依法治国的关键环节,完善立法体制,提高立法质量"②。2016 年以来,习近平总书记先后三次考察调研长江并发表重要讲话,专门提出"生态环境硬性约束机制尚未建立,长江保护法治进程滞后",要求抓紧制定一部长江保护法,让长江全流域生态治理有法可依。我国的首部流域法《长江保护法》在第十三届全国人大常委会第二十四次会议审议通过,于 2021 年 3 月 1 日起正式实施,至此长江全流域的生态保护有了良法基础,实现了有法可依。

整部《长江保护法》从立法理念、立法内容、法律责任等方面真实地贯彻了习近平生态法治观,表现为:其一,立法理念正确把握了生态环境保护和经济发展的关系。现实中的长江生态治理难,很大问题出在地方政府和企业主体在思想认识上存在误区,认为经济效益和生态效益不能兼得。《长江保护法》从立法

---

①习近平:《习近平谈治国理政》(第三卷),外文出版社 2020 年版,第 363 页。
②习近平:《习近平谈治国理政》(第三卷),外文出版社 2020 年版,第 286 页。

137

理念清除了这种错误认识的根源,比如第三条规定"长江流域经济社会发展,应当坚持生态优先、绿色发展,共抓大保护、不搞大开发;长江保护应当坚持统筹协调、科学规划、创新驱动、系统治理"。在法律规定中,长江生态保护和经济发展被统一了起来,二者是发展中保护、保护中发展的关系。其二,立法内容实现了空间与要素的全涵盖。《长江保护法》详细规定了体制机制建设、污染防治、生态修复、数据信息共享、产业布局、文化遗产保护、区域协同等诸多方面,不断实现了空间的全覆盖,也体现了要素的全面整合。比如《长江保护法》第四条规定"国家建立长江流域协调机制,统一指导、统筹协调长江保护工作,审议长江保护重大政策、重大规划,协调跨地区跨部门重大事项,督促检查长江保护重要工作的落实情况"。其三,法律责任的设立上体现了"最严"标准。习近平曾在很多场合这样说道:"像保护眼睛一样保护生态环境,像对待生命一样对待生态环境"[1],这都是说明要从立法上提高生态违法的成本,增强震慑和打击生态违法犯罪的力度。《长江保护法》也很好地体现了这一点,比如第五十三条规定"国务院农业农村主管部门会同国务院有关部门和长江流域省级人民政府加强长江流域禁捕执法工作,严厉查处电鱼、毒鱼、炸鱼等破坏渔业资源和生态环境的捕捞行为"。

(二)严格执法为长江生态治理赋能

法律的生命力在于实施,如果法律只是写在字面上而没有实施,那么法律制定得再完善也没用。在习近平生态法治观的指导下,依据《长江保护法》,沿江省市在严格生态执法、探索跨区域联合执法方面积累了重要经验。一是严格执法,打击违法犯罪。根据公安部披露,仅"长江禁渔"行动以来,"公安机关已侦破非法捕捞类刑事案件3978起,查扣涉案船只1674艘、非法捕捞器具2.8万余套,查获渔获物10.06万千克,长江流域非法捕捞多发频发态势得到遏制"[2]。二是推行法治政府建设,打破壁垒。以往长江生态环境恶化长期得不到有效治理,很大程度上在于地方政府在执法时可能存在的职能、权限、信息、地

①习近平:《习近平谈治国理政》(第二卷),外文出版社2017年版,第395页。
②人民公安报:公安机关为长江经济带高质量发展保驾护航守护[EB/OL].(2020—12—27).
https://www.mps.gov.cn/n2255079/n4242954/n4841045/n4841050/c7594447/content.html.

域等各种壁垒。在习近平总书记的部署推动下,这些壁垒正在被法治的力量所日益清除。还是以"长江禁渔"为例,2020年12月,上海、江苏、安徽、江西、湖北、湖南、重庆、四川、贵州、云南十省市市场监管部门在南京共同签署《"长江禁捕 打非断链"专项行动沿江十省市市场监管执法协作机制》,建立了"线索移送、协办协查、联合办案、执法互认、信息交流、联合宣传"六项机制,为实现长江沿岸地区禁捕退捕工作信息共享、执法互助、高效协作开辟更为宽广的道路。①

(三)公正司法守护长江生态文明的底线

法律实施除了在执法环节得以体现,还必须在司法活动中得以体现。"司法是维护社会公平正义的最后一道防线。公正是司法的灵魂和生命。"②良好生态环境是最普惠的民生福祉,有学者指出环境权既具有个人权利属性,又在整体上属于公益权。③ 所以国家通过司法活动和司法力量保护生态环境、惩治生态违法犯罪,既是在维护个人的基本权利,也是在维护整个社会的公平正义。在习近平生态法治观的指引下,司法部门在长江经济带的生态司法保护方面大有作为,仅以环境公益诉讼和生态环境损害赔偿诉讼为例,"2016年1月至2020年6月,长江流域各级人民法院共依法审理公益诉讼案件4944件、生态环境损害赔偿案件91件"④。

习近平生态法治观打通立法、执法、司法等全部法治环节,其指导意义相应地在长江生态法治的实践中得到了充分的体现。习近平生态法治观为长江经济带的生态法治实践提供的理论指导,反过来,后者的效益产出又为前者的丰富完善不断提供经验支持。可以说,长江经济带生态法治的全部实践是习近平生态法治观的一个具体场景中的实验与测试。

四、微观激活——具体治理技术承载跨区域生态法治

法谚有言"徒法无以自行",从结构功能主义的视角来看,法律、经济、政治、

①沿江十省市建立"长江禁捕"执法协作机制[EB/OL]. 来源:《南京日报》(2020—12—08). http://cjjjd. ndrc. gov. cn/zhongshuochangjiang/ztbd/202012/t20201207_1252347. htm.
②习近平:《习近平谈治国理政》(第二卷),外文出版社2017年版,第131页。
③张震:《作为基本权利的环境权研究》,法律出版社2010年版,第61—69页。
④《执法"两个最严"办案"三效统一"》,人民法院报,2021年5月12日,第2版。

文化(包括道德)在内的子系统都是社会这一大系统的组成部分,既各自发挥功能,又相互作用影响。因此生态法治的最终实现,还需要其他领域的具体技术来支撑和保障。

(一)以运用科学技术为支撑

一方面,必须将科学技术直接用于长江生态治理。习近平指出,"环境治理是系统工程,需要综合运用行政、市场、法治、科技等多种手段"①,长江流域生态环境保护和修复离不开强有力的科技支撑。《长江保护法》第七十五条第三款规定:"国家鼓励和支持长江流域生态环境保护和修复等方面的科学技术研究开发和推广应用。"事实上,媒体也大量报道了长江流域各级政府在长江流域生态环境保护和修复过程中充分运用大数据、云计算、人工智能等现代科技手段,优化整合长江流域各地区生态环境监测、执法、司法等各类信息、数据和网络平台,推进长江保护的数据化、网络化、智能化。另一方面,利用创新驱动淘汰落后产能。习近平认为"要从根本上解决生态环境问题,必须贯彻创新、协调、绿色、开放、共享的发展理念",具体到长江经济带的绿色发展中,就是"既要紧盯经济发展新阶段、科技发展新前沿,毫不动摇把培育发展新动能作为竞争新优势的重要抓手,又要坚定不移把破除旧动能作为增添发展新动能、厚植整体实力的重要内容"②。长江生态治理之难,很大程度上在于长江沿岸的落后产能企业布局太多,污染排放超过了环境承载能力。要减轻长江沿岸的污染排放,源头治理的途径就是利用科学技术和创新驱动实现产能升级转型。

(二)以完善机制体制为推动力量

长江生态除了依靠法治的力量来守护,作为法律之延伸和细化的机制体制也必不可少。习近平 2018 年视察长江经济带时指出,"统分结合、整体联动的工作机制尚不健全,生态环境保护制度尚不完善,市场化、多元化的生态补偿机制建设进展缓慢"。所以破解长江生态治理之困除了要求法治保障外,还要求在法律规定之下有细化的机制体制来承载和推动。在长江生态法治的实践中,

①习近平:《习近平谈治国理政》(第三卷),外文出版社 2020 年版,第 371 页。

②习近平:《在深入推动长江经济带发展座谈会上的讲话》,《人民日报》2018—06—14,第 1 版。

主要是探索三大制度机制:一是长江流域协同治理机制。中共中央于2014年成立推动长江经济带发展领导小组,在顶层设计层面推动了长江经济带全流域、全过程的协同治理。二是利益补偿与共享机制。长江贯穿祖国东西,沿江省市发展不平衡十分突出,所以对自然资源的利用需求和生态保护的力度等方面参差不齐。为了进一步深化跨区域协同治理,就必须建立起利益协调机制,从而实现"生态风险共担、生态利益共享"。其中利益补偿与共享机制是重中之重,有学者提出,"在长江经济带区域产业统一优化与整合的过程中,无法避免地会使得一些省市需要牺牲自身的部分经济利益和环境利益,为此需要构建环境污染与生态补偿机制,对利益受损的省市给予合理的补偿"[①]。2021年4月,财政部、生态环境部、水利部、国家林业和草原局联合发布了《支持长江全流域建立横向生态保护补偿机制的实施方案》,为加快推动长江流域建立完善利益协调机制提供了依据和指导。三是落实领导干部生态文明建设责任制。无论是法治还是生态文明建设,都必须抓住领导干部这个"关键少数"。习近平总书记要求,"对那些不顾生态环境盲目决策、造成严重后果的人,必须追究其责任,而且应该终身追责"[②]。所以在长江生态治理实践中,沿江各级政府都相继明确了河长制、林长制、领导干部生态环境责任审计和终身追究制度,实现了责任具体到人。

(三)以观念转变和生活方式转变为导向

法治的理想状态不是让社会成员机械地遵守国家意志以及建立在这种意志之上的法律条文,而是所有人在内心高度地尊崇法律,信奉法律背后的价值并自觉地遵守法律。所以习近平总书记高度重视通过转变观念来实现生态法治的最高理想,他强调,"要增强全民节约意识、环保意识、生态意识,培育生态道德和行为准则,开展全民绿色行动,动员全社会都以实际行动减少能源资源消耗和污染排放,为生态环境保护作出贡献"[③]。对长江经济带的生态治理而言,转变观念和生活方式包括以下方面:一方面,增强全民守法和生态保护的观

---

①张萍:《冲突与合作:长江经济带跨界生态环境治理的难题与对策》,《湖北社会科学》2018年第9期。

②习近平:《习近平谈治国理政》(第三卷),外文出版社2020年版,第364页。

③习近平:《习近平谈治国理政》(第三卷),外文出版社2020年版,第362页。

念。通过开放参与通道、法律知识科普和教育宣传,让长江沿岸的居民自觉各项法律规定,让保护生态环境的理念深入人心,自觉抵制浪费资源、污染环境、违法捕捞等行为,铸牢全民环保的防线。另一方面,政府要通过海绵城市建设、节约型机关建设、做好垃圾分类回收、发展共享经济、舆论宣传引导等方式,为居民的低碳生活、低碳出行创造基本条件和氛围,实现日常生活方式的绿色革命。

五、结语

习近平生态法治观坚持问题导向,以直面跨区域生态治理之痛作为自己的出场背景,以《长江保护法》的制定与实施实现"共抓大保护",具有深厚的现实关怀。长江经济带的生态法治理论与实践覆盖了立法、执法、司法、守法的全部环节,以科技创新、机制体制完善和思想行为教育为微观承载技术,取得了非常好的治理绩效。出场背景、法治实施、微观技术这三个部分相互支撑、水乳交融,足以证实习近平生态法治观是一个内部自洽、外部开放的生命有机体。对照长江经济带的生态治理实践,习近平生态法治观发挥了方向指示、思想指引、方法指导的作用,具有不可估量的理论价值和经验启示;反过来,长江经济带的生态法治实践又检视了这一理论成果的指导性和真理性。展望未来,我们完全有理由相信,习近平生态法治观及其在长江经济带的实践将为全中国乃至全世界破解跨区域生态治理之困贡献出更多智慧和解决方案。

资料汇编

九江海关十年报告(1882—1891)①

陈晓鸣　　钟凌云②

摘　要:九江作为江西省唯一的通商口岸,是该区域及周边地区的进出口贸易中心。1882—1891 年这十年间各项数据显示九江及其腹地总体情况稳定,社会经济没有太大波动,各类事业处于稳定水平。

关键词:九江;贸易;税收;社会;文化

翻译说明:十年报告(Decennial Report)是中国旧海关史料中较为重要的一部分,属于旧海关史料七大系列③中的统计系列。各通商口岸的海关税务司每隔十年就会对本港口的社会状况撰写一个总论性报告,一共撰写了五期,分别为 1882—1891 年、1892—1901 年、1902—1911 年、1912—1921 年、1922—1931 年,罗列的内容十分广泛,比较全面地反映了该港口及周边地区的基本情况。但是旧海关史料大多都是通商口岸的外国人用英文撰写,只有其中一部分有中文对照,海关十年报告的前四册均为英文,第五册才有中文对照,这给读者研究增加了不少难度。本文主要翻译了 1882—1891 年九江海关十年报告,原文出自《中国旧海关史料》④第 152 册第 205—246 页,这是九江海关十年报告中内容最丰富、记述最详细的一册,内容涉及九江乃至整个江西,涵盖政治经济、文化教育、金融贸易、商业税收、人口变化、交通运输、城市建设、医疗卫生、宗教

---

①江西省社科基金重点项目:近代九江海关资料的整理与研究(编号:20LS01)课题阶段成果。

②陈晓鸣,男,历史学博士,江西师范大学历史文化与旅游学院教授、博士生导师;钟凌云,女,历史学硕士,仙桃市档案馆宣教科科长。

③吴松弟先生认为,旧海关出版物在体例上主要分为七大类,分别是:统计系列(Statistical Series)、特种系列(Special Series)、杂项系列(Miscellaneous Series)、关务系列(Service Series)、官署系列(Office Series)、总署系列(Inspectorate Series)、邮政系列(Postal Series)。

④中国第二历史档案馆、中国海关总署办公厅:茅家琦主编《中国旧海关史料(1859—1948)》,京华出版社 2001 年出版,共 170 册。

信仰、地形地貌、水路航道、水文气候等 26 个方面。

一、主要事件

准确地说,过去的这十年间,江西或九江并没有发生什么特殊事件能影响九江通商口岸地位,无论是作为洋货市场还是在其他方面,都没有受到影响。就政治或商业的重要性而言,在之前就已经被写入了条约,至今仍然有效。不管是进口还是出口,九江市场上交易的货物在种类和数量上都没有发生变化。

英国皇家领事克莱门特·艾伦先生在他 1889 年的报告中写到:

"领事们每年都要对他们所派驻港口的贸易情况做一份报告,他们发现这些报告可分为两类。一类港口整年下来总体上平淡无奇,那早已无人问津的贸易方面实无可言之处,让人无法做出关于未来有任何发展上升的预见性评价。而处于此种境况的领事还必须得任劳任怨,不厌其烦地制作海关报表并稍作评价,比如说'洋布进口量增加多少,茶叶的出口量又减少多少;旺季是高于还是低于平均水平',诸如此类。而另一类其他的港口,它们是很有可能切切实实地提供有用的信息,并进行观察,以证明对中国商人或英国生产商有利。我很遗憾地说,九江贸易报告通常属于第一类。"

克莱门特·艾伦先生对海关领事描述的情况,可能会被那些需要详述此港口贸易情况的人一遍又一遍地写过,即使所记录的时段是十年之久,正如我现在所做的一样,仍有人记载。但这并不能说明九江在贸易方面无足轻重。就税收而言,九江仅次于上海的 680 万海关两和广东的 250 万海关两,1891 年税收超过百万的港口有五个,九江便是其中一个,尽管进口价值达到了 550 万海关两,但并没有增加九江税收;这些税收不包括洋药,因为洋药是在上海缴纳的税。就贸易价值来看,1891 年九江以 1385 万海关两位居第八。

多年来九江一直是本地区国内外进口货物的转口贸易中心,同时也是同类货物的出口销售地,目前这两种贸易都掌握在本地人手中。九江在几年前就达到了它目前所处的地位,虽然其贸易有增长趋势,但并没有出现大幅度波动的倾向;并且,我也无法预见在不久的将来会有什么改变。

"除非九江或其周围地区发生了意料之外的变化,否则没有理由改变这样一种推断:未来的几年税收会有大幅度的变化"。这句话被我作为结论记录在1890 年的贸易报告中,而今在此我再将它重述一遍。对这个问题的猜测是徒劳无功的,我必须承认,目前的报告既没有说明新行业的出现,也没有指明现有贸易的改善迹象。如果我能直接了解到当地商家的盈利和亏损情况,那也只能说明这只有少数人知道的信息因为不慎重而泄露了。

1869年,税务司杜德维先生在贸易报告中的某处写道:

"鄱阳湖缺乏蒸汽船——迄今为止,像进出口贸易数额和税收指标,九江已经达到了(全国港口的)平均水平。从西方进口货物的商人、航运商、本地经销商(如前所述),以及税收机构,都没有权利抱怨与预期相悖的失望。但当我们这样说的时候,我们已经总概了全部。也许可以达到比现状更进一步的繁荣,可能会在某些条件的改变下可以达到;但是这种改变必须是根本上的质变。我们与出口、消费地区的往来需要改善 *。相较于其他港口,目前九江劳动力处于劣势地位,这种情况是九江所特有的:从国外直接进口土货和洋货直接出口到国外,均受到了异常程度的限制。九江极度缺乏陆路交通条件,货物的进出流通只能通过水运。要是在其他的地方,这会是一个极为有利的天然优势,但在这儿却成了一种不幸。鄱阳湖波涛汹涌十分危险,穿越湖面必须使用原始而缓慢的帆船,完全不适于此种险境;所以,当风向不利时,它们便无法航行,并且不需要强风就足以将它们赶进港口避难,或将它们冲散在沿岸的残骸中。这里的狂风暴雨频繁,但未必都十分猛烈,犹如贝壳般饱受折磨的船只三三两两地被猛冲上沙滩,或沉入租界面前的江水里,这样的情况并不少见。这造成的后果是,两地间货物的运输本应只要一天时间的路程,却犹如从纽约到旧金山那么遥远。用船运输像茶叶这样珍贵的货物,有时会在大沽塘停留十多天甚至更久,等到风向变好了,再行驶27英里抵达九江:如果最终它们能够顺利到达,那当然好;如果它们到达湖口而风向变得不利时,它们得掉头驶回大姑塘再次等待有利的风势。在六月的一个愉快的日子里,我去了南康府,然而令人不快的是湖面的阵阵风吹,要想雇一只船尝试着渡过鄱阳湖,不论是大船还是小船,这都是不可能的。这儿的一位熟人跟我讲述了他在十二月初从南昌出发回老家安庆过年的经历:这段路程他用了30多天的时间,而这样的距离在欧洲只需一个晚上就能到达。更不用说比这更远的距离了。通过陆路运输布匹不仅慢并且还有许多不确定的因素,往往需要四五天才能到,而轮船只要一天的时间并且价格便宜。其他的大宗货物，铅、海菜、墨鱼等，不得不通过船只运输，并且必须克服气候所带来的重重阻碍。"

"这已表明，鄱阳湖引进蒸汽船可以为消费者降低进口货物的成本，同时还将会扩大销售市场的范围。同样可以肯定的是，这将有利于茶叶从各个河流经鄱阳湖运往上海。金银财富等资本将会安全地送达茶区，不分昼夜的水上抢劫将会终结。与现在相比，更多数量的绿茶会通过水陆运来；从本省的税收机构的角度考虑，进口商品消费的增长会大大增加厘金税。"

"上述提出的种种措施几乎都是有利于中国人，所以应该由中国人成立一个公司，专门负责鄱阳湖上轮船的航运；罗坪的矿山出产煤炭，并且由中国商人来打理此项贸易。但是对于地方政府而言，引进蒸汽船，表面上它们是对外国人有利，但是，事实并非如此。对于外国人来说，九江的优势必须是源源不断的，就像现在这样，他们独自享有往来贸易的份额，而且依靠该优势，尽量突破目前仅仅是输出布匹的局限。坦白来讲，我承认我看不出有什么能够重振九江，也没见到附近地区的其他任何港口能取代九江，租界和以往一样住满了外国侨民。条约中关于子口税单和厘金税的误解，无疑会对贸易造成不利的影响；但是，与那些更为自然、简单的原因所带来的影响相比，这些根本不足以迫使外国商人离开。"

"尽管一些人认为开放鄱阳湖、使用蒸汽船不失为使经济繁荣复苏的一种方法，但是这一方案对于当地外国人利益的影响远不如对上海的原始进口商、本地的中国商人和无数的江西人民的利益影响大。本埠开放之初，鄱阳湖区的半数商业都已被太平天国踩躏，相较而言，如今使用蒸汽船会对本地商船的损害更少；这一方案中国人每推迟一天落实，那么它在实施过程中所造成的影响就会越大。"

"人们通常不会想到，地方当局从本地民船的船钞税中获得了可观的收入。九江在大姑塘设有分关，这是帝国的常关和现在的海关所在地；并且其收入逐年增长已达到 26 万海关两，这几乎有一半是来自船钞，船只每航行一次便要交一次税。总督每年都要定期上交税收，税款出现空缺时就要自掏腰包来弥补，自然地，总督就会反对任何变革，比如在鄱阳湖上使用小型蒸汽船通航的改革，因为这样一来必然会削减税收。因此,他对该措施的预期效果不会听取片刻。在他考虑是否要支持鄱阳湖投入蒸汽船之前,有必要由北京颁布法令,减少当地常关的配额,或者用一个新的税收计划来取代。另外,从任何方向来的货物经过"湖口"的时候,都要征收一项特殊的厘金税,一般是2分,有时候是3分,这是为了给驻防这一片水域的炮舰提供补给;按规定,从鄱阳湖的一端到另一端,所有来自不同地方的货物要收取10分的厘金税。在开放鄱阳湖的任何一套方案中,补偿厘金税减少的损失是必不可少的一条,否则,本省从上到下的各级军政官员会利用其权力和影响力聚集起来联合反对此方案。我想,提出一个能让双方满意的方案并不难。"

"支持大姑塘开放,这比开放湖口或其他地方更为可取。大姑塘位于湖口以上7英里,大姑塘的开放可作为初步引进蒸汽船的过渡阶段。大姑塘到九江的陆路只有13英里,并且,对于那些出于商业需要、乐于来回两地穿梭或两地轮换居住的外国人来说,这并不会产生很高的旅途费用。也许一两年后贸易就会转移到那里(大姑塘)。九江开埠的目的是为了控制鄱阳湖流域的贸易往来。如果当时开放的是吴城而不是这个地方(九江);那么对外贸易就会分散于各个旧航道,那么许多进口商品的货流量也许会比现在更高,国外船只也许早就将货物直接运到了汉口,并且在土货的运输贸易中或许会享有更大的份额。但是蒸汽船无法到达吴城;即使这不是问题所在,吴城还存在其他的不足,因为它不是瓷器市场,并且绿茶运输也不经过此地。另一方面,九江的劣势也同样不少。大部分瓷器运往帝国各处,但是这个大型的瓷器贸易中心并不靠近九江,正如已说明的那样,这种情况与从吴城运来的纸张是一样的。茶船也是如此,为了与外国蒸汽船交接,茶船在穿过鄱阳湖后抵达大姑塘,并在那里等待有利的风向,然后前往湖口,再逆水而上费力地航行17英里达到九江。在这些举足轻重的土货经销商眼中,九江的地位仅仅是他们运输路线之外的一个登陆点,如果有任何货物要通过轮船运到九江下游的港口,哪怕他们希望快点赶到,但还是要将货物先送到九江。这就好像所有从上海出口的货物都必须用民船运到吴淞上游17英里的长江南岸某处,然后再在那里装船;并且所有的进口货物,例如来自香港的货物,也都必须在同样的地方登岸停靠,然后再运往上海。从各方面来看,如果这一港口必须设在长江上,那么对江西而言九江是最好的口岸,但对周围地区来说却并非如此。上海航运界已经意识到把九江作为鄱阳流域运输贸易的龙头所带来的不便,众所周知,坎宁安先生在一年前曾在梅德赫斯特领事的葬礼上致辞,建议用湖口取代九江。他说,茶船一出鄱阳湖就很难到达九江,在途中还会面临危险,但在湖口的话,就可以避免茶船长期滞留的问题,并且那儿有蒸汽船,茶叶可以立马装船。毫无疑问,往九江的那一段额外的航行是极其不便的,需要采取一些有效的措施来防止这种情况的发生;但是,如果坎宁安先生提出的建议能够得到实施的话,那么九江将会失去茶叶港的地位,并且在此居住的外国侨民的利益也会受到损害。"

"英国商人公开回复了这一致辞,大意是说船只不会滞留在湖口,同样也不会滞留在湖口到九江之间;上海商会代表支持这种说法,并报告说,船只停留的地方是鄱阳湖的大姑塘,距离湖口七英里,湖口无法为民船提供停泊点,因此如果能避免的话,这些民船绝不会在湖口停泊。而毫无疑问,这是铁铮铮的事实。我已经阐释过,从大姑塘出发的船,如果它们不能立即通过湖口,它们还得返回大姑塘停泊,这又是一条事实说明湖口不适合作为停泊点。在明朝和清初,鄱阳湖上的常关经常变化,有时候设在湖口,有时候又在别的地方;但是到了康熙统治的末期,常关又设在湖口,并且扩建了湖口附近的一个半天然港口,船只可以在那里停泊。然而,在短短几年之内,这一港口就淤积严重,出现浅滩,最终湖口被遗弃,海关又转移到大姑塘,至今如此。"

"在我看来,大姑塘比九江、湖口和吴城都更具有优势,并且也没有那三个地方所存在的劣势。不可否认,大姑塘具备一个极好的港湾,而且空间大到足以容纳所有的民船;长江的轮船只需航行 7 英里驶入鄱阳湖内,便可以在大姑塘与这些帆船会合,同时避免了茶叶在运往九江途中经常发生的耽搁。这里的水足够深,测量显示,如果水位能使轮船到达九江,那也同样能航行到大姑塘。大姑塘的地理位置与湖口一样,十分便于掌控鄱阳湖的进出口,来来往往的民船都得从这里经过;大姑塘比吴城和饶州要好得多,即使这两个地方的交通也很方便,前者无法收取绿茶和瓷器的税收,后者无法收取红茶和纸张的税收。这样的话,绿茶数量和其他货物运输量的增长,也许可以弥补蒸汽船航行路程增加所带来的损失。在当地官员看来根本就没有理由反对大姑塘开放,因为船钞没有受到任何影响,并且湖口的厘金仅仅损失了 2%。现在外国商人(侨民)同样也有机会接触到茶叶并且出价竞购,但如果只开放湖口,那么他们就会失去这样的机会。大姑塘的开放,缩短了本地民船的航程,这对洋织品的进口起很大的推动作用。小型轮船在鄱阳湖上航行往来的那天即便到来,他们是否更愿意选在大姑塘停靠而不是九江,这也是一个问题;前者是鄱阳湖的天然港湾,后者却是人迹罕至。"

"由外国人掌控的贸易——九江贸易,于 1861 年春天开埠。1863年,10 家英国公司和 3 家美国公司在九江设立了分部,另外,其中三家是英国本土的公司。1866 年,九江有 7 个香港和上海公司的代表,以及 3 个代理商。1870 年 1 月,香港和上海公司在九江有 3 个代理商,还有一家英国本土公司;1869 年,2 家贸易公司倒闭。现在,租界沿岸码头分布的 10 所房子中有 3 所是空着的,剩下的 7 所中,有 3 所由官员居住,1 所由常驻医生居住。在租界码头的后方,有一座教堂(现已关闭),一所由中国人掌管的洋行,传教士一家的住宅,海关之外的职员住处,我们部门所租下的一栋大楼。外国社区一共有 40 人,其中只有 8 个人从事商业活动,几年前租界住满了人,以至留在九江的外国人不得不在郊区寻找住所。"

在柯柏希先生在 1876 年的报告中,他描绘了九江过去的情形,以及将来的发展情况,他这样写道:

"九江没有市场——这里仅有两个买家,大部分茶叶都流向了汉口和上海的市场;除非有足够的茶叶官员同意在前往汉口的途中要在九江停靠,这样才能打开九江的市场,并且还要从这里购买大量的货物直接装船运往欧洲,否则九江是不大可能成为一个重要市场。然而,茶叶运往上游市场和上海地区的运输设施非常完善,茶季开放后竞争相当激烈,以至于经销商们几乎都不会在九江寻求茶叶报价。"

"湖口,鄱阳湖的出口要塞,现在已经成了轮船停靠的港口,这可能对本地人和外国居民的利益造成非常严重的损失,并进一步削弱当地的商业活动,如果利用特权,将航运业务从九江转移到湖口,从而使这里所有有价值的建筑和仓库都变得毫无用处。实际上,这对九江的商业利益是致命的打击;并且,反对开放湖口的争论也很多,在这一点上,很难看出允许货物在湖口装卸是否明智,如果能证明开放湖口对所有相关人士都如此不利的话,那几乎没有人会支持。不可否认,从地理的角度来讲,湖口扼守鄱阳湖的出口,也是本省的咽喉,本应是通商口岸的最佳选址;但是由于各种原因,最后选择了九江,商人们已经在这个地方投入了大量的资金,所以集中发展九江的经济,并使其成为商业中心乃是明智之举,而不是再打开一个水龙头让资本白白流走,那样会严重损害当地居民的利益,茶商也不会获得任何实质性的收益。然而,九江的危机似乎来自湖口的开放,尽管相距只有几英里,毕竟,这很可能是一场毫无根据的担忧,因为当地资本家们得承担货船在湖上航行的基础设施费用,这有悖于他们的利益。对经销商来说,时间并不重要(这指的是茶船在前往九江时,因为鄱阳湖的风浪导致的耽搁滞留,所以这才产生开放湖口的想法),并且,商人们和轮船航运公司已经花了高昂的代价建好了九江的基础设施,他们不可能会大费周章,再花一大笔钱来建设湖口的运输设施,他们只要能保证货物在运输中不多费一分一毫的开销,安然无恙地抵达九江就行。"

柯柏希先生对开放湖口的担忧和疑虑,其实也是大多数人的担忧和疑虑,江西省地理上最合适的港口已经关闭,而九江作为一个转口贸易中心一直保持着重要地位。

唯有往返九江的货物开辟陆路运输,才有可能会带来改变,这一改变可能带来经济上升,也可能使经济下降。正如柯柏希先生在1867年报告中所写的那样,九江的两家茶叶收购公司发现,在汉口进行主要的茶叶贸易最为有利;但是,如果不是存在利益冲突,我敢肯定地说,仍在这里维持运营的两家公司,它们中的任何一家都希望不久的将来能一起抛弃这个地方!虽然这并不会影响本地的税收和贸易价值,但是,在欧洲人来看,这会削弱九江作为外贸中心的重要地位,并会对九江的外国产业造成最后的致命一击。

尽管九江的地位不可能发生任何重大的改变(对此我反复声明过,这是那些观察地方贸易的专员得出的自然结论),如果有人能打赌作这样一个前提:中国可能完全开放对外贸易,那么即便是在遥远的将来,保持欧洲人在当地微弱的政治经济地位,对外国利益而言显然是非常重要的。一个已经存在的中心会自然而然地会占据主导地位。尽管如此,我们还是不能指望这一小群体会为了他们的后代着想而继续坚持保住这主导地位,除非他们自己的利益或多或少地受到了牵连。

杜德维先生和柯柏希先生关于九江市场的记载仍然具有参考价值。但是不改变九江仅作为一个装卸码头的现状,九江仅需开辟一条陆路就可以获得大姑塘的优势,这在上述杜德维先生的报告在选段中已经说得非常清楚,无论这条路有没有轨道电车,在欧洲人的概念里,只要它能起到路上快速运输的作用就行。这几乎不存在困难和阻力,为了九江的利益着想,我不建议其他的方案。开辟这样一条路并不一定会对本地的民船运输造成损失,而仅仅是让另一类人加入到运输贸易。陆运的额外开支将由水运路程的减少而抵消,对于后者而言,航运过程中的利益损失,将由增加航行次数来弥补。轮船不用离开长江主航道,而这正是在大姑塘所需要的;但是,通过鄱阳湖抵达九江的货物比现在更方便,并且基础设施更为完善,这对货运商和轮船公司来说都具有不可估量的优势。

日前,茶季会频繁地出现轮船滞留的情况,不会按照规定的时间出发按期抵达汉口,这是为了确保茶船货物的安全,有时候会在九江下游滞留,然后借助一阵风达到目的地。否则第二天按时运输的轮船就会减少,然后也因由于同样的因素耽搁滞留。

我认为德尚先生 1867 年的报告非常有趣,并在此引用:

"很显然,中国对欧洲人开放的通商口岸,仅仅是这个庞大帝国巨大贸易的转口港,每一个口岸的重要性都完全取决于出口贸易数量的多少和腹地生产范围的大小。从同样的角度来看,我们必须得说,自 1865 年以来九江的进口贸易一直在增长,但在我们看来其进口贸易似乎注定不会占很大的比例,因为它的腹地范围仅限于江西省和安徽省的一小部分。九江的内地市场减少到只有南昌府、吴城、安庆和大通,前两个隶属于江西省,后两个在安徽省。江西的大部分河流都是发源于本省,这些河流沿着跌宕曲折的路线向北汇聚,最终形成鄱阳湖这样一个巨大的水库,毫不夸张的说,鄱阳湖可以被称为江西的心脏,它接纳着千万条河流溪水,就像一个巨形网络,运载着这里的人们和货物到本省的各个角落。然而,尽管如此完美的格局使本省的交通往来更加多样化,但是从另一方面来看,这使江西与相邻的省份隔离起来,当然,除安徽和湖南(汉口的支流),这些省份都有通商口岸。"

"毫无疑问,这将是一项十分有趣的调查,它能够使我们了解商业活动中欧洲人和中国人分别占有的份额。由于缺乏精确的数据,这次调查只能无疾而终。如果我们相信目前的各种报告所言,那么就进口而言,欧洲人和中国对手的竞争中,他们远远没有占据优势地位。而后者只经营纯粹的土货的进口贸易。另一方面,上海允许周围地区的中国人去那儿采购面巾纸、洋药以及那个巨大市场上其他的欧洲商品。他们甚至都不用出远门,就可以通过中介购买货物;中介是由几家公司共同出资的,并且它们如兄弟手足般地共同承担所面临的风险。因此,不难想象,面对这样的机构,即便赔上所有的利润,欧洲公司几乎没有可能脱手它们所托运的货物。这些公司建在九江主要是为了经营茶叶,但他们几乎完全被剥夺了交易业务,由于没有银行,资金运转困难重重,而这一处境还会继续加重。"

"出口货物中,除了经营茶叶,欧洲人几乎没有涉及其他商品;此外,还必须承认,他们在 1867 年的贸易中所占的份额远没有达到主导地位。根据可靠的信息来源,我们有理由认为,上一年欧洲公司所购买的茶叶数量不超过茶叶出口总量的 11％～12％,其中大部分的茶叶都由中国人直接运往了上海。这一事实也在后者(中国人)所拥有的完善设施中得以体现,这些设施由轮船代理提供,他们开拓长江发展航运业务,介入海关税收,在上海建立货物仓库等。这样的考虑分析,十分具有条理,本地出口商直接将茶叶运往上海,那里买家云集,可以获得更为准确的有关欧洲的信息,对他们来说有足够的优势,这无疑对九江作为销售市场的衰落有着相当大的影响。"

"如果我们追溯之前统计的数据,我们就会发现,九江的贸易仅在1866 年和 1867 年就产生了显著的差异,后一年损失超过了 200 万海关两。这种结果的出现至少在某种程度上证实了某些抱怨者的预测,面对欧洲贸易向大型港口集中的趋势,他们宣称外港的唯一前景就是作为欧洲人航行的临时停靠地,毫无疑问这种结果不仅对贸易不利,而且还会损害文明化进程,中国的真正朋友应该希望看到这种文明通过欧洲人的传播在帝国的更多的地方扎根。我们坚定地希望,在过去几年里那些未能使他们成功的有利条件的帮助下,欧洲商人充分发挥他们能力,将会成功地在二级口岸中重获他们应有的影响力,准确来说也就是九江。"

关于欧洲公司的商业,德尚先生早就预见了九江的情势,他与我一样都希望外国代理不会被抛弃。目前这儿有三家外国轮船代理商,其中一家由两个英国茶商中的一个在经营管理,这两家英国茶商和两家俄国砖茶生产商共同组成了九江的欧洲贸易团体。

二、贸易

过去的这十年,贸易、供给、需求渠道都没有任何变化,货物的普遍价值也没有变化,只有正常范围的波动,但洋药除外。1882 年平均每箱洋药价值 550两,现在是 500 两,算上缴纳的税厘,相当于下跌了 120 两,过去缴纳的税厘是37 两,而现在是 110 两。

1891 年本埠首次生产了小京砖茶并出口,出口数量达到 3700 担,价值41000 海关两。记载显示,1891 年茶叶达到有史以来的最高价。

一位经验丰富的茶商与我观点一致,认为茶叶数量已经远远超过其他大多数主要产品,不应该作为一种毫无限制的投机商品,他这样写道:

"占茶叶比例最大的中等茶,遭受了严重的损失;当然,这是由于印度茶和锡兰茶已经成了英国市场的主要茶叶。最好的上等茶叶没有受到影响,因为它们是一种精美的商品,价格昂贵,而且供应有限。这十年来,上等茶叶的价格仍然和以前一样,几乎没什么变化,而中等茶叶的价格却出现了惊人的下跌——15 年前是 30 两,现在下跌到 19～20 两,然后又继续下滑到 14～15 两。"

九江的英国领事斯科特先生在 1879 年的贸易报告中写道:

"这一事实不可否认,九江的贸易逐年渐渐落入中国人手中;这是很明显的事实,从多方面的观点来判断,其原因是模糊不定的。本地商人是站在自己的土地上,是主人;但这片土地对洋人而言是外人,他们除了相信激烈的无休止的竞争外,别无他物。"

多年过去了,尽管斯科特先生曾说其原因是模糊不清,但在我看来,他似乎已经清晰地说明了原因,并且这些原因一直产生着相同影响。另外,外国茶叶公司的花销和利润,以及其他的一些原因:商人们没有把中国茶叶市场和印度茶叶市场作比较,这些都是茶叶销售价格难以下降的原因。另一位经验丰富的商人写信给我：

"中国茶行业一点都不团结，现在中国人得迅速采取行动做点什么，外国人同样亦是如此。锡兰的茶叶种植者已经成立了一个茶叶组织，帮助他们把茶叶推广到全球的每个角落，并且不惜一切代价来实现他们的目标。"

多年后，这证实了斯科特先生的说法，我认为既然中国商人已经意识到了他们的贸易由于"无限制的竞争"而处于危险之中，那么他们越早组织起来越好。在我看来，他们如何与中国本土茶叶种植者联合起来是一个难题。他们或许会和本土茶商采取合作，但在我看来，茶叶种植者和外国人之间存在着不可逾越的鸿沟。然后可能会出现这样的问题：利益双方哪一方会更强大？在生存斗争中挣扎的本土贸易者是否握有更好的生存机会？我的朋友（上文提到的那位经验丰富的商人）在信里继续写道：

"中国盛行的传统的茶叶加工方式使它们过分依赖于天气状况，如果茶叶是在干燥的良好的仓库里加工制成，就可以避免更多的焦油味，而不是据我所了解的，像现在这样在露天的场子上加工处理。"（或者说在空旷的室外也是正确的）"茶叶上所附带的焦油味是使用劣质木炭所造成，使用木炭可能会导致小规模的经济损失，但是却损害了茶叶的味道，造成了不可估量的银两损失。"

在我看来，这无疑是对当地情况的一个非常恰当的描述；但是，指出暴露的问题远比提出实际的补救办法要容易得多。"建造完善的仓库！"考虑到如此庞大的一笔的开销，如何才能使茶叶种植者放弃原有的经营了多年的生产方式，并且这种方式能让他们卖出好价格，同时也极大地增加了土地的价值；仅仅是开辟一条一英里的便捷马路，似乎都是一个提出来就会冷场的话题？谁又会愿意充当茶叶种植者与消费者之间的中介，冒险投资建设一个无人花钱租赁的仓库呢？

这并不是很多年前的事：在法国的葡萄酒产区，小规模的种植者放弃原来简陋的压榨方式，转而支持大众化的压榨加工系统。对于那些懂得利用好道路并知道时间价值的人来说，结果显而易见。仓库的使用是否能被接受？他们要建在哪里？如何引进并如何管理？我相信，如果种植者被说服，他们的茶叶也会因此卖得更好，无论茶叶的质量是否改善，只有他们自愿突破发展的情况下，或者充分利用这些优势，如此这项计划才能成功。即使是后者这种情况，他们还必须得克服对新方法机制的根深蒂固的不信任感。

虽然中国一直都有行会，在我看来，上述计划中涉及的改革，就像纯粹为了发展商业而修建铁路和公路一样遥远，而印度产品的成功很大程度上归功于铁路和公路的修建。我必须得说，相比外国人口头上的劝说，我更相信国外成功实例的效力。我担心，"劣质木炭"几乎代表了我们使用的和可能使用的大部分木炭的质量了。

总之，我深信不疑，一旦中国人确信如果他们的茶叶比印度或其他国家的茶叶更劣质，继而卖不出去的话，那么他们就能像在外国市场体系下生产的茶叶那样，把优质的、包装精美、价格实惠的茶叶推售到市场。但是，除了某些特别喜爱茶叶的以外，我们必须得承认，茶叶有着巨大的需求是因为它是一种廉价的饮料，而不是它的滋补作用和味道芳香。多年来茶叶的持续高价远超出了合理的预期时间，因为茶园一旦投入更为有效的生产设施，就很容易满足任何数量的茶叶需求，毕竟，茶叶是一种普通的大众产品，与红酒比起来风险更小，成本更低。

如果一些具有进取精神的本地茶商能采纳给我写信的那位朋友的观点，着手茶厂建造，改善加工方式，如果这种创新所带来的利润能令茶叶种植者满意，他们就会纷纷效仿。然而，我认为这些茶叶种植者还没有意识到迫在眉睫的危险处境；多年来他们成功地卖出了他们所生产的茶叶，偶尔某年贸易糟糕，亏损严重，他们就会解释成是一些无法控制的因素造成的。我对这种降低出口正税、牺牲税收为代价的权宜之计深感怀疑。这不但不能达到令人满意的预期结果，可能还会使茶叶种植者产生一种虚假的安全感，因为短期内他们发现不用做任何努力，贸易就会有好转。

另一方面，如果可以提议的货仓有更合适的选择情况，我会赞成政府拿出年收入的一部分用来建造仓库以供公众使用，从而确保了必要的改进提高，同时又没有取消这项自然的重要的税收来源；因为我认为，这种主要产品（茶叶）容易生产且占据着如此庞大的市场，对其征税是合乎情理的。以前，外国人必须亲自来到中国支付现金购买中国产品，但是这样一个时代似乎快要到来了：外国人不再需要来中国购买，这些产品会自寻出路销往国外市场。那么生产者和消费者之间的一个重要中介，即在中国的外国茶商，就会被淘汰，他们惯于投机买卖，目前这已扩大并加剧了本土商人的投机赌博倾向。因此，我认为这仅仅只是一个推断：受到威胁的并不是茶叶贸易本身，而是外国茶商；我认为这是中国人和帝国税收局很少关注的问题。

与上一个十年相比,回顾这十年,九江的茶叶出口数量如下:

类别	1872—1881		1882—1891	
	数量(担)	价值(海关两)	数量(担)	价值(海关两)
红茶	1775849	56413061	2012824	45280581
绿茶	563558	20408832	412930	9183679
砖茶	86128	664512	259268	1894158

1872—1881 年的年平均税收为 590019 海关两;1882—1891 年的年平均税收为 621994 海关两。

根据上述统计的数字可以估计轮船的运载量,在相同的状况下,尽管还有印度方面的竞争,每年的某个时候都有轮船到来。茶叶贸易中通过高风险投机(更不用说赌博)而暴富的时期恐怕就要结束了,茶叶的地位会下降成普通的实用的商品,那样的话预期的利润就会更少但更安全更稳定;虽然全世界茶叶的产量迫使价格标准降低,但是中国会仍然有稳定的实质性的贸易前景。

九江的另一个重要的出口商品是纸张,这十年的出口数量是上一期十年的两倍。本期这十年的出口数量波动很小,数据如下:

年份	细纸(担)	粗纸(担)
1882	25748	91775
1883	29111	93998
1884	19002	106853
1885	28005	114482
1886	25531	103106
1887	26369	74794
1888	30072	91677
1889	21230	72071
1890	23283	95990
1891	27494	90900
总计	255845	935646

因此,1882—1891 年间细纸和粗纸的出口总量达到了 1191491 担,价值

5061170 海关两；而在 1872—1881 年间的出口总量为 693469 担，价值为 3428563 海关两。

瓷器对江西省的重要性远胜过九江。杜德维先生 1869 年的报告（上文已经引用过）有一段非常有趣的关于瓷器的记载：

"按照当地的说法，瓷器是江西的珍品。景德镇的瓷器与二十年前相比，也就是太平天国运动之前，我无法提供有关目前瓷器现状的详细信息。九江开埠以来，那些参观游览过景德镇的少数人们几乎不会公布有关瓷器的信息。莫里森博士引用当地瓷器生产的历史，说那儿有 200 到 300 个瓷窑和几十万制瓷工人；斯汤顿说有 3000 个瓷窑；而古伯察说有 500 个瓷窑和超过百万的制瓷工人。如果说这些过于夸张的猜测有什么区别的话，那么在中国人的口述中，道光年间的瓷窑大概有 270 到 290 个，这与莫里森博士的说法一致。在缺乏当地历史记录的情况下，要收集太平军在景德镇的所作所为的可靠记载绝非易事，尤其是 1858 年他们来到景德镇后的这几年。他们满怀侵略而来，尽兴而归，大肆地破坏瓷窑，烧毁房屋，遣散工人回乡，这些都是本省的工人，主要来自抚州和都昌。从 Chung-wang 的自传，以及威尔逊先生有关太平天国运动的书中，我们可以知道，1861 年太平军在景德镇取得了胜利，但不久之后又在乐平遭遇惨败。当景德镇从太平军的蹂躏中恢复过来时，只有 20 到 30 窑（瓷窑）还在运作。至于目前瓷窑的数量，有关说法与实际情况大致相吻合，细瓷有 60 窑，平均每窑有 500 个工人，粗瓷有 50 窑，平均每窑有 200～300 个工人。如今景德镇的状况与道光时期相比，可见太平军给瓷器行业造成了多么灾难性的影响。但是，与我一年前所说的话相反，我认为瓷器产业并没有日渐衰落，尽管这里并没有出现任何重要的增长迹象。目前，所有制瓷工人的总数大概有 15 万。

"……过去的三年里，九江运输出口货物的外国轮船仅仅只到达了上海，根本不会面向镇江、汉口和宁波；从九江运到上海的瓷器也不会转往宁波。在运输上，至少有三个原因可以说明为什么优先选择本地民船明显超过了外国船只。饶州位于景德镇所在河流的河口，海关欲将饶州作为民船与轮船转运的港口和四面八方的货物集散地；有时候也并不需要换船，因为水深足以使大型轮船到达景德镇。瓷器易碎,换船转运的次数越少越好;如果瓷器运到九江装船,那么又得进行一次装卸,这其中很容易出现破损,瓷器易碎且包装普通,经不起这样快速且不分轻重地搬运到甲板上。此外,还得对细瓷和粗瓷进行分类,以便缴纳关税;这就需要对瓷器进行更多的搬动处理,而且关税也很高。仅就货运而言,本地船只和外国船只之间几乎没有可选择的余地;但是常关的税务机构就很随意,他们不会对瓷器进行分类,而是根据商人提供的数量和价值来收税。厘金税按每捆来征收,货物不需要称重。据说缴纳的税收,平均(每捆)要150文,但这必然会存在很大的差异。船只在本省所要缴纳10%的税款,在离开饶州前要全部付清,然后在饶州征收2%。在湖口还要另外缴纳2%给海军。而且,除此之外,在景德镇还要向商会交费。现在瓷器从饶州运往浙江和宁波,都是沿着信江而上,然后翻过玉山关隘,根本就不经过湖口;运往广州,是从内地走的;运往汉口,是本地民船经长江运达——这些地方没有一处使用的是轮船运输。值得怀疑的是,外国人的底价能否在瓷器贸易中获得更多的运输量?为了帮助外国轮船与本地船只竞争,鄱阳湖的某些地方对长江轮船的开放将有助于这种竞争。在某种情况下,这可能省掉了一次换船转运。当然,增加长江沿岸的临时停靠地也会有助于轮船运输。但是本地民船仍然存在优势,海关几乎不会为难他们的货船,而且厘金有不断减少的趋势,甚至最终废除,顺便说一下,现在厘金税比以前低了三分。"

"厦门粗瓷所征收的关税与九江细瓷征收的关税大致一样。显然,要么是九江的细瓷征收关税太高,要么就是厦门的粗瓷关税太低。据所有的本地商人所言,按外国人的关税标准下,对瓷器征收高额的税,这在很大的程度上使他们失去了利用外国轮船的优势。七年的经验表明,(每担)9海关两是对细瓷(税额)的正确估值,或者,如果这个估值不对的话,那就太高了。如果按5%来征税,那就是0.45海关两;而实际上的征税是这的两倍,也就是0.9海关两;并且,由于瓷器主要是在沿岸运输,因而正税又增加了1.35海关两,也就是价值的15%。另一方面,广州和其他南方口岸的细瓷,每担价值超过了20两,这里的正税为0.9海关两,不到5%。"

"至于粗瓷,价值3海关两需缴纳正税0.45海关两——这个税额,在广州是价值 14 海关两的粗瓷所缴纳的税,在厦门是价值 8 海关两的粗瓷所缴纳的税。本地的税收是达到了瓷器价值的 15%,这还不包括子口半税,全部加在一起则达到 20%。如果能调整这些不一致的税收,将会对本地商人非常有利;并且值得考虑的是,是否能对所有的瓷器统一征税,而不是区分瓷器质量的好坏。"

杜德维先生的建议是为了推动细瓷和粗瓷在税收上的均等化,除了他指出的有利的那一方面的优势外,我认为,这还可以避免细瓷和粗瓷在区分过程中的困难和不公。我一直觉得,细瓷和粗瓷之间很难准确地划清界线。无论如何,最差的细瓷与最好的粗瓷相比,前者比后者不见得能好到哪里去,但是它们之间的税收差异,每担分别为 0.45 海关两和 0.9 海关两,即相差一半;一段时间以来,我希望关税等级分类更多的是基于这一商品的用途而不是质量。例如,所有的奢侈品都应该征收高税额,这不会对穷人造成任何影响,而所有的日常用品应该适当的征税。最明显的反对意见认为,这些条件会刺激生产,例如制造出非常精致的饭碗,以此来逃避奢侈品的税收,对此,我认为这并没有什么不好的,这会鼓励生产商把本地这一如此重要的商品做得更加艺术化、更为精致细腻,而且让穷人拥有这样物美价廉的商品也并无害处。

日本最吸引人的地方之一是他们最普通的日常家用器皿都是装饰精美,比如簸箕等等;并且那些每天都在大自然或者艺术中受到美好事物熏陶的人,他们更容易激发自己的艺术感,甚至以此来谋生。这种观点在当下特别地盛行,主要体现在欧洲和美国的精致的绘画作品中,同时也体现在儿童的娱乐和教学中。

在外国市场上,日本的粗制陶器使中国的瓷器黯然失色;然而,我对这两种陶器的体验,从行家的角度来说的话,我会更喜欢中国瓷器,要是它能够在外表上再适当的精修一下那就会更好了。中国工匠无论在原材料、形状还是设计方面都应该有足够的优势与日本的产品竞争,那些虽时髦好看但又过于传统、质地不精湛的日本手工艺品。日本器皿上所有的树枝图案,他们会直接把树枝放到器皿上印出一个图案来,而不是真的去画一枝树枝,这样的图案自有其吸引力。但是,中国人制作的那种精湛的、朴素的、古典的图案装饰也受到许多人的喜爱,并且从长远来看,似乎都不太可能会失去人们的青睐。比起那有无云彩的永恒的富士山形象,我更喜欢中国人设计的那种经典的具有意象的山峦轮廓。

至于坚固性,没有什么能比得上中国瓷器。在最近几年,釉料的使用有很大的改善提升,我想这可能是由于原有的单色价格过高,如果没有严格的公平性,制造商们希望用仿制品来测验这些所谓的鉴赏家的眼光。这些自称为鉴赏家的人,大多都是到中国匆匆一访的外国人,而且,从他们的文章中可以看出,他们似乎认为自己才是这个国家的发现者,他们发掘这个国家的人情、风俗和土产品,并且他们的发现于全世界来说完全是新鲜事物。对于落后守旧的中国居民来说,他们(这些外国人)就像奇迹般存在着,他们要么洞察力不够敏锐,要么就是不相信他们长期积累的经验能让自己有足够的底气来描述这一古老复杂的民族,他们总是保持沉默。

　　"康熙绿釉"已被仿制得炉火纯青,如果这些制造商能够再稍加注意形状和一些小细节的精修,那么在材质、形状和色彩方面他们可以远超过去的工艺品。不幸的是,他们缺乏这样的考虑,而恰恰是这精益求精的理念让欧洲制造商毫不犹豫地销毁所有存在瑕疵的样品,而不是让劣质工艺的名声流传出去。相反,中国瓷器几乎不会印上商标,只要它们都可以出售,并且不管质量好坏与否,它们在市场上总能占有一席之地。无论何时,在九江的店铺里要想买到一件没有任何瑕疵的瓷器是非常困难的,而欧洲的瓷窑就绝不会容忍这样的瑕疵。这些产品在国内购买的人会更多,因为这些瓷器是中国产品而且价格便宜,而不是出于对它们真正的喜爱,当然,中国瓷器值得更好的待见。中国瓷器在国外市场遇冷的罪魁祸首是他们自己,这就如茶叶的境况一样,他们的获利仅仅只是以量取胜,而不重视生产品质。

　　在欧洲人的眼光中,景德镇被仔细地挑选出来,尽管这里的工匠要学的东西远比能够教的要多。雇佣能够指导工厂工作步入正轨的专家,这对制造商极为有利。直到这种光亮洁致的瓷器上市,这种瓷器的外形和图案很引人注目,更为耐用且价格更低,物美价廉设计精巧的彩瓷在国外市场上总能格外受到青睐(甚至也会受到在欧洲游历的中国人的喜爱)。

　　尽管家用产品的耐用性显然在逐年下降,并且对物质环境需求的多样化正在当代人中成比例的增长,这些是我们父辈们所不知道的,但中国瓷器的坚固性决不会沦为一种劣势。然而,如果瓷器在制造过程中能满足时代的需求和当今的品位,并且不丢失其鲜明的特色品质,那么瓷器就会受到极大的推崇和喜爱。那些参观过九江瓷器店的旅客来拜访我时,反馈给我的除了全是失望,再无其他,尽管事先他们大多就做好准备,带着满心的仰慕与欣赏之情而来。

这十年瓷器的出口数量如下：

年份	粗瓷（担）	细瓷（担）
1882	11420	7196
1883	10964	8519
1884	7638	5444
1885	11076	5387
1886	13148	7537
1887	13125	8008
1888	15916	8212
1880	15685	8467
1890	16409	10377
1891	15957	10256
总计	131338	79403

1882—1891 年粗细瓷器的出口总数为 210741 担，价值 949676 海关两，这几乎是上一个十年的两倍。1872—1881 年出口总数为 105261 担，价值 425533海关两。

1872—1881 年我们的苎麻出口总数为 273456 担，价值 2203143 海关两。回顾本十年，出口数量略有增加，但价值却有所下跌，具体如下：

年份	担
1882	32242
1883	26493
1884	30244
1885	32423
1886	23496
1887	17127
1888	27450
1889	25704
1890	29746
1891	31751
总计	276626（价值 2057206 海关两）

本十年夏布的出口数量有所增加,具体如下所示:

年份	夏布,粗布	夏布,细布
1882	4927	366
1883	5246	462
1884	4439	991
1885	3635	894
1886	4026	918
1887	3712	856
1888	4470	965
1889	5091	1093
1890	6179	1122
1891	7428	1342
总计	49153	9009

1882—1891 年夏布的出口总数为 58162 担,价值 2090538 海关两;1872—1881 年夏布的出口总数为 43890 担,价值 1376798 海关两。

本省的烟叶有相当一部分是从九江出口的,每年冬季,外国人租赁 25 艘民船停泊在九江装载烟叶,并准备运往镇江销售。在已经引用过的 1889 年的贸易报告中,常驻九江的英国领事克莱门特·艾伦先生就烟草提出了以下看法:"我不知道江西的烟草为何不足以出口到英国。国内的烟草是从汉口出口的,而且据我所知,九江的烟草质量与之非常相似。"对着两种烟草的观察使我相信,正如克莱门特·艾伦先生所言,九江的烟草与汉口的烟草非常相似,与所有中国烟草一样具有共同的特性——平淡无味。我想,这会让它们在欧洲无法受到人们的青睐。或许,这种烟草在美国会比较受用,在美国此烟草会经过多道工序加工,为满足在中国的外国人的需求,从那儿出口到中国的混合烟草可见一斑,如此一来,此烟草原来的味道气味都让人完全辨别不出来了。平淡无味是中国烟草的显著特性,九江烟草的这一特性尤为突出,而这种烟草在中国的农业生产中占据了很大比例,这些地方甚至连进口种子长出的蔬菜也退化了。

烟草的出口数字如下:

年份	担	海关两
1872—1881	163657	701332
1882—1891	437282	1535666

这一数据显示出近三倍的增长。

至于进口棉织品——洋布、粗布、洋漂、素红布、斜纹布，以及印花布——在过去十年中进口数量较为稳定，具体如下：

年份	匹	海关两
1882	369087	634628
1883	320834	541172
1884	297028	469667
1885	362447	564549
1886	330830	555694
1887	304983	552482
1888	343897	600723
1889	375370	675018
1890	386501	691444
1891	524337	863769
总计	3615314	6149146

1872—1881 年进口总数为 4324139 匹，价值 7287061 海关两，这表明与上一个十年相比，本十年有所下降。然而，1891 年的进口量却显著增加。

棉纱的进口量出现了大幅度的增长，如下所示：

年份		匹	海关两
1882		4343	105120
1883		5708	142360
1884		5225	110993
1885		7346	146217
1886		14890	306912
1887		19683	433541
1888	英国	4473	547152
	印度	19123	
1889	英国	4608	482859
	印度	14741	
1890	英国	3741	759162
	印度	29918	
1891	英国	2739	787962
	印度	35472	
总计		172010	3822278

1872—1881 年进口总量仅有 10574 担,价值 288717 海关两。

毛织品的进口量有所下降,但是变化幅度不大:

年份	匹	海关两
1882	37534	376169
1883	33600	316378
1884	36877	303.884
1885	37805	291056
1886	39242	315073
1887	36836	299776
1888	31547	263874
1889	35148	300460
1890	36546	296066
1891	39742	319116
总计	364877	3081852

1872—1881 年的进口总量达到 381107 匹,价值 3708626 海关两。

金属类的进口有所浮动,如下表所示,总价值出现大幅下降:

年份	海关两
1882	253372
1883	158325
1884	167789
1885	189852
1886	183206
1887	148616
1888	170087
1889	187184
1890	153205
1891	163316
总计	1774952

1872—1881 年金属类的进口总值达到了 2481914 海关两。

下列折线图显示了过去二十年来当地的贸易价值的波动,实线代表 1882—

1891 年的变化,虚线代表 1872—1881 年的变化。回顾本十年,平均每年的价值为 1110 万海关两,而上个十年的年平均值为 1230 万海关两。

　　回顾过去这十年的贸易状况,发现并没有什么显著的变化。国外生产的一些新的商品出现在了市场上。比如,在棉毛织品的类别下,我们发现有棉法绒、粗哆啰呢、棉羽绫、棉纱,等等,正如表格所述,这些商品都是最近大量的进口。其他的不重要的进口商品就没有进行分类,只是笼统地归为"未详列的杂货",这些货物属于同一性质并按统一标准纳税。然而,这些都是最近进口的商品。许多其他外国生产但秉承中国设计理念的商品也已流通到这一市场,它们对原产品改进提高,具备极大的竞争力;比如香烟盒、锻带和羊毛绒等。除了已经注明的外,国内出口货物的总数和类别的变化无需再多作评论。

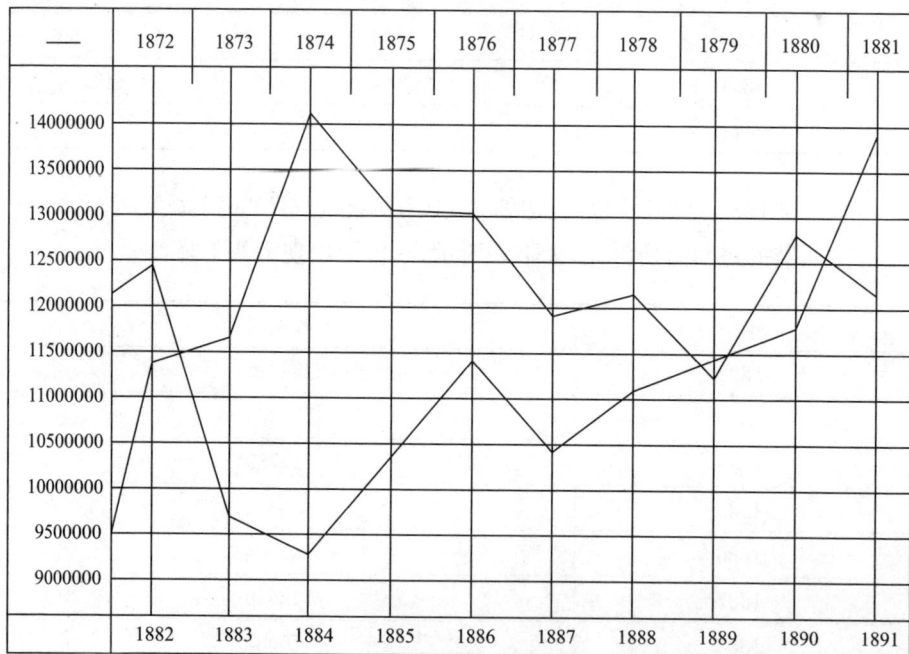

—	1872	1873	1874	1875	1876	1877	1878	1879	1880	1881
	1882	1883	1884	1885	1886	1887	1888	1889	1890	1891

纵轴数值:14000000、13500000、13000000、12500000、12000000、11500000、11000000、10500000、10000000、9500000、9000000

　　关于内地子口贸易的过境路线,我在本报告的末处附上柯柏希先生于 1874 年出版的地图,并作出了说明。1872—1881 年凭子口税单运往内地的货物价值 132188 海关两,1882—1891 年为 12681536 海关两。这些数据并不一定意味着有更多货物运往内地,但是可以说明海关税务通行司提供的优势,得到越来越多的利用和赞赏。

　　下表显示的是通过子口税单进入内地的十种主要商品的流通情况:

货物名称	计量单位	1872	1873	1874	1875	1876	1877	1878	1879	1880	1881
原色布	匹	无记录	91260	111989	108798	132790	111709	108440	126480	148380	160940
白色布	匹		3100	2621	4970	3480	4029	7510	8178	10140	13141
洋漂布	匹		62880	70169	84245	117924	78641	77370	79465	93576	96480
各类粗斜纹布	匹		15840	22345	16230	27790	19340	10140	9904	11070	8480
印花红布深色织绵等	匹		2895	6345	5215	4941	4063	3730	5420	11146	6000
毛织品	匹		19292	23027	21067	21206	23395	22074	26390	21634	23384
赤糖·白糖	担		13694	26408	17204	13206	16200	14000	19157	18960	16520
海带和海带丝	担		711	1403	881	1635	1478	1965	2343	2420	3289
铝块	担		63	3302	11352	11588	14324	26371	12792	11726	13321
煤油	加仑		—	130	1660	100	—	—	—	—	—

货物名称	计量单位	1882	1883	1884	1885	1886	1887	1888	1889	1890	1891
原色布	匹	176756	145614	128160	152050	132863	124087	129818	130178	152907	173266
白色布	匹	19578	20571	25418	28653	30071	28196	34271	34170	38028	46596
洋漂布	匹	87285	75756	59862	55892	47545	43020	45470	44077	36807	39053
原粗布,英美	匹	8120	8599	11465	14604	17090	23105	29940	33512	22560	26120
印花红布染色织绵等	匹	6200	6532	6729	7590	10914	16612	19573	22783	29968	38011
毛织品	匹	28838	23340	27155	23881	21746	24434	21758	19687	23394	23462
赤糖·白糖	担	9077	16224	5000	3303	2556	4379	5985	8295	8841	5681
海带,海带丝	担	3694	4336	3623	4827	5637	5034	5545	6068	6450	6378
铝块	担	22936	14808	18003	17765	17023	9120	12432	19929	10754	16774
煤油	加仑	—	23502	93820	287620	309790	198140	150260	197630	231690	321820

三、税收

过去这二十年来税收变化情况如下表所示。虚线是实线的分支，表明过去这十年的税收变化，其中包括鸦片税厘，该项于1887年开始在九江征收。

—	1872	1873	1874	1875	1876	1877	1878	1879	1880	1881

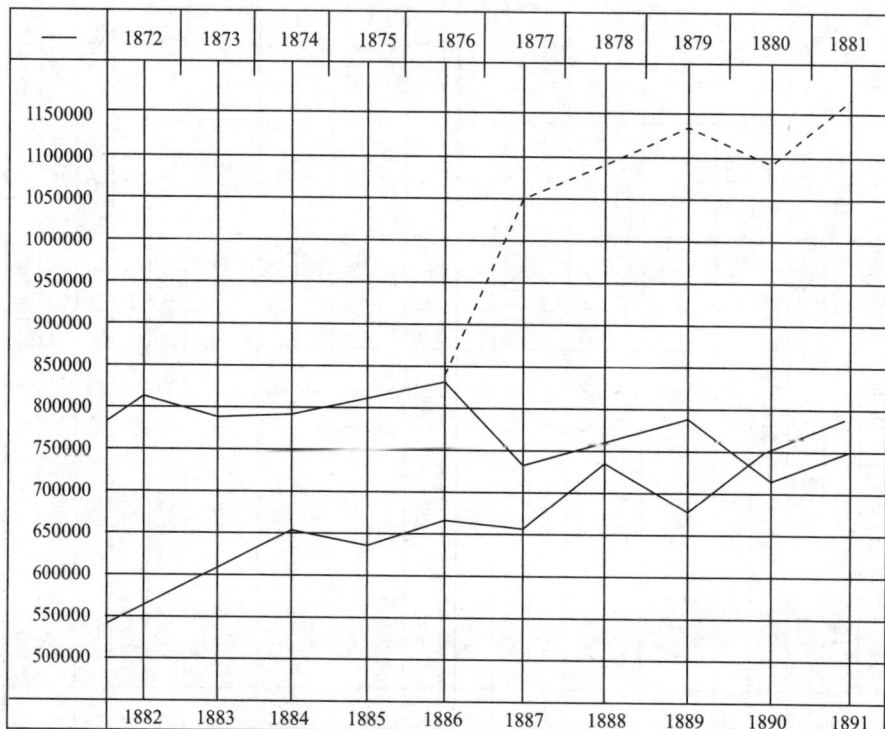

	1882	1883	1884	1885	1886	1887	1888	1889	1890	1891

1863年我们的税收达到了714000海关两，1864—1872年税额在426000到585000海关两之间浮动，1873年税收又达到了615000海关两。1874—1877年税收在658000到671000海关两之间变动，1878年达到737000海关两，从1878年以后税收一直保持在70万海关两以上，1884—1885年九江贸易价值并没有出现类似的萧条。1884—1885年的贸易贬值完全可以归咎于这一时期中法两国的困难，而从九江的税收中感觉不出这种萧条，我认为这是因为九江主要依靠的是出口关税，所以才没受到什么影响。如果是政治上的动乱影响到了进口，打开国门允许出口贸易和货币流通，这自然是有利的。

从1887年以来，我们的税收平均每年增长了291000海关两，这主要是鸦片税厘征收的结果。回顾本十年，除去鸦片的税收，年平均税收为665544海关两，其中茶叶的税额就占了621994海关两。上一个十年的年平均税收为

693497 海关两,其中茶叶税收占有 590019 海关两。自 1887 年以来的这五年间,我们的税收总额为 5526263 海关两,平均每年为 1105253 海关两。税收来源的比例如下所示:

	年平均税收(海关两)
进口鸦片	291008
出口茶叶	587661
出口苎麻	9210
出口夏布	6721
出口瓷器	15095
出口纸张	56505
出口烟草	7756
出口杂货类	98711
进口货物,子口税	32586
年平均税收总值	1105253

四、鸦片贸易情形

鸦片的贸易状况表明对外国毒品的需求量与日俱增,然而,其中几乎都是白皮土;1891 年白皮土进口 3597 担,1882 年为 1597 担。公班土每年的进口量只有一二十箱;本十年的最后一年(即 1891 年),喇庄土的进口量只有 6 箱;新山土从 1882 年的 57 箱下降到 1891 年的 1 箱。具体数据如下所示:

年份	白皮土 (担)	公班土 (担)	喇庄土 (担)	新山土 (担)	价值 (海关两)
1882	1597.47	7.20	—	57.64	857890
1883	1574	—	—	42.03	645526
1884	1541.62	4.80	0.18	1	680814
1885	1860.52	9.60	—	—	882516
1886	2467.02	16.80	—	9	1226623
1887	3003.54	13.20	—	—	1475075
1888	3057	18	—	2	1592355
1889	3145.50	27.60	—	—	1717440
1890	3304	21.60	—	—	1725405
1891	3597.56	16.80	6	1	1839769
总计	25148.23	135.60	6.18	112.67	12643413

1872—1881 年的数据如下:白皮土,20961.28 担;公班土,189.60 担;喇庄土,63.60 担;新山土,450 担;其他种类,2 担;总价值为 11967864 担。

值得注意的是,自 1887 年海关开始征收厘金税以来,鸦片贸易出现明显的增长。关于洋药,辛普森先生在他 1887 年的贸易报告中所说的仍然适用于现在的洋药贸易,也进一步说明了与土烟的关系:

"海关颁布新的厘金税收制度,并于去年(1887 年)二月底生效,这对本埠的鸦片贸易非常有利;迄今为止,本省所需的鸦片有一部分是从福建和湖北运来的,现在都是通过本港口运输。这一年的鸦片进口数量(3017 担)是有史以来最多的一年。在江西各地的鸦片消费中,每年 1800 箱可以合理地来表示饶州府地区鸦片消费量;据我所知,其中每年有 600 箱运到南昌府,200 箱运往抚州府,袁州府也是 200 箱。九江及其周围地区每天的鸦片消费量不超过半箱,也就是每年 200 箱。这一年政府保税仓库中待售鸦片的库存,全年没有任何一天超过 50 箱,实际上现在所有的税款都会推迟到消费时再交纳,即使这样,也并没有在一定程度上增加本地海关的库存量。"

(这里我要指出的是,辛普森先生写完这个报告之后,保税仓库中的平均库存有所增加,而且一天结束时,库存中的数量往往会超过这一数字)

"本省的罂粟种植可以忽略不计,但土烟主要产自四川,经陆路和民船辗转反折运到了这里,并且数量很少,每年大约有 200 到 300 担。货物运到这里就得缴税,每担 25 两的正税和每担 18 两的厘金;但实际上,所有运进来的鸦片都算是走私。"

与 1882 年的情况相比,现在鸦片的价格如下所示:

1891	九江两
白皮土（三年）,每担,已纳正税	495
白皮土（两年）,每担,已纳正税	485
白皮土（新品）,每担,已纳正税	470
公班土,每担,已纳正税	490
喇庄土,每担,已纳正税	490
新山土,每担,已纳正税	390
1882	九江两
白皮土（新品）,每担,已纳正税	519
公班土,每担,已纳正税	500
新山土,每担,已纳正税	439

五、金融市场情形

从外国人的立场来看,人们几乎可以说九江根本就没有金融市场,港口的货币交易主要在上海进行,并且受到上海金融市场波动的影响,尤其在英镑汇率方面。

在本十年间,每1海关两价值1800—1510制钱,并呈贬值的趋势。虽然这一地区的土地价格大幅上涨,但制钱作为购买土货的中介货币,在价值上并没有受到影响。

六、贸易净值

1882—1891年的贸易净值如下表所示:

	Hk. Tls.		Hk. Tls.
国外净进口,市价	32061758	原出口,市价	70135509
国内净进口,市价	8770812	—	
净进口	40832570		
扣除在九江交纳的税厘	1765169	加上在九江缴纳的正税	7374610
净进口,减去正税	39067401	出口,加上正税	77510119
扣除进口商利润的7%	2735408	出口商的利润加上8%的市价	6224767
进口,起岸价值	36331993	出口,离岸价值	83734886

七、人口

本地人口的数量、构成、特性和职业,都没有实质性的变化。在没有人口普查的情况下,只能通过广泛的推测和比较不同的估算结果来获得相关信息。据估测,江西省有1900万人口,面积72176平方英里,包括14个辖区(府)和独立的城市(镇),以及79个市镇(县,次级镇)。九江港的人口大约有35000;九江所在的整个辖区人口有八万。我得到的数据与此相差很大;它们分别是:

江西省	9510000
九江府	280000
九江港	53000

然而，不管是本省人口数量的下降，还是九江港及辖区的人口数量的上升，人们都无法做出结论，因为各方的数据都是不确定的。

目前，九江及其周边地区的外国人口数量及构成的记录如下表所示：

国籍	从事贸易	教会	官员	总计
英国	8	21	27	56
法国	—	14	4	18
美国	—	9	2	11
日本	2	—	4	6
丹麦	2	—	1	3
德国	—	—	2	2
澳大利亚	—	—	2	2
俄国	2	—	—	2
意大利	—	1	—	1
总计	14	45	42	101

八、改进之处

十年间，九江港及其辖区发生了如下的变化和改进：1882 年，轮船公司开始把趸船停靠在码头前，并租用租界的码头，用浮船与趸船连接起来。水位高时，这些浮船停靠在堤岸边，水位低时，则落到了前滩上。虽然这些趸船外形非常狭小难看，与整洁的租界相比显得格格不入，但是它在乘客和货物运输方面有着极大的优势。1883 年租界的路灯有了改善。1884 年，后街通过加高而改善了排水状况，租界的本地警察也增加了。1885—1887 年，租界前的堤岸修缮一新，还种了许多树。1886 年 1 月龙开河的河口进行了一些疏浚；但是这项工程最后被放弃了，此项工程的捐款也被转移到了另一条街道的排水工程的修缮上，这条街道位于郊区并环绕着租界。1890 年，剩余的资金用来建了一个码头，便于渡船在龙开河通行，以免陷进淤泥。1888 年，租界的空地上开辟了一座公共花园。租界后面的那个淤积发臭的水塘依然存在，除非采取措施注入活水，否则它早晚会是引发疟疾的根源。

九、水道的变化

河流航道的各点每年都会发生变化。芜湖和九江之间的浅滩，距离磨盘洲和奥利芬特岛很近。前者必须重新开辟另一条航道，因为这个地方如同布洛克水道一样，在去年就已经废弃了。磨盘洲的南部发现了一条新的航道，就在磨盘洲和鹌鹑岛之间。吃水深度超过九英寸的船只难以到达九江，即便过了此港口，航行到上游的大药山更是困难重重。轮船公司通常会派出一艘汽艇来帮助领航员在低水位地区搜寻航道。而要避免此举的唯一办法完全在于蒸汽船公司，只要使用吃水不超过7～9英尺的轮船即可，比如太古集团最近增加的那些船。这些轮船几乎没有搁浅的风险，在任何情况下，它们被耽搁的时间都非常的短。

十、航运设施

这个地区的照明设施需要时不时地变动，以适应新的沙洲形成和河岸的侵蚀，但就目前来看，这似乎已经能满足目前的航行需要。雇佣人员小心看管以确保其高效运行；几乎没有出现任何影响探照灯正常运转的相关记载。

大型木筏的通行对漂浮的灯塔和普通的航行都是潜在的危险；显然，对这些大型木筏的航行应该进行监管。

1883年，在江龙沉船处，一艘安装了六等透镜灯的灯船取代了三角浮架上的普通红灯。1885年又将其换成了红灯。

拦江矶大王庙的浮灯塔在1883年废弃，1885年又重建。

1884年，在莲花洲，一艘安装了六等透镜灯的灯船取代了三角浮架上的普通灯。

1886年，在乌石矶，一座闪烁着红色信号灯的六等透镜灯，取代了以前使用的普通灯，1891年，在乌石矶建了一座闪着红灯的灯塔。

1886年，长江水位高涨时期，金刚廖会有一艘六等透镜灯的灯船来标记提醒。当长江水位很低时，灯船就会停在莲花洲。

1887年，八百吊的灯塔被拆毁，很快就被河水冲走了，后来又在长江南岸重建了灯塔。1888年1月,在低水位时期,一个由柳条笼固定的三角浮架停泊在原来的地方(那地方已经变成了一个浅滩);但在4月的时候,这个三角浮架就没有继续使用了,因为那个浅滩完全消失了。

1891年2月,在鹕鹕洲的最北部,一座带有六阶红灯的临时灯塔建立,用来标示鸽子洲和鹕鹕洲之间水路通道的西面入口,到了4月底长江的水位上涨到布洛克海道可以重新通航的时候,这一临时灯塔也就没有再继续使用了。

长沙洲和鹰洲的灯塔已经被转移到了新的地方,前者转移到了长江对岸,大约在长江下游的两英里处,靠近石矶坦村,后者离安庆1.5英里,现在在安庆就可以看得到。

1891年6月,招商局趸船沉处的灯塔从名单上删除,沉船的残骸沉积在河床下面。

1891年,九江海关配备了一艘备用灯船,以替代维修中的灯塔或作为临时航标。

十一、不幸事件

1882年9月发生了一场洪水,对当地的财产造成了极大的破坏,并造成了极大灾难与痛苦。一些灯塔和临时房屋损毁严重,必须重新修缮。

莱诺克斯·辛普森先生在1884年的贸易报告中提到,瓷器产地景德镇遭遇了一场洪水,造成了大量的人口伤亡,无数房屋摧毁,其中还包括四分之三的瓷窑遭到毁坏。

所幸的是,这十年间在本港口及城市周边发生的火灾没有造成很大的影响,故无需特别提及。

1888年7月21日,九江码头突然发生一场暴乱。财产尽毁;墙、栏杆、树都遭毁坏,并且公园的椅子被扔进江水中。最终当局派出军队平息暴乱,维护秩序,修复损失。

1889年8月,一个武装土匪团伙袭击了海恩斯灯塔站,将该站洗劫一空,并且威胁灯塔看守人,如果他们敢反抗或报警的话,就必死无疑。

1891年,芜湖暴乱之后,这一热度在长江流域仍然活跃着,九江尤为明显,来自其他港口的人员煽动着人们暴乱。起初本地居民似乎并不愿意追随他们的领导；但是在武穴的暴乱取得全面胜利，传教士阿金特先生和海关职员格林先生惨遭毒杀后，九江的那些游手好闲的人认为他们也可以分得一杯羹，于是袭击了这个城市的罗马天主教孤儿院。他们被道台和知县击退之后，便一窝蜂地逃往租界；但是，他们却发现租界已全副武装起来了，一半的武力驻守在大英领事馆，另一半驻守在海关大楼，德国小炮艇、法国炮艇和美国炮艇的先遣登陆部队已经到达这里。面临这样的武装戒备，暴民们不敢轻举妄动，犹豫不决，从而为本地军队的到达支援提供了时间。幸运的是，从人道主义的角度来看，没有出现需要动用武器来镇压的意外事件，但是，也许，他们在这次冲突事件中汲取的有益教训，也许会对那些趁火打劫、浑水摸鱼的人产生良好的警惕作用。令人悲哀的是，像这样的事件中，有罪孽的人往往都不是最终的受害者，伤及的总是无辜民众。

就在九江受到暴民威胁的同时，暴动也在全省迅速蔓延，但幸运的是，没有出现人员伤亡。

就江西省而言，以府台德馨和道台李希连为首的当局，维护社会稳定的愿望十分明显。我个人对道台所发出的多次请求援助的呼吁很快就得到了满足，正如我在 1891 年的贸易报告中所记录的一样，这一点是没有预料到的。

总而言之，这是 1891 年长江流域动乱中的九江暴动的大致情况。考虑到类似的事件还会发生，于是这年秋天决定在通往租界的各个道路的入口修建起 12 英尺高的砖墙，并在城墙顶部钉上钉子，每个入口有 6 英尺高的铁门加以防守。这项工程已经完成，其目的不仅是为租界居民提供安全保障，还在于强调这是外国侨民的正当自卫行动而不是侵略行为。

本报告所述的这十年间，九江没有发生社会知名人士的意外或伤亡事件。

十二、来访贵宾

1888 年 8 月 2 日，俄国大公爵亚历山大·米哈伊洛维奇在前往汉口的途中来到了九江，并由俄国的皇家领事德米特列夫斯基先生陪同护送。

1889 年 1 月 10 日，他们的王子殿下和亨利·波旁公主，以伯爵和伯爵夫人的名义访问中国，在九江作了短暂的停留，其间轮船镇江号就停在港口。英国皇家领事克莱门特·艾伦先生和海关税务司的雷诺克斯·辛普森先生，专门前去拜访,并陪同着参观游览了租界。

1891 年 4 月 20 日,海关总督收到一封电报,并通知我,大意是说驻汉口的俄国皇家领事德米特列夫斯基希望俄国皇太子尼古拉·亚历山大(即后来的俄国皇帝尼古拉二世)访问九江时低调进行,此行是一次非正式的来访,无需引人注目。4 月 22 日清晨 6 点,皇太子身穿便服,在九江码头登陆码头。我们目睹了皇太子在俄国公司的仓库里检阅了瓷器。而此次展览的瓷器给人的印象再一次证实了之前的旅行者对九江瓷器的看法,依旧是令人大失所望,对此我之前有过记载。道台派出了 200 人的军队来维护路面畅通,保持井然有序,人们表现出谨慎的好奇心。

十三①

……

十四、文学运动

本省最大的藏书文库位于白鹿洞书院,这里起源于宋代;当年太平军动乱占领了这一地区,好在该书库幸免于难,没有遭到破坏。南昌府有三大重要的藏书文库,即经训书院、友教书院和豫章书院。以上四大藏书文库供民众查阅参考。本报告所述的这十年间,本省似乎没有出现任何值得注意的文学运动或者任何特别的文化遗产。

十五、科举

这十年间出了 21220 名秀才,考试每年一次,出了十批;举人有 550 名,举行了五次乡试。如前所述,本省的人口总数为 951 万,其中约有 60％的人是文盲,也许,每千人当中有一两名女性接受过教育。

---

①译者注:原文如此。

十六、地形地貌

观察江西省的地图，人们可以注意到，虽然江西山地多，但是总体上呈现的是细长的槽形面貌，其最大的洼地和出水口位于北部末端；这一洼地便是鄱阳湖，鄱阳湖的水来源于赣南和赣西的分水岭，以及安徽中部山地的西分水岭。鄱阳湖及其支流则构成了江西的商业和交通往来的主动脉，而这里的人们辛勤劳作更是增强了河道运输网的天然优势。

这里有众多水路，无论是天然的还是人工修造的，这意味着产品的运输大部分都要依靠船只。江西的情况就是如此，其他的运输方式则是雇佣脚夫，而使用牲口运输的情况则相对少见。赣江是江西最长的河流，由贡水和章水汇合而成。贡水发源于福建，据说小船只航行可远达瑞金，绵水与贡水在此汇合。赣江及其支流为南部和西部水域流往鄱阳湖提供了天然渠道，并且促进了油漆、苎麻和夏布的生产地区的开发。

鄱江经过饶州府注入鄱阳湖，有两个岔口：北部的支流发源于安徽祁门地区，流往西南方向，经过景德镇，并在饶州府与南部的支流汇合；另一条支流发源于安徽婺源的丘陵地带，进入江西后向西奔流，途经乐平，然后向北在饶州府汇合。就目前的情形，可以说鄱江有着举足轻重的地位。其北部的支流是著名的祁门红茶和景德镇瓷器运往鄱阳湖的出口；南部的支流则是婺源茶叶和乐平煤矿的运输通道。

信江发源于浙江省境内，是江西东部的主要水路，与其他河流一样，饶河也是注入鄱阳湖；这条河运输货物的主要是纸张。

抚河是本省东南部地区的主要运输通道；它发源于福建省边界，流往西北方向，经过烟草、苎麻、夏布的产区，最终注入鄱阳湖。

修水在南康府注入鄱阳湖，并发挥着重要的作用，因为它对宁红茶产区的开放起着重要作用，主要是义宁州和武宁，这些地方位于本省西北部的边缘角落。

瑞江也叫锦江，发源于湖南边界的铁山，也是源自江西省的西北部地区。河流汇入的出口位于省会南昌府。瑞江流域的主要产品是纸张。

江西省的面积约有 72176 平方英里，据说只有约 12213 平方英里的土地才能种植农作物。其中稻田约占四分之三;茶区占了近六分之一;旱田(谷物)不到九分之一,其余的都用来渔业养殖。然而,这些数据也只是粗略的概数,自从本省遭到太平军破坏后,农民才逐渐收回失去的土地。

海关税务司署的前任官员留下来的记录中,我发现了如下文字:

"编年史中对江西省山脉的描述记载,与其说是为研究江西省的自然地理提供了资料,还不如说是为研究神话传说提供了材料;但是,地理学家们对山脉的海拔高度所作的夸张描写,对搜寻有关此方面信息的学生来说是极为沮丧的。"

直到这个地方对外国企业开放,带来了科学的技术和方法,才能准确探测到本省所蕴藏的矿产资源以及地质构造的相关信息。

通商口岸附近的庐山山脉,有些关于此山的记载还是可信的。庐山山脉的一部分位于九江,一部分位于南康府,尽管这并不是江西海拔最高的山,但是壮丽的山峦和秀美的风景,使它们成为一座无与伦比的山峰。虽然在炎热的夏天庐山为港口的居民提供了避暑胜地,但更多的是庐山对九江造成的不利的影响,它们几乎完全阻断了夏季从南方吹来的微风;长江流域的湿热所造成的庐山气温和景观的变化,几乎形成了一种不同的气候类型,高耸入云的山峰聚集并凝结了周围数英里内空气中的水汽,常常以雷雨天气的形式来缓解高温,否则就会出现持续的难以忍耐高温天气。

庐山的山坡上遍布道教和佛教的寺院和庙宇,但在太平军破坏之前,它们的数量肯定远远不止这些。1887年11月,海关职员诺依曼先生徒步环游了庐山,我从他的行程中选取了几条描写庐山风景和名胜的段落:

"天池之上的景色是壮观的——事实上,这是我们所看过的最宏伟壮丽的风景;奔腾的流水从山顶上一泻而下,形成了气势宏壮的瀑布和大天池。激流所形成的水力被用来推动水轮的运转以生产焚香粉末。"

"黄龙庙的位置在很远的地方就能看得见,那里有三颗标志性的大树;我测量过其中的一颗树,需要四个人才能合围住树干。"

"归宗庙的僧侣告诉我们,离此庙大约十里处有温泉,那儿值得一游。"

那些奇形怪状的黑色岩石和温泉的存在可以说明，庐山的形成在一定程度上是火山运动作用的结果，从马尾水关隘到白鹿洞的这段路上，这些奇形怪状的岩石依然依稀可见。

十七、本地航运

显然，本地贸易往来的帆船只主要分八种，对此提供了所获得的详尽信息，如下表所示：

类别序号	类别名称	建造地点	省份	规模				桅杆数量	载重能力（担）	吨位	船员数量
				长度（英尺）	宽度（英尺）	深度（英尺）	总计				
1	满江红	汉阳府	湖北	90	19	7	1,197	4	3500	100	18
2	—	—	—	80	17	6	816	4	2500	75	14
3				70	14	5.5	539	3	1800	55	12
4				65	12	5	390	3	1200	36	—
1	车牌			85	18	6.5	995	4	2800	85	18
2				75	16	6	720	4	2400	72	14
3				70	13	5.5	501	3	1800	55	12
4				65	12	5	390	3	1200	56	18
1	钓钩	长沙府	湖南	90	17	7	1,071	4	2800	85	18
2				80	16	6.5	832	4	2500	75	14
3				70	14	6	588	3	1800	55	10
4				65	12	5.5	429	3	1200	36	...
1	抚船	抚州府	江西	100	15	7	1,050	4	3200	96	16
2	—			90	13	6.5	761	4	2400	72	14
3	—			70	12	6	504	3	1800	55	12
4	—			70	11	5	385	3	1200	36	—
1	小驳船	衡阳府	湖南	80	17	7	952	3	2800	85	18
2				75	16	6.5	780	3	2400	72	14
3				70	14	6	588	3	1800	55	10
4				70	12	5	462	3	1200	36	—
1	辰船	辰州府	—	90	15	7	945	3	2500	75	12
2				80	14	6.5	728	3	2000	60	—

类别序号	类别名称	建造地点	省份	规模				桅杆数量	载重能力（担）	吨位	船员数量
				长度（英尺）	宽度（英尺）	深度（英尺）	总计				
3	—	—	—	70	12	6	504	3	1600	48	8
4	—	—	—	70	11	5.5	424	3	1200	36	—
1	山船	济宁州	山东	80	18	8	1152	4	3000	90	16
2	—	—	—	70	16	7	784	3	2500	75	14
3	—	—	—	70	14	6.5	637	3	2000	60	—
4	—	—	—	65	12	6	468	3	1400	42	12
1	鸦销	汉阳府	湖北	70	14	7	686	3	2000	60	12
2	—	—	—	65	12	6.5	507	3	1600	48	—
3	—	—	—	60	11	6	396	3	1200	36	10

注：1Chang＝10 立方英尺。

常关是通过主桅上的长度、宽度和深度来测量这些帆船的体积，单位是立方英尺。需要支付 2 钱以下费用的小船可以免税。对于不超过 530Chang 的中国帆船，税率为每 Chang0.0.2.8（结果只使用一位小数）；船只体积在 530Chang 到 833Chang 之间需支付固定费率；高于 833Chang 的汇率为每 Chang0.0.3.3（结果不使用小数，例如 0.52＝1）。没有比 48.50 更高的吨位税了，不管体积有多大。（本段采用原文标点）

所有帆船运输的货物中，仅盐由特定发送地而来，其他的货物缴纳完税厘后，货主可以选择在任何一个港口卸货交付。从上游而来的制品有：湖南的石灰、铁和钢；所有种类的油均来自湖南和汉口等地，白蜡、红花、石膏、苎麻、烟叶以及烟花均来自湖南。自江西而来的有瓷器和纸张。从下游而来的产品，有来自镇江的盐，从鄱阳湖运来的茶，来自江西的瓷器、纸张、蓝、茯苓、大米、烟叶及豆类则从安徽运来。

要想获得民船运输的纸张（如果有的话）的详细信息，这几乎是不可能的，关于它们的运输盈亏信息亦是如此。而且这里似乎也没有船舶或货物的保险制度。过去的这十年，本地航运的数量和吨位平均每年下降约 5%。

一个称为"义渡局"的人道组织，在九江已经存在六年之久了，主要致力于救死扶伤以及打捞河里的尸体。这是一个纯粹的地方机构，由茶商和鸦片商人用其行会的税收建立起来的，这个机构有四条救生船，其分布如下：一条在九江城西门附近，一条停泊在龙开河，还有两条作为渡船，无偿地帮助穷人渡江。前两条船的巡游范围是它们各自所在站点的前后 5 英里内。自从这个组织成立以来，已经救了 63 条人命，寻回了 4 具尸体，价值 16000 两的财产得到挽回，发放了 65500 文的奖励金，并拨出 42000 文用于帮助受难群众。这个组织还会给无人认领的尸体提供棺材。每挽救一条性命需花费 1000 文，而每安顿一具尸体需 500 文。

十八、银行

九江有许多中国的银行，但大多都只是兑换货币的现金交易场所，跟其他地区没有商贸往来。一些较大银行与上海、汉口，以及非通商口岸都有贸易往来，例如吴城、乐平、饶州、还有省会南昌；一般来说，这些银行每月贷款利率是 1% 到 1.2%，每月的存款利率是 0.4% 到 0.6%。对于小数目的个人存款，它们可能会给出 0.8% 到 1% 的利率，少数情况甚至会高达 1.2%。

十九、邮政

九江有以下 14 家邮政机构：全太盛、福兴、胡万昌、森昌、乾昌、亿天、全太洽、协兴昌、政大源、太古晋、铨昌祥、正和协、张瑞丰、铨昌仁。这些都是邮政的代理机构，并不是分局，有些还是几家代理机构，由同一个人负责，他们会在门口挂上标志性的牌子。这些邮政代理机构的总部大多都在上海或汉口。它们都是通过轮船与各个通商港口进行联系往来，与每个省的往来则是通过其他的方式。每个代理机构的服务都有自己的独特方式和范围，也许所提供的服务在这个地方尤受欢迎而在另一个地方就业务平淡。其中全太盛是最受欢迎的机构，并且江苏省和浙江省的本地邮政系统是最发达完善、利润最高的——据说，那里许多较大的村庄都有邮政代理机构。当一个地方变得非常重要时，就会需要邮政通信，这一地区的各个邮政代理机构之间就会安排一个公共代表，专门负责这个城镇的相关事宜，这个公共的代表在中间起纽带作用，确保邮件的安全递送和接收。直到新的邮政代理机构出现，并从原来的临时机构转变成了长期固定的地点，负责人每年都要向他所经营的公司上交固定金额，而这些金额出现的收入赤字对他来说却是一件好事，因为多出来的部分归他个人所有；往后，随着这些邮政代理业务日趋稳定，当地代理人在赚取利润时也承担着亏损的风险。以下的 12 个地方是江西内地与九江有邮政通信往来的地方：南昌府、吉安府、赣州府、樟树镇、饶州府、弋阳县、河口镇、贵溪县、景德镇、乐平县、鄱阳县、吴城镇。

这十四家邮政代理机构安排了固定的时间，分别轮流着在各个地区派送邮件，轮到的代理机构会派遣一帮人员来替这十四家机构一起派送邮件。这样的运作对于各个机构非常经济合算，同时还能为大众提供稳定的服务。

每逢日期中出现 1、4、7（即 1 号、4 号、7 号、11 号、14 号、17 号、21 号、24 号和 27 号），就由全太盛和福兴两家代理机构派遣信使，将邮件送往南昌府、吉安府、赣州府和樟树镇。

每逢日期是 3、6、9 时，就由乾昌、森昌、亿天、全太洽、协兴昌、政大源和胡万昌这几家机构负责派遣邮件送往上述相同的地方。

日期中含有 2、5、8 时，由全太盛和森昌负责把邮件送往河口镇、贵溪县和弋阳县。

每逢日期中含有 2、4、6、8 的时候，就由乾昌、全太盛、福兴和铨昌祥负责将邮件送往景德镇、饶州府、乐平县和鄱阳县。

日期中出现 1、3、6、8，由太古晋、张瑞丰、福兴、全太盛和政大源负责吴城镇的邮件派送。

除了上述这 12 个机构组成的邮递联盟外，义宁州在茶季也能收到九江的来信，但是这些信件也仅仅只是通过张瑞丰派送的，当然很多情况下也是有专递的。这个时候，信件到达的时间总是固定的，因为这些信件常常都是急件。信件最快送到大约需要三天，根据信件送达时间的长短，每封信的邮费三到六美元不等。到了茶季，人们往往会利用这样的机会。

目前邮政机构之间没有固定的收费标准。老顾客通常都能打折，这些顾客的雇员的私人信件一般也不收费，直接加盖邮戳。然而，下面这张关税表被视为是平均收费水平，长江流域各个地方与最近的通商口岸之间的邮资费率是成正比的：

目的地	普通信件和小包裹	寄钱 美元	寄件 支票
上海	50 文	1 美元：10～12 文	1000 两：700 文
汉口 镇江 芜湖	30～40 文	1 美元：5～6 文	1000 两： 400～600 文

目的地	普通信件和小包裹	寄钱 美元	寄件 支票
上海	50 文	1 美元:10~12 文	1000 两:700 文
吉安府 赣州府 河口镇 弋阳县 贵溪县	100~120 文	1 美元:15~20 文	1000 两: 1000~1200 文
樟树镇 景德镇 饶州府 乐平县 鄱阳县	40~60 文	1 美元:10~12 文	1000 两: 700~800 文
南昌府	30~40 文	1 美元:10~12 文	1000 两: 600 文
吴城镇	20~30 文	1 美元:5~6 文	

通常,邮政代理机构并不保证信件在寄送过程中的安全,而邮资几乎总是收件人付,这是没有必要的。带有支票或钱币的信件,邮费可能取决于附件的数量,这仍然是由收件人付。然而,这种形式的寄送,直到轮船和快递员快要离开时才会出现这种情况,因此,这表明寄信人不想白白浪费钱,而邮政代理机构也不愿意接受比超出必要时间更多的责任。

此外,前者无法信任委托,后者又不肯接受附有钱币的信件,除非彼此之间有建立长期稳固的合作关系,并且寄信者要对邮政机构充满信任,而邮政机构要有诚实和耐心。

依据信件和包裹的重要性,送达目的地时会附带一张便条或是收据,或者仅由派送人直接送达。常客会在他们使用的邮政机构中有账户,根据中国的规则每年结算三次;相反,偶尔寄信的顾客,每次都需要用现金支付邮费。

江西任何一个城镇的邮政代理机构都会拒绝接受本省其他地方的邮件,因为这些地方它们只与一个其他的邮政代理机构联系,但是他们会接受其他省份的邮件,无论他们是否能直接联系。在这种情况下,信件或包裹往往只送到其运输线路的终点站,在那里盖章表明信件已送达,然后再交给另一个邮政代理机构转送;后一个代理机构也同样会在信上盖上邮戳,以表明他们接受信件转交并对信件负责,然后以此类推,直到以这种方式最终将信件送达目的地。到达目的地时,如果信件没有预先付款,则由运送的代理机构全额收取。无论哪一种情况,这种运输系统都是一样的。

二十、海关

1882年,九江的海关职员分为以下几类:

室内:1个海关长,3个副的,2个中国供事(税务员、港务办事员),2个文案,6个书办,1个银匠(管账、经收员)。

室外:1个头等总巡,1个三等总巡,2个三等验货,7个钤字手(稽查员),4个中国司秤,7个巡役。

区域内有11座灯塔,由18个中国灯塔看守负责。1881年海关职员由以下组成:

室内:1名税务司,3个助理,2个中国供事,1个录事,2个文案,7个书办,1个银匠。

室外:1个头等总巡,1个三等总巡,1个二等验货,4个三等验货,7个钤字手,7个中国司秤,10个巡役,还有8个给鸦片贴标签的职员。

区域内有13座灯塔,有32个中国灯塔值事。

这十年来九江海关运作的主要变化是1887年鸦片保税仓库的建立,海关承担起洋药的税厘并征。这种当地的创新需要1个特殊的本地职员团体,其中包括1个书办,1个录事,1个司秤和6个贴标员。

九江海关的独特之处就是轮船公司的四艘趸船取代了海关码头的货物检查。

二十一、特别发展之处

这十年间,从外国人的观点来看,本地区没有什么特别的发展,不管是在军事、经济、政治或其他方面。

二十二、教会

新教徒——本省有两大教会,即 American Methodist Episcopal 和中国内地会。前者有六个外国传教士(包括未婚女性),三百到四百个本地中国人,约一千个信徒,此外还有大量的半信半疑之人;他们还有一所中学分别用于男生和女生,大约有一百个学生;21个走读学校,和四百个学生。他们还有一台小型的印刷机。中国内地会有53个外籍员工,约200个成员;这些人不属于任何机构组织。这里还有一个独立的教会,有一个外国人和一些本地人。

罗马天主教——17世纪,江西有着大量的基督教徒和教堂。1696年以后他们的历史变得更加准确。阿尔瓦本尼奇先生是教区牧师,还有多明我会,方济各会,以及葡萄牙耶稣会。但是,迫害致使葡萄牙耶稣会从这里撤离,信徒人数也随之锐减。邻省的传教士们拜访江西也只作短暂的停留。这种情况一直持续到1839年;曾经负责江西和浙江传教事务的福建主教,想要申请成为这两个省的教区牧师。拉扎尔会的拉莫先生,被任命这一职务,负责介绍拉撒路的聚会之事。1845年拉莫先生去世之后,拉利贝先生便接管他的职位,但只对江西省的事务负责。1850年,德拉普拉斯先生接替了这一职务,并将北京的工作辞去。1854年,德拉普拉斯先生调往浙江省,丹尼科特先生便继任了他的职位,1859年德拉普拉斯先生去世于法国。巴尔杜斯先生和他的副主教塔里亚布先生在1865年来到此地,但是没有主教头衔。丹尼科特先生和塔里亚布先生都是在北京去世。1870年布雷先生成了江西的主教。随着信徒人数的逐渐增多,1879年鲁热先生被命为赣南的教区牧师。1887年鲁热先生在法国去世后,克斯特先生接替了他的职务,并一直担任至今。1886年,一位新主教维克先生,以"江西东部"的独特方式带领着江西省的第二种教会信仰发展。尽管"江西东部"信徒是最多的,高达12000人,但从政治的角度来看,原来的教区"江西北部"是最为重要的,因为它包括了九江和南昌这两座城市;其他教区和江西南部的教区,仅仅各有4000余人。直到1854年,基督教信徒有很多来自富裕阶层,但这些富裕家庭和很多其他的家庭几乎都在太平天国时期破产殆尽,所以现在大多数信徒都来自较贫穷的阶层。

当地信徒和周围人之间出现困难的原因之一在于传教士本身,在我看来,让教徒不花钱就能参加本地礼拜是解决问题的良好基础。每当定期举行宗教仪式时,分给非基督教徒家庭的名额都会因为教会成员的弃权而增加。对于新皈依的信徒来说尤其如此,热情令他们失去了所有的判断力。值得注意的是,长期存在信仰基督教家庭的村子里,并没有这种反感的情绪存在;事实是,这一拥有古老声望的宗教似乎成了他们安于享乐的保证,而新的外来信条中的传教精神为那些并非完全是出于宗教偏见而怀有敌意的人提供了一个很好的借口。人们必须记住，根据条约，他们的利益可能受到外国传教士及其领事的维护，而这种关系也可能会遭到滥用，与他们自己国家的当局相比，这种关系是微妙的。

这种情况恰恰体现了那句古老的法国谚语"钱在哪，纷争就在哪"，或许也可以用"一有财产，就有纷争"来形容。只要是大地主，无论是否信教都无一例外被卷入到纷争中。用和平友好方式处理暴乱中的财产损失问题的最大障碍是教会要求不断增加其土地财产的野心。这并不能轻率地推断传教士是遭到敌视的，因为问题常常出现在人们的讨论与争执中，而狂热分子并不参与其中。但是，这也难怪一些满清的芝麻官们时刻怀疑防备着传教士们，无论这些传教士是否会威胁到他们的管辖区域。另一方面，当传教士发现有人借传教为由，行不义之事，比如发动攻击或压迫掠夺，他们必然也会向当地官员或上级政府抗议。这里和其他地方一样，无论人们是否信教，宗教分歧都会令人痛苦和仇恨，除非人们开始意识到，不能让这些观点扭曲他们对他人行为的判断。

拉撒路教会在九江建立起了一个医院和一个孤儿院，前者得到了本地的部分外国居民的捐款支持，它的成功建立得益于昂德伍德博士不辞辛劳的出面，以及外国的和本地的修女的无私奉献，她们负责掌管这些。本地政府一直想对孤儿院进行有效控制，但这似乎遭到了拉撒路教会的坚决反对。管控的力量如果得到适当安排将会大大提高孤儿院的安全，以便应对时常遭遇的袭击，有了如此确切的目标，控制本应该、甚至是本可以实现的。孤儿院把孩子托付给奶妈，她们每个月都会带孩子去医院检查，她们在这种相处中产生了依恋之情，三年之后当孤儿院单方面宣布孩子的所有权时，乳母们才突然意识到她们才是孩子们的妈妈。在某种程度上她们说的没错，她只是相信是为了每个月 700 文的收入才放弃了她的孩子！如果正好有人恶意地去激怒无知者，那么这必会造成麻烦，所以教会想要剥夺她们做母亲的权利势必会引起慌乱。所以我很开心看到教会接受甚至要求对孤儿院给予官方的监督，以确保孤儿院的孩子与乳母之间没有血缘关系也没有亲属关系；这样的话，倘若以后再有诸如此类的情况发生，那么官方的保护以及随之而来的声明和文件必定会起到积极作用。目前，在这个问题上教会还没有对欺骗及其引发的纠缠做出防范。然而，考虑到在某些情况下乳母拒绝放弃监护权的行为是违法且不诚实的，那为什么不把这些可怜的孩子托付给那些照顾了他们三年愿意收养他们的体面家庭中？我无法理解教会为什么不能接受这样的安排,除非他们有能保证永远不会出乱子的方法。在九江,考虑到孤儿院中小女孩的数量很多,光住在孤儿院的就有大约180个,而非寄宿者有580个,并且人数还在逐年增长,这对我来说是一项非常大的工作。尽管孤儿数量会因为死亡减少,但过不了几年就会需要相应大量的信奉天主教的教徒与这些女孩结为连理,否则的话,教会就必须养活这些未嫁出去的姑娘或给她们谋求一个生计,这些老姑娘们不得不指望基督教未来的回报,作为她们牺牲自己嫁给非基督教家庭的补偿——留住这些女孩的目的是确保她们作为基督徒长大。

孤儿院所能支配的资金是不足以接收这么多儿童的,三个外国修女和两个本地修女,还有一些来这里帮助的本地人,他们所需做的全部工作有穿衣、盥洗、授课、喂食以及管理孤儿,除此之外还要求女孩缠足——孤儿院的做法得到了外国人的认可,尽管我在欧洲从未听过任何暗示说这是一种野蛮习俗。因此,这个孤儿院成了周期性流行病的高发点,因为没有办法把患病的孩子和健康的孩子隔离开来。孩子们都睡在木床上,很难保持清洁卫生或远离虫害,同时也意味着传播感染。有人告诉我,曾经有一种容易清洗的小型铁床架送给孤儿院,但是却遭到了主教的拒绝,因为他们认为这是奢侈的享受!这种反对很常见的。

与教会中的男性相比,《圣经》使修女在教会的地位降级到了底层,我认为这是毫无理由的。这些令人钦佩的妇女,通常来自舒适良好的家庭,她们常常耗费自己的财产和精力去照顾那些病人和孤儿,我认为她们完全值得我们信任,大量的工作也使得她们的身体疲惫不堪。由于欧洲的气候,她们夏天穿得多,冬天穿得少,她们在大斋节也要挨饿。她们的生活是最应该得到珍惜和关怀的,因为自我牺牲的信念很快就会消失殆尽,虽然她们的工作可能会继续,但永远是雇佣工不可取代的。当她们花自己的钱去改善她们奉献牺牲的工作环境时,应该给予她们更多的自由处决权。

概述——不管教会、新教徒还是罗马基督教提出什么样的改善意见,我的想法就是不要去质疑他们的慈善目标,也不要质疑他们用来激励大部分工作者的自我否定。相反,我强烈地认为,这个国家其中某个地区的居民,比如江西省,在接受了世界上极大的劳动者和财富之后,应该对这份巨大的利益心存感激。比如说拉扎尔教会的财产,在江西,他们有不断为建筑师和各种行业的技术工人提供岗位的剧院,他们所有的收益都花在这个地方,除此之外,为了相同的目标,大笔的钱直接来自欧洲。

如果把欧美国家自愿捐赠给来华传教士的钱,加上海外中国侨民寄回国内的钱,以及外国人在中国攒下的钱都进行比较,就会发现很有趣,因为其中大部分的钱都未流出中国;结果必然会显示一种平衡,有利于金银货币流入中国。这些事情应该让本地人意识到,外国人总体上来说都是有益的,只是在事关他们利益的事情上,他们就会打压动乱的挑唆者。

我不相信世界上还有哪个国家的人民会像中国这样对邻国的宗教信仰漠不关心。我们目睹了我们所有的欧美同胞总是担心与他们接触的人所信仰的宗教的戒律;这跟后者是否去拜访过他们祖先的坟墓没有任何关系! 就我个人而言,我从没听过中国人评论他人不良的宗教行为,只是在一些明目张胆的情况下,他们才可能会说,某某人对他的祖先不敬。我引用这段话来证明我的观点:当宗教的说辞被作为反教会的暴动时,那些说辞就仅仅是借口而已,啥也不是。

二十三、会馆

"会馆"一词的字面意思是"开会的大堂",这是由公众募资建立起来的房屋。会馆分两种类型:一种由同乡在外地筹资建立的,供他们之间交流和合作;另一种就是所谓的"行会",是为了确保从事同类贸易或同一行业的人们之间的合作与和谐而建立的。后一种会馆在九江并没有。事实上,有一个会馆的名称来源于茶叶和鸦片贸易,其目的并不是要控制或垄断这些商业分支机构;之所以这么命名,因为这栋楼是由茶商和鸦片商为了修建堤岸而捐的这笔资金的余款来建立的。这个会馆包括一处房产,有几栋房屋,委托人把所得收入都用于慈善,比如救生船和免费渡船。

前一种类型的会馆,比如各省的会馆,据说在太平天国叛乱之前,这里有很多会馆房屋都非常漂亮;但是当九江落入叛军手中后,这些会馆的房屋都被摧毁,自从这个地区的秩序恢复以来,这里的商业情况还不足以能保证会馆的重建。然而,这些会馆的遗址都被小心翼翼地保存着,并由边界墙和碑文加以界定。这里有两个省的会馆仍然存在,分别是福建省和广东省。福建省的会馆位于小东门,名为天后宫,是为了纪念它的守护神,是在原来的地基上重建的。广东省的会馆建于十年前,保留着原始的结构。九江开埠之前,很少有广东人在这里定居。

安徽的徽州和江苏的江宁在这里都有代表的会馆,但是他们的房屋都需要重新修缮了,这是由于他们的人数少,缺乏成员的重要性。

任何会馆中都没有会员资格的规定,唯一的会费似乎是通过最初的征税或是会员自愿交纳,用于会馆房屋的建设和开销。自愿交费政策似乎打算长期执行,这些钱供在九江居住的同省同乡使用。

二十四、官员

曾经或正在担任高级职务的本省官员,可能提到的有:刘瑞琪,山西省省长;何桂芳,直隶顺天的副行政长官;许振祎,目前黄河委员会会长;广西,广东科举监考官;蔡金壹,甘肃科举监考官。

二十五、著作

这十年间,本省没有著作问世。

二十六、未来前景

对此上述已经讨论过,并且也引用了杜德维先生、柯柏希先生和德尚先生多年前的观点看法。在我看来,九江在1891年底的状况以及未来的发展,与那几位先生当年所说的情况大致相同。我可以得出这样的结论:只要这里不发生根本性变化,比如引进铁路和公路,或者中国对外国企业全面开放,那么九江在接来下来的许多年很可能会一直保持一个稳定可观的海关税收,而不会有太大的波动。

A. M. DE BERNIERES,
九江关税务司
海关
1891 年 12 月 31 日,九江

附:

以下分别列出了 1874 年和 1891 年通过子口税单运送洋货的主要地方。

注:罗马数字表示 1874 年通过子口税单运送货物的地方;星号标注的是 1891 年这个地方仍然通过子口税单进口货物。阿拉伯数字表示的是地图上的地区城市,但是却没有子口贸易特权;带有星号的阿拉伯数字表示的是目前子口税单货物运输的目的地,而不是 1874 年。

地名后面的(A.)表示该地位于安徽;(H.)表示位于湖北。

    Ⅰ. Chang-shu-chen　（樟树镇）

    Ⅱ. Ch'i-chou（A.）　　（蕲州）

    Ⅲ. Fou-liang-hsien　（浮梁县）

  *Ⅳ. Fu-chou-fu　（抚州府）

    Ⅴ. Ho-k'ou-chèn　（河口镇）

    Ⅵ. Hsin-yu-hsien　（新喻县）

    Ⅶ. Hsin-ch'eng-hsien　（新城县）

    Ⅷ. Hsing-kuo-chou（H）　（兴国州）

    Ⅸ. Huai-ning-hsien（A.）　（怀宁县）　An-ch'ing-fu（A.）（安庆府）

    Ⅹ. I-huang-hsien（宜黄县）

    Ⅺ. I-ning-chou　（义宁州）

  *Ⅻ. Jao-chou-fu　（饶州府）　P'o-yang-hsien　（鄱阳县）

  *ⅩⅢ. Jui-chou-fu　（瑞州府）

  *ⅩⅣ. Ching-te-chen　（景德镇）

    ⅩⅤ. Kuei-hsi hsien　（贵溪县）

  *ⅩⅥ. Kuang-hsin-fu　（广信府）

    ⅩⅦ. Lo-p'ing-hsien　（乐平县）

  *ⅩⅧ. Nan-ch'ang-fu（南昌府）

    ⅩⅨ. Nan-ch'eng-hsien　（南城县）

    ⅩⅩ. Kan feng-hsien　（南丰县）

    ⅩⅪ. Ta-t'ung-chen（A.）　（大通镇）

    ⅩⅫ. T'ai-hu-hsien（A.）　（太湖县）

    ⅩⅩⅢ. Te-hsing-hsien　（德兴县）

ⅩⅩⅣ. T'ung-ch'eng-hsien（A.）（桐城县）

ⅩⅩⅤ. T'ung-ling-hsien（A.）（铜陵县）

ⅩⅩⅥ. T'ung-shan-hsien（H.）（通山县）

ⅩⅩⅦ. Wan-nien-hsien　（万年县）

ⅩⅩⅧ. Wan tsai-hsien　（万载县）

＊ⅩⅩⅨ. Wu-cheng-chen　（吴城镇）

ⅩⅩⅩ. Wu-hsueh-chen（H.）（武穴镇）

ⅩⅩⅪ. Wu-ning-hsien　（武宁县）

ⅩⅩⅫ. I-yang-hsien　（弋阳县）

ⅩⅩⅩⅢ. Yu-kan-hsien　（余干县）

ⅩⅩⅩⅣ. Ch'ien-shan-hsien　（铅山县）

35. Chiu-chiang-fu　（九江府）

36. Jui-ch'eng-hsien　（瑞昌县）

37. Te-an-hsien　（德安）

38. Hu-k'ou-hsien　（湖口县）

39. P'eng-tsé-hsien　（彭泽县）

40, Wang-chiang-hsien（A.）（望江县）

41. Tung-liu-hsien（A.）（东流县）

42. Ch'ing-yang-hsien（A.）（青阳县）

43. Su-sung-hsien（A.）（宿松县）

44. Lien-hua-t'ing　（运花庭）

45. Ch'ien-shan-hsien（A.）（潜山县）

46. T'ung-ku-ying　（铜鼓营）

47. Ching-an hsien　（靖安县）

48. Feng-hsin-hsien　（奉新县）

49. Feng-ch'eng-hsien（邓城县）

50. Chin-hsien-hsien　（进贤县）

51. An-i-hsienB）（安义县）

＊52. Chien-ch'ang-hsien　（建昌县）

＊53. Nan-k'ang-fu　（南康府）

54. Tu-ch'ang-hsien　（都昌县）

55. An-jen-hsien　（安仁照）

56. Hsing-an-hsier　（兴安县）

57. Yu-shan-hsien　（玉山县）

58. Kuang-feng-hsien　（广丰县）

59. Hsin-ch'ang-hsien　（新昌县）

60. Shang-kao-hsien　（上高县）

61. Jui-chou-fu　（瑞州府）

＊62. Yuan-chou-fu　（袁州府）

63. P'ing-hsiang-hsien　（萍乡县）

64. Fen-i-hsien　（分宜县）

＊65. Lin-chiang-fu　（临江府）

66. Hsin-kan-hsien　（新干县）

57. Hsia-chiang-hsien　（峡江县）

68. Lo-an-hsien　（乐安县）

69. Ch'ing-jen-hsien　（崇仁县）

70. Tung-hsing-hsien　（东乡县）

71. Chin-hsi-hsien　（金溪县）

72. Yung-ning-hsien　（永宁县）

73. Yung-hsin-hsien　（永新县）

74. An-fu-hsien　（安福县）

75. Lung-ch'uan-hsien　（龙泉县）

76. Wan-an-hsien　（万安县）

77. Tai-ho-hsien　（泰和县）

＊78. Chi-an-fu　（吉安府）

79. Chi-shui-hsien　（吉水县）

8o. Yung-feng hsien　（永丰县）

81. Ning-tu-chou　（宁都州）

82. Jui-chin-hsien　（瑞金县）

83. Shih-ch'eng-hsien　（石城县）

84. Kuang-ch'ang-hsien　（广昌县）

85. Lu-hsi-hsien　（庐溪县）

＊86. Nan-an-fu　　　（南安府）

82. Nan-k′ang-hsien　（南康县）

88. Ch′ung-i-hsien　（崇义县）

89. Shang-yu-hsien　（上犹县）

＊90. Kan-chou-fu　　（赣州府）

91. Hsing-kuo-hsien　（兴国县）

92. Hsin-féng-hsien　（信丰县）

93. Yu-tu-hsien　　　（云都县）

94. Hui-ch′ang-hsien　（会昌县）

95. Kuan-yin-ko　　　（观音閣）

96. Lung-nan-hsien　　（龙南县）

97. An-yüan-hsien　　（安远县）

98. Ch′ang-ning-hsien　（长宁县）

99. Ch′i-men-hsien（A.）　（祁门县）

100. Wu-yúan-hsien（A.）　（婺源县）

朱峙三先生家书选编(1912—1913)

胡香生[①]点校

摘 要:辛亥志士朱峙三在武昌首义后,曾任职湖北黄安县知事公署第一科科长,其父朱仁甫是武昌县城知名中医,本部分所节选 1912—1913 年间的朱氏父子家书,对于研究民初的政治史、社会史具有重要的史料价值。

关键词:朱峙三;朱仁甫;家书

朱峙三(1886—1967),原名鼎元,又名继昌,湖北鄂城城关(今鄂州市鄂城区)人,两湖总师范学堂肄业。民国时期,先后任《中华民国公报》编辑、湖北军政府内务部书记官、湖北省黄安县知事公署书记官、第一科科长、湖北省党义训练所国文教习、武昌中央军事政治学校校级秘书、蒲圻县(今赤壁市)长、黄冈县长等职,兼或在寒溪中学、大冶中学、武汉晴川中学、湖北省立第一师范等多所学校担任教习,并曾于福建闽海道尹公署任职教育科长。抗日战争时期,在宜昌、恩施任湖北省政府办公处(三游洞)代理主任秘书、省府视察员,后改任湖北省参议员,并受聘于湖北教育学院、国立湖北师范学院等多所高校,担任国文系等学科教授。中华人民共和国成立后,朱峙三历任湖北省文物整理保管委员会委员、省政府参事等职。

本文自胡香生辑录的《辛亥革命志士朱峙三藏札选编》[②],主要为朱峙三先生任黄安知事公署第一科科长期间与在武昌县居住的父亲朱仁甫的往来书信,对于研究民初年的政治史、社会史具有重要史料价值。

---

①胡香生,朱峙三先生之子。

②胡香生辑录,严昌洪编:《辛亥革命志士朱峙三藏札选编》,华中师范大学出版社 2015 年版。

图1　朱仁甫六十岁肖像(1912年)　　图2　朱峙三于黄安知事公署小照(1912年)

1912 年 3 月 20 日上午,朱峙三收父亲家书一封

1912 年 3 月 20 日上午,朱峙三在黄安县知事公署办公。其间号房(即传达室工役)送邮局递来一信,系父亲正月二十日(即 1912 年 3 月 7 日)所发家书(据《朱峙三日记》所载:黄安至予邑仅二百四十里,邮路据说辗转相递。邮政系一代办所,张姓为商会会长者)。

鼎元儿知之:

阴历二十日收到邮局送回第二次之信、第一次信并未收到不知其故,汝速向彼局追问。前省垣之事汝既知巅末无庸再述,近日外县办事较在省便宜多了,总要振刷精神,诸烦谨慎。名为书记必与顾名思义,一切公事及要紧文件各立号、簿以便临时核查,如有不谙之处务要与傅君磋商,切不可自是。近闻肖鹤在省无恙、贤智尚未就有另事,我家人口俱好。现已租就古楼赵姓之屋,每年租金二十二串八百文。拟于二月初九移居,所需搬家之费非二十串不可。汝必措办速交妥人带回,如无妥便或邮寄或着人亦可,并将汝现在署中一切情形逐一详细寄字,是为至要。

夏生安置否? 县内并无新闻,铺面俱形冷清,由小票过多难于畅行。

二十日午刻父字

195

1912 年 4 月 11 日，朱峙三寄其父母信

父亲母亲大人膝下：

儿于阴历十八日安抵黄安县署，现在诸事仍就旧。太辅已就护兵此是暂为之计。内务司昨已派人来安接办警察，将来拟拨太辅入警署办事。景祥尚无相当位置，将来拟添入警署作巡长或司书生均不能定。家中一切布置近状如何，总宜减之又减。送儿宜早上学不可令其旷废，至于买物可托前重程姓招呼。现在军队驻县，送儿太顽劣，切不可在外多言致惹无味，至嘱。薪水一层前日虽已见报，然署中接得内务司公文，云此事已交临时议会决议尚未发表，此时暂就知事酌议者支给，俟内务司有正式公文来县，既照议会议决者办理云云。署中各员薪水端屏至今亦未更改。寄钱之事此时无便，候太辅因差到省时寄回或就该县妥人带省，由"万发祥"转交亦可，(此时另有办法)父亲不必多虑。

儿身体此时尚好，大人所开之丸药方已就县中制服。帐子、夹袍及应用衣服均已做好。前端屏所议司法章程大受部批拨(驳)，此时甚不得意，并有人在省登报言端屏办事糊涂者，办理该县事务颇不容易。张肖鹄、许学源有回信否、县内有无新闻余容续禀。

恭叩

福安

姐姐好否？

儿鼎元跪禀

前日路过宋埠晤王福堂，伊处生意尚可，并留儿在伊处晚餐。专差叶升回县收到红碗一个。

回谕信面不必书"老爷"字样，可直接写书记官。

阴历二月二十四日

1912 年 4 月 20 日，朱峙三寄其父母信

父亲母亲大人膝下：

第四号家信想已收到。阳历十六日，因黄安署内财政科员董君①之子回安往省之便，托带洋钱票十张、台票十张，嘱其带交程稚松收存，(董名用威②，现

①董名采臣，清附生，时年五十，家境甚贫。
②董采臣之子董用威又名必武，与朱峙三互称为庚兄弟。

充理财司秘书官。)转觅妥人转交家内,不知此款现在收到否?现在傅端屏已受小人毁谤,已登报章言其用私人。又有刘钟秀者,系黄安人,现充都督府副官,已邀该县数小人在内务、司法两司呈控端屏糊涂、荒谬等语,词内牵及伊叔。伊所带之人舞弊,(并未提及书记官。)皆属乌有子虚之言。请内务司撤端屏任,内务司似尚未究。(惟批示云,如傅端屏实有此种情弊,实堪痛恨!已嘱端屏自行明白禀复,勿得含糊致于撤究等语。)此事容续详函另录,司法司尚未有公文到县。惟黄安正派人对于端屏感情甚厚,现在该县临时议会已经成立,对于此事亦甚不平,日前为登报事已公函至省为端屏辩证,想对于此事另有一番办法也。余俟司法司有文到时再行录原批原文详寄。

　　附报纸一段,有载《一县十知事之奇闻》,黄安知事傅启楷①莅任以来,荒谬糊涂已见司法司明文并各报馆。讵渠毫不知戒,衙门执事多属私人。最奇者,父党五人,妻党四人均有知事之权力。黄安人语,咸以"一印十宦"为话柄云。(章)

　　恭候

双亲大人福安

儿鼎元跪禀
阳历四月二十日

1912年8月29日,朱峙三寄其父母信

父亲母亲大人膝下:

　　今午接到手谕敬悉一切。端屏正在办理交待,褚(褚辛培,郧阳府竹溪人,曾学法政,满清时,候补知县即内务司铨叙科科员也。)新任尚未到县,亦未有信来,不知何故,大约此人总必到任也。现在各县经费,民政府准内务、财政两司所请行政费业已规定,中县(黄安属中县)经费可准支一千零一十八串文。课长只用两人,劝业、统计两课长,均归知事与书记官兼任。课员,中县只准用六人,司书生只准用九人。就黄安论,课员已多三人,司书生多五人,均在必裁之列,其余卫队、杂役与规定之数尚差不大。新任之来,当有一番变局。现在署内幸无多要政,惟民政府催办选民册甚急,此次为选入众议院地步,分乡调查尚费时日。前由省城荆旗善后局派来之旗民二百人,幸已分安插入籍矣。我县想亦有

---

①傅又名端屏,端屏为其号,1885年生,系朱峙三曾在两湖总师范学校(堂)的同学。

派送前来也。皮窝龙袋非有便人带不能寄归。中秋所需之款儿亦知是急务，惟此月薪只能得三十串文，置得四十串之谱，然尚不能定，其有便人寄到否也。二叔之款迟早总是要还的，儿岂能漠视。我县知事政绩何如，郭星桥已有信来闻往省去了。端屏近来日夜在署中抹牌，不理一事，较之初到任，前后判若两人。此种人万不能做大事，撤差亦可。祖送、庆云务需从速缔婚，再大更难，此事父亲务要注意。家中油盐柴米必要多备不可零碎购买，现在门面稍好，岂能仍作此丑态乎？纯儿之脚切不可包，庆云亦宜早放，现在大总统及都督、各司对于此甚为注意，抑亦欲除我汉族苛政也。姐姐近日未发疾否？余容细禀。

　　恭叩

福安

儿鼎元跪禀

八月二十九号

1912 年 9 月 12 日，朱峙三以"黄安县署"信笺寄其父母信

父亲母亲大人膝下：

　　今日叶升回署收到丸药料一包、藕六筒，丸药已觅人在做可以续服，此时丸药恰已服完正合时宜。端屏撤差之事已于十四号家信言明，兹本县临时议会已具往省，端屏留任恐无效力，不过顺水人情耳。昨日张梅先回县（黄安人，两湖义斋同学①，理财司秘书）。晤时曾告省城中事，一切甚详，并交到儿之毕业文凭一纸系由夏宗言所托带者，并云新任知事褚辛培系云梦人，性情乖张，系第二次省师范毕业，与石镜清同学后习法政，现充内务司科员。父亲可以问石老六便知其心性也。将来与儿办事同心与否尚不可定，大约初来数月遇事须与接洽，彼当要向儿问情形也。秋节在迩，此次薪水定不能支多，大约只能邮政既不能寄，专差又非三串钱之脚力不可，且新旧交代之时账房亦不能贮先支款。如中秋前有便即寄钱三十串回家，万一无便，必俟阴历九月重阳前后，儿即将阳历十月薪俸支取，共计可得九十串文，则还之钱亦易也，父亲再向二叔说知亦无不可。此事须注意中秋前此款能寄到则只有三十串之数。重阳前专人送回则有九十串之数也。此外，儿更需宁绸马褂一件、竹布单袍一件。皮马褂太贵，万不能制，县内如有合宜之皮袍买一件尚无不可。祖送、庆云务要宜早开亲，前于函

---

①张名国恩，《两湖总师范同学录》义斋名册中有载其名和别号等。

中屡次禀明，此乃最要之事，无妨托周斗臣、汪小轩诸人说之。纯儿之脚万不能包。夏生、景祥之事大约新任来时当亦无碍。新任为人、其心情心术尚不能悬揣，将来共事大约亦能相投，且署内署外之事儿最清楚，各课员亦尚融洽，即令彼带来曾充刑幕之人充课长，想亦无特别之本领也。刑幕在前清时所恃者，援例熟耳。现在知事不兼司法卷案批答，不通法律亦能之。儿等办事八阅月矣，亦未闻有错误之处，钱、漕既无弊政，遇事皆以正直行之，亦无他项不能办之事。我县新知事到任如何？朱纯如尚充视学否？余容续禀，

　　恭叩

福安

儿鼎元跪禀

一九一二年九月十二日即阴历八月初二日

1913年，朱峙三寄其父拟贴，随附民国二年(1913年)

元旦黄安县署春联文稿

　　　　正朔初更，看五色旌旗，民国重增新气象。

　　　　舆情上达，对双泉明镜，高深不似旧堂廉。

以上大堂联(安署二堂有双井，名曰双泉堂，为黄安八景之一)

数声啼鸟报春来，欣逢泰谷阳回，居陋僻芜斋，官吏廉如雙鉴水。(安邑官廨为明末所建，前清知县皆视为传舍从未加修葺者。)

一国政纲随途转，窃愿郱城多士，趁弸中彪炳，文明高把五云山(郱城为安邑古名，口中彪外见扬子法言，文德极盛貌。附近三十里之高山名五云山，与安署遥相对峙，名曰安邑文峰，亦八景之一也。)。"

以上二堂联

　　　　　　春意欲来梅花满树，

　　　　　　月华初吐桐影侵轩。

　　　以上三堂栏干柱，栏右有桐一株，左有腊梅一株。

阳历元旦贴时寄父亲一阅

1913年6月11日，朱峙三以"江汉公校"信笺寄其父母信

父亲母亲大人膝下：

　　前日到省，由江汉公校所发之信想已收到。近数日诸事已有头绪，第一师

范刘永寿所任之功课业已退与儿接手,(每礼拜四点钟,月薪十六元。)又新添两班学生,已由张肖鹄向郭先生(校长)说项,加儿功课四点钟。又《中华民国公报》馆拟于阳历六月中旬添出画报一张,傅端屏、张肖鹄拟聘儿为画报主笔,月薪暂定二十元。又江汉公校俟学生再添班时,拟聘儿为文学教员,月薪不能定。合计以上三事月薪可得五十余元,总数亦与书记官薪水相等,惟此三事总在阴历六月中事。(第一师范要暑假后开学)。此近日儿在省谋事之情形也,此数日内再四思维岂能一日无事。新任黄安知事曹履贞,儿昨日信已详写其人之性情矣,此次本欲在安不就科长,一俟到安办毕交待再行来省。而前日郭堂长又极力劝儿往黄安协理曹履贞办事,并云曹闻安邑书记官系你充当,非常欢喜,以能得一熟人也,儿彼时轻轻诺之。昨日曹忽至内务司及各处打听儿现在住何处,请儿去伊公馆一话。儿既得此信,遂不得不一往以尽宾主之礼。今日上午乃至伊公馆面晤曹履贞,伊并非常欢洽,并云书记官尚未实行裁撤,即或改为科长,我此次初到安邑亦须老兄相助云云。无非一派面子话,儿亦伪诺之。儿并云即或改为科长亦须多在安邑数月与先生帮忙云云。与彼即辞出径往郭堂长处,仍谈及第一师范添功课等事,并谈及儿在黄安所办诸事及儿此次要来省就事之理由,儿均以实话告之。郭堂长云曹履贞昨与伊谈,有情愿请儿当帮审员之议,儿云此说是否属实,郭先生云此说是实,此乃出于黄安驻省同人之意,曹亦有是(此)心,更有我从中赞成云云。儿(向)彼即云资格恐不合,郭先生云曹履贞与司法筹备处长亦相契,若行正式公文来省定能做到。儿又云曹知事到黄安,无论令儿充科长或帮审员,此时在省皆不能定夺,俟学生到安时再有信来告知先生,或行或止当有信到省。郭堂长云,你如能就帮审员更好,万一此时司法不能归并行政衙门之内,即可暂就第一科长,且第一师范开课上堂在阴历六月以后,为时尚久,即或黄安事不能相安,亦宜多就职,藉得薪水,免至(致)在省久候,亦是佳事。只须(需)第一师范开课时(黄)安事如果不能如意,再来省就事可也,但(有)第一师范此门功课业已替你留下矣,有我作主他人亦不能强夺去云云。所以仍赴安就事(职)之实在情形也。(曹履贞定于此月十三四日到安)现在省中因宋教仁案甚为恐怖,南方各省极力主张与袁总统为难,彼此来电甚为激烈,南北将来争战恐所难免,时局岌危已达极点,言之痛心谈之色变,长此以往恐非民国之福也。(省城及各机关衙署、各界各团体处处戒严。)各报纷腾不堪读阅,此时暂(不)到外县免令人著(着)急也。

父亲身体现已衰老,对于家中诸事尤宜格外平心静气,即或家中稍有不如意事,切不可对人乱吵。儿常见我县多吵闹之家运气每多不顺,所谓"和气生祥,乖气致异"是也。父亲一生阅历岂此等事独未想到乎? 以后务要更改,一则令家中老小可以长享天伦乐趣,一则免令外人见笑也。儿在外办事之人总愿家内平和,尤望双亲康健,从此以后家中可以渐入佳境,又何必长此纷扰,令儿在外办事之人常添内顾之忧乎? 父亲务要更改脾气,务要平和处事。汤药尤望时时增服为要。古语云:父有诤,子则身不陷于不义,祈父亲思之重思之,余容再禀。

儿定明晨搭车初九日即可抵(安)署,候到署时另有家信再叙,安邑交待情形可也。

儿鼎元恭叩

五月初七日

1913 年 8 月 2 日,朱仁甫给朱峙三家信一封

鼎元儿知之:

近日天气太热,好为调摄,饮食宜淡素,予因天气太热饮食不及从前,若早日改凉不致为患。外面应酬一节,除来家就诊者未尝出门也。进款不多,日用不能不谨。闻武汉二口生意凋零,家眷俱已搬尽,因新堤、蒲圻俱有战事,故耳口属传闻未必无因,不知将来作何究竟。我县城内尚属安靖,搬家者此时并无,以不敢轻动恐人笑耳。现十四五六日口小洋轮水手到县,询及武汉情形,伊等云武汉搬家是实,戒严稽查甚紧,市面较前数日畅旺些,谣口亦不多,大约平靖了战事亦无确口。所以我县人民及生意口中俱口安赌如常,汝可勿庸远虑,汝省垣同学近日有信与汝否? 两湖师范开学有期否? 非确有把握不可移动,不若仍旧之为愈也。汝意如何予亦不强汝也。信到即写回信,至嘱。[①]

1913 年 9 月 6 日,朱峙三辞呈及致家信

黄安县(知事公署)第一科科长朱鼎元呈请辞职由　九月十六日批

据该县科长朱鼎元呈请辞职等情。查阅原呈,该县第二科科员郑先定兼办一科事务当然应受督率,乃郑科员任意压搁公事,催促置若罔闻殊属胆玩,应即撤去科员差事以示惩警。惟该科长既意见诸多不合,办事棘手,自未便强留致多窒碍,

---

①此信有释读,文载《辛亥革命研究动态》2020 年第 2 期,第 31 页。

应准辞职以遂孝养之志。仰即分别转行知照，遗缺遴员具报以凭状委，而专责成该知事对于用人行政负有完全责任。须慎选贤能以资治理，切切此令！

（计粘原呈一件）

以上系批儿之手折，儿手折系由安署八月二十五日邮递到省，此批到安之日儿已回家，此手折底稿现在家中第二层书箱大屉子内有一信封筒者，外面书"朱君峙三启"等字。此（其）中尚有递曹禀稿一件、印结一件，阅后仍过细收藏。

黄安知事呈请挽留科员郑先定由　九月三十日批

呈悉。查该县知事已委段树滋接署矣，郑科员是否可留应由新任察核转呈，本署酌夺可也。此令！

此即批曹呈文文中前半（部）系控诬儿之劣迹，后半（部）即言郑科员之能办事，请行政公署收回成命仍复郑为科员者。

父亲母亲大人膝下：

二十二日晨搭汉安小轮，沿路拖船拖兵，合计验票之数有八百余人之多，到汉口已十点钟。幸儿同船尚有熟人帮忙，不然行李、网篮恐概行失落矣。彼时即同李姓将行李挑至河街汇源东栈歇宿，栈费三百八十文，合计在汉用去六百余（文）之谱。（王锡五住此栈）船钱与此合计共一串二百（文）之谱。从此以后小轮万不可搭，即有衣物，上水亦要（搭）大轮，下水搭小轮可也！儿现住江汉公校仅有伙食，第一师范尚未开课。现在郭先生又调至汉口中学充校长，即将汉口中学校长周从煊（罗田人）调充第一师范校长，儿等委（任）状尚未发下，将来有变局与否尚不能定，一俟阳历十月初一日再有分晓也。《群报》馆事暂作罢论，《求实报》（馆）邢伯谦事尚无头绪，大概诸事总在十月（阳历）初定夺也。家中用度宜紧，刻下并不能寄钱回，俟下月另设法。省城近日政界、学界诸事运动较满清胜千百倍，（现时）谋事只论奔走得力，不问人品学问，世风愈下一至于此，气节之事稍能糊口，此时即不欲问世矣。周斗臣树料已定夺否？如能定夺此款尚要从缓。父亲疾千万加意调摄，切勿发怒生焦自讨烦恼，儿事自知布置，下月初再详禀达。父亲亦不必过虑，伏愿父亲早日痊（愈），可支持家务，乃儿之幸福，免至儿在外又兼内顾，则虽赚钱不多亦是幸事也。余容续禀。

恭叩

福安

儿鼎元叩禀

九月二十六日

1913 年 9 月 11 日，朱峙三以"中华民国公报馆用笺"寄其父母信

父亲母亲大人膝下：

儿前日抵省一路均好，近日连晤各友。《中华民国公报》馆事因党见不合又兼清款，肖鹄等均自行告退，前谈之事自然不能就绪。出《公报》馆，教育司又裁汰人员，夏秋舫、曾诚斋均已取消出署矣，此近数日变局也。第一师范定于阴历九月初一开学（即阳历十月一号），郭堂长因党争剧烈现又改入进步党而校长位置乃固，如此可谓丑极。第一师范儿之钟点有六点钟，现在住江汉公校肖鹄处。连日曾心如商议加入《群报》馆内办事，一俟有成月薪可得二十四元。时局如此，只怨我家素无恒产以致在外奔驰，均是寄人篱下诸事不能自由，稍有气节之人此时均不能在外谋事也。余俟回家面谈。（大约十五日归家，如十五不回即二十前后。）

专此恭叩

双亲大人福安

省城平静如常

儿鼎元叩禀

十一日晨刻①

1913 年 10 月 6 日，朱峙三寄其父母信

父亲母亲大人膝下：

连日所寄之报想均收到。（内附有信二件）儿近日甚好。今日已上课，郭先生虽已更换，此乃夏寿康与之作对，现在有人调停大约不致被撤也。教育研究会之款不能领，容缓寄归，还汪小仙之款可也。刻下所需者垫絮一床，有便人可带到省《群报》馆，事前有人绍介，此数日内必有成局。余容续禀。

恭叩

福安

儿鼎元叩禀

十月六日

---

①此信有释读，文载《辛亥革命研究动态》2020 年第 2 期，第 32 页。

1913年8月28日,朱峙三寄其父母信

同年九月二十九号,已于当月六号之前辞去县知事公署第一科长职务,离开黄安返回武昌省城,先后就任江汉公学①、湖北省立第一师范学校图画及习字教习,湖北教育研究会图画编辑等职的朱峙三,接到寿昌(即鄂城)县家中转来安署书记陈嘉言②向朱仁甫老先生透露:曹履贞在朱辞职并办完交涉离安后,仍有向上司提示之隐情,就向双亲写家书。

父亲母亲大人膝下:

今日下午接到二十六日所发手谕,敬悉一切。黄安事,与知事结怨自六月间回家看父亲之疾之日起,是时曹已下乡勘案,儿留信一封写明父亲疾危原委,并托陈林之③(即第二科科长)、郑安卿④(即第二科科员,后改任第一科科员者),嘱其照料第一科之事,且对伊两人云,我此时方寸已乱不能多说,写曹知事之信亦如是说云云。是儿之对于曹亦可谓尽情尽理矣。(之)后儿到安时即闻人言:曹谓儿走时该候伊回署,试问父疾危而不即时归家,尚得为人子乎? 则曹之为人,忍乎不忍? 冯科员因公事小有措(错)误即时(被)取消,不准在署逗留,此乃儿未到安时之事。大凡取消科员必令科长知觉,乃曹取消科员亦不令儿知,并不候儿到署,此岂目中尚有儿乎? 且冯科员为阁署办公老手,伊之取消者,欲为吞款地步也。如是因冯事而渐与(之)有意见,惟当日尚未发耳。伊之呈文前两条即是此意,第三条毫无影响,第四条更属遁辞。儿在安与各处相熟不自今日始,惟第五条之事系江署长在署内平日爱弹月琴,是夕,邓科员⑤、韩科员⑥(均黄安人)在外邀同高等小学教员王悦襄入(县)署,借江署长琴弹唱,[系在日本音乐学堂(校)毕业,此人(王姓)在县亦是(属)大族,与儿仅认识尚不大熟,系今年补充高等教习者。]是夕入署弹唱系邓韩二科员之介绍,环听者则有两帮审员及各科长、科员在座。曹呈文所指旧优即王悦襄也;此事前安邑学界

①又称江汉公学。系张国恩、董必武发起创办,该校仅存在近两年时间,初以招、考革命烈军属子弟受教育为目的,校长张祝南。教职员大多数系两湖总师范学堂毕业生,校监、教习之待遇仅供以伙食或佚马费。
②陈系黄安人,傅、褚、曹三知事均启用之。
③陈系武昌省城人,湖北省立师范学堂简易科学生。
④郑名先定,沙市人,两湖理化专科学堂未毕业者。
⑤邓名海珊,高桥区人。
⑥韩名子洲。

甚为不平，曹所谓饬儿自行检举者即云此事。是夕所唱地点系在第一科花园内，所以，曹称一科长引优弹唱，即将此事罩于儿一身耳。至儿呈民政长辞职文，本牵及科员郑安卿（即郑先定），所以民政长批准取消郑安卿。（此人最坏，平日在署中拨弄知事与儿有意见者即此人与陈林之也。）曹此次呈文无非说儿之歹以称（衬托）出郑安卿之好，冀行政公署准其复充科员，究竟此数条与儿何害？且观察使（署）已派员至黄安调查。曹（知事）究竟是否好人该县自有公论，不难水落石出也。

儿得父亲信后，比（立）即将原件送至阮次扶处与之面商，阮云："尔既为辞职之人，任伊呈文仅（尽）可不照，此不过曹为卸过地步、欲为郑安卿复科员地步，与尔何害？且曹此次枉费心机，现伊已撤任，已由民政府委段树芝署黄安县知事矣。此等事尔切不要照，不然，尔（欲）进内说项，设民政长问及黄安呈文朱某何能得知也？"等语。儿即商之同学诸兄，佥云此乃曹不过藉汝垫郑安卿之背耳，其用心虽巧，其如伊已撤任（又如）何！现在黄安为伊妄报：黄安有土匪，请省署派兵访拿。兵到之日，将黄安阮姓名三角湾者，（与阮次扶所在乡隔三里许）四十余家概行焚燃，并枪毙数人；其实乡间并无匪警。刻下黄安人对于此事甚为忿激，大约伊即卸任尚不能脱身，恐安邑士绅不仅留伊算账已也。害人者，实自害之。此可为鉴戒者矣。此儿所述在安及现在情形也。

父亲所云弥缝了事一层，似可不必，置之度外可也。况曹之此文概属些须小事，难道能将儿办罪乎？且民政府既撤伊，此次来文定无好批。请父亲不必过虑，总以调病为好，免至令儿有内顾之忧也。千万至祷。现在第一师范校长既换，今日闻阮次扶云教员不更动，儿月薪洋十六元合钱二十串之谱。现在教育研究会已就儿当图画编辑，苏成章充会长者，附设于江汉公校之内，月薪二十串文，另有伙食。此乃肖鹄介绍者极盛，此会乃专编各种教科书供学堂之用者，肖鹄、端屏、尚有（两湖总师范学堂）义斋（学友）一人均是编书员，月薪各四十串文。儿所就之事仅就伊等书中绘图耳，闻阳历十月五号可支薪水，则儿此事与黄安之事相等，父亲又何必着急乎？且今晨邢伯谦处发有传单来校，嘱儿明午至伊处开会筹议一切事项并报馆事，如能再就一差则二十元之事不费力矣。且儿前日在家写一信至（致）彭子芳先生处（在江陵县署），嘱望转托方知事（黄安人，与教育司长时象晋最相得者）专函来教育司，嘱司长将儿尽先录用。兹得方知事专函词意尚属恳切，儿议明日下午开会后再去教育司面交此信，看将来有效否。南庶熙昨日在京来信亦云汤化龙之事伊已面托，伊写信来儿处云汤已答应了。不久当有分晓。此儿近日来省之好消息也,余容续禀。

恭叩

福安

儿鼎元叩禀

八月二十八日晚十点钟

1913年10月9日,朱峙三寄其父母信

父亲母亲大人膝下:

九月初八手谕今晨收到,敬悉。父亲身体渐已痊愈,甚为欣慰,尚望加意调护为要。第一师范校长暂以教育司长代理,(郭先生已辞职,都督亦在调停此事。)大约将来仍是郭先生充校长。此时以司长代理者,避眼前之风潮也。(业已于初五日上课矣。)教育研究会事,月薪尚不能领,因现正筹画(划)进行之法,大约总在月半后领款,(月薪二十串文)第一师范薪水大约亦是月半可领。垫絮切不可另打,只就家中旧絮觅一床带来为妙,切不可另用闲钱做物也,有便宜的旧絮带来。黄安新知事已启程矣。大约曹亦不久到省,其最坏之两科长均已于前数日到省矣,冰山已倒如丧家之犬耳。周斗臣树料从缓议亦可,儿拟于阴历十月中旬回家,省垣安静,正式总统仍袁黎两公。余容续禀。

恭叩

双亲大人福安

儿鼎元叩禀

九月初十日午前

1913年10月30日,朱峙三寄其父母信

父亲母亲大人膝下:

昨晨所发第二号信想已收到。黄安之事均详此信兹不赘,昨晚托同学刘保初由民政府抄出。民政府前日批儿辞职手折之批尚有嘉语、其中并有讥曹之意,郑先定之取消实由此折之力。(批另抄呈览)前日安署曹之呈文说儿之歹话者现亦批出,将伊陷害儿一层已拨开。并留郑先定仍充科员之事亦不准,想曹之对于此事亦扫兴也。(批另抄于后)现在第一师范校长业已换人,民政府尚有暂缓开学之谕,儿所任之钟点已托阮次扶说项想不致取消。现就教育研究会图

画编辑，得此仅可济家用。《群报》馆主笔一缺尚在托人说项，约有八九成之谱，如果能就绪则又稍添进款不过劳心耳。《求实报》（馆）尚无的（底）款，此月能开与否亦不能定。家中济用之款儿数日内（约六七天）即当向友人处暂挪钱十串寄归，千万总要紧细，不可千万乱用。父亲之疾尤望加意调养，以免儿在外着急。省中民政长已换饶汉祥，奔竞之风较昔万倍可为浩叹。余容续禀。

恭叩双亲大人福安（垫絮一床有便可速寄来或交景祥处）

儿鼎元叩禀

十月初二日

1913 年 11 月 2 日凌晨，朱峙三拟寄其父母信

父亲母亲大人膝下：

前日之报想已收到。昨晚晤汪小仙，云我家借伊之官票拾张济用，但此钱儿或就省还伊或径寄回县，请父亲速以手谕示之可也。再垫絮一床，有便人可速寄到江汉公校或汉口河街一码头汉华宾馆万景祥亦可。儿近日身体好。第一师范校长尚在调停。余容续达。

恭叩

福安

儿鼎元叩禀

十月初五日晨

1913 年 11 月 10 日，朱峙三寄其父母信

父亲母亲大人膝下：

前日所寄之报想已收到。第一师范校长已归教育司长代理，儿等委任状亦未发下，功课亦在上堂，薪水各人至今未发，亦不便去要，要看五日后再作道理。兹以老熊回县之便寄到官票十张（系官票八张，纸洋一张钱九百四十合算），请父亲如数查收以济家用，并速寄一函来校免儿悬望也。儿身体好。父亲现已痊愈否？念念。余容续禀。

恭叩

福安

儿鼎元叩禀

十月十三日

1913 年 11 月 14 日,朱峙三寄其父母信

父亲母亲大人膝下:

前日景祥送到衣服一包,当(即)已寄一邮片回县,想已收到。省中诸事如旧,京中已来命令取消省议会议员四十余人,此中情形问稚松即知其详细也。阮次扶接内务司事未久,司中此次裁人最多,科员位置万难安插,事务员亦不能添人,即(令)能添儿亦不屑就。因事多而薪水仅二十四元也,看将来能就外县事否。现在省中人浮于事,京中迭次来电无非"裁人减薪"四字,将来吃笔墨(饭之)人实不能容于今日之世界也。可奈何! 可奈何! 儿自恨家中素无蓄积,虽近年自己刻苦亦无济于事,再四思维以后非经理生意不可。教育界之事将来亦不可靠。省中学款支绌,已开各学将来亦不能保其成立与否,且中央政策现在只注意练兵,理财、教育一途决意从缓,近来各校阳历十月薪水至今未发是其证也。许玉峰邀做生意大是佳事,但开办之始不知需款若干,儿决意经理其事,如果我家出钱二百串即设法借出暂与许先生同夥,许先生出钱三百串即能开办。为永久计,则开药店为要;为目前计,或请袁夏生帮忙带祖送经理开山货店亦可,此只要本钱百串足矣。现在世界均不可靠,无论政界、学界皆时时变更,时有风潮,所谓永久之事仅农务与商务耳。虽时局变更商务终不可废,且将来大势尚不知伊于胡底,父亲详细问稚松即知之也。更望父亲加意调病,如身体康健,照料家计兼照料生意乃为万幸万幸,祖送亦可教训成人得有执业。儿明年亦要在家经理生意,断不致在外奔驰为不定之行踪,实非儿之所愿也,且将来时局有不忍言者矣。省城终非久居之地,儿家中人力单寡,非从商务立脚,将来向何处觅生路乎? 安颐堂做生意不五年而蓄积甚厚,许玉峰做生意三年中而不干他事,至今日安享其福,岂不令人美口。父亲母亲年近六十儿又远离膝下,天伦之乐久付阙如,言之令儿痛心。上无片瓦下无立椎,此事固非父亲所愿,亦非儿所愿也。生意今年能做更妙,今冬不能做,明春即典衣借款儿亦一定要做。今冬所做以小生意为限,明春父亲宜速定夺也。儿拟于阴历冬月初回家一次,近日身体尚好。余俟续禀。

恭叩

双亲大人福安

儿鼎元跪禀

十一月十四日

再药店事,父亲可商之王利泉先生亦可。

1913 年 11 月 15 日，朱峙三寄其父母信

父亲母亲大人膝下：

老熊来省得手谕并被絮、《申报》、包袱均收到。父亲身体愈强愈要加意保重，切勿再受风寒牵动旧疾为要。儿所兼差兼事教育研究会尚未拨款来发薪水，此款闻苏成章扯用至一千串之多，俟伊此月付出方能发薪水也。第一师范月薪亦未发，大约不久可以支用。黄安之事并无轇轕，父亲不必过虑。现在该县帮审已辞职、视学已辞职、警署长亦辞职，凡属正人均未能与曹共事，现曹为省中安人所唾骂，伊确非善类。伊近日交卸，议会正与其算账，恐启程时不好看也。天气现愈炕阳，三月不雨可谓奇事，下冬米柴炭等物必涨价无疑，且湖南、江西及鄂全省无不如此，明春当不知如何饿荒也。家中需用之钱俟儿此次回家亲自俟随带可也。庆云等均要纺线以补零用，儿在省毫不浪费，诸事只是苦自己。父亲不过虑也。

省中现平静，阮次扶现署内务司长。（伊尚在京未归，闻伊有不干之说）余容续禀。

恭叩

福安

儿鼎元叩禀

十月十八（日）夕

1913 年 11 月 19 日，朱峙三寄其父母信

父亲母亲大人膝下：

今晚由王先生处交到手谕一件，敬悉一切。被絮、报章均收到，儿前日曾由报中夹信已提及矣。王先生谋事一节，儿刻刻留心，惟力不足耳。第一师范虽每次上堂，（但）委状至今尚未发下，不知何意。教育研究会经费不足，薪水恐不可靠。儿现充《群报》主笔事，仍照前年（汉口）《中西报》办法，不驻馆内，每篇文字价洋三元，每月以六篇为限。（约得薪十八元之谱）余事均无头绪。阮次扶在京未归，并未接内务司事。余容续禀。

恭叩

福安

儿鼎元叩禀

十月二十二（日）晚九点钟

1913年11月21日,朱峙三寄其父母信

父亲母亲大人膝下:

程稚松前带之信知已收到,现在省中诸事如旧。惟事少人多、财政又万分支绌,学界政界办事将来均不可靠,世界大势将来定期于商务之一途。现在省中从前就事现在取消之同学诸人,皆已设法改途,均就商界,诚以商务乃永久之事,可为终身计也。前日与朱纯如谈及药店事,伊愿出股本一百串,我家筹一百串,合两人为一股,共二百串。再请许玉峰出四百串文则药店生意可望发达,有六百串文之底本则必获利无疑也。如虑得力之人太少,则可邀周斗臣入股亦好,且伊之性质与生意人亦相近也。父亲以此事为若何,可速向许玉峰商议,或俟儿拟于阴历冬月初回家定夺亦可。第一师范事,校长既已易人,凡从前为郭先生所呈请已下委状者则减去钟点,未下委状者则全体取消不用。是以儿亦被撤去,虽有方以南之信亦不能为力也,(夏秋舫、易洋香等亦取消)仅发给一月薪水了事。现在儿正在运动内务司司内之事,已有成局,数日内当有详函回家。《群报》文章现亦兼就,惟此乃操心之事,不可恃耳。我家家用现在务须紧之又紧,每月费用合计至多不得过十二串文,儿在外艰苦备尝,家中则必格外从简,不然则后事不堪设想也。父亲尤须格外保重身体为要,以为明年做生意地步。总之无论儿将来事体如何,总以必定设法做生意为主脑,舍是举不能立足。今因回家之便,带回诗文集四十五本、《四库全书》三十五本,父亲如数点收存储。周崇福现已由儿荐至江慕张处当长随,每月工食钱三串。江慕张即黄安警署长前日请假来省者,此事儿初意本想荐鱼行映儿,因路远且映儿与我家太亲是以不便。太怀则江署长不要者也。学堂薪水除儿在省又做棉袍一件外,所余本想付周崇福带回,因周崇福系初识,均不可靠不能知其心性也。(此人系随周子书一路到施南府者,前月儿在洋船因搬行李认熟。)一俟儿冬月初回家时再带可也。今晚稚松来谈及我县乩仙事。家中粗笨物件有用者可托人搬一些至伊家存储,稍紧要者搬至周斗臣家存储,最紧要者可置手边为要。再,做生意事儿并未与王先生商量此事,在省亦未提及做生意一语。(惟何裕泰之大儿知此事)父亲晤王先生时不(关)照可也。余俟续禀。

　　恭叩
双亲大人福安

儿鼎元跪禀
十一月二十一日①

①此信有释读,文载《辛亥革命研究动态》2020年第2期第32页。

1913 年 12 月 19 日,朱峙三寄其父母信

父亲母亲大人膝下:

　　前日接到手谕已悉一切。儿所发邮片想早收到矣,昨晨晤阮师云委员公事及委状均已送都督府盖印去了,尚未发下,大约数日内必发下。(此公事系军民两府会衔者)家中如需款可速至汪小轩处取钱二十串作预备费。儿回家如果在急(即),将来此款退伊可也。(此钱拿来不可浪费)儿在省(城)现拮据异常,回想家中事五衷焦灼,只怨我家素无恒产,是以受累如此也。现在民政长已调外省人,将来四司亦须更调,(财政司已换安徽人)阮师此时虽未更动,明年亦必调外省。总愿儿此次差事早日发下为妙,政界风云瞬息万变,非儿过虑也。可命祖送于得信后至百胜庙去烧香一柱为要,儿接得公事回家时再去谢神。余俟回家面陈一切。

　　恭叩
双亲大人福安

儿鼎元谨禀
十二月十九日

　　再,儿前在省(城)左朱益舟钱一串,家中有钱可以付伊,无钱即候伊到省(城),儿付可也。

1913 年 12 月 22 日,朱峙三寄其父母信

父亲母亲大人膝下:

　　前日邮寄之信想已收到,祖送已至百胜庙去否? 得信后须再去数次为要。儿之委任状公事均已由司送到,章程所定每月薪水一百串文,此款由省(公署)暂先发两月,此次可共取钱二百串。但儿前欠夏生之款三十串及在安邑临行时所借江慕张、陈协域、王寿轩等共二十五串所必定还者也,又此次购零星杂物及办年下需用之物尚须十五串之谱,看回家时能得一百三十串净钱否。民政长尚未传见,大约儿归家之期总在阴历冬月二十九、腊月初一二之谱。此数日内父亲可令祖

图 3　朱峙三之子胡香生在《武汉文史资料》
　　　编辑部看稿(1999 年)

211

送于洋船到时在河边候着，以便招呼行旅（李）为要。大概此次出发，儿以先到麻城为主，阴历过年在家与否不能定也，胡二林祖（族）众，儿拟定归家时亲自去会稚香、兰陔，求帮补旅费。此次胡林如有人来我家，父亲切不可云司中已发薪水，只云此款将来由省（公署）拨款便（是）了。

余俟回家面禀，专此恭叩

双亲大人福安

儿鼎元跪禀

阴历冬月二十五日七句钟

1913 年 12 月 22 日，朱峙三寄其父母信

父亲母亲大人膝下：

儿之近况夏生均悉。《群报》馆之款及第一师范薪水要在阳历月底发给，儿即候此款到手即行归家，家中此时如需钱用可暂向汪小轩处移挪数串，（可托夏生向伊说之可也）余候回家面禀。

恭叩

双亲大人福安

儿鼎元叩禀

付夏生带归白棉布短裤一件、白洋布短裤一件，白洋（布）（裤）子两条、竹布长褂一件均要速洗。

1913 年 12 月 25 日，朱峙三寄其父母信

父亲母亲大人膝下：

前日所发家信一封、邮片一纸想已早收到。内务司之款明日可领，大约领到手后二三天即与夏生同归家也，小轩处之钱未取则不必取。今因严介梅回县之便，寄回书籍一包，请父亲如数查收。余俟回家面禀。

恭叩

双亲大人福安

儿鼎元叩禀

冬月二十八日

1914年1月4日，朱峙三寄其父母信

父亲母亲大人膝下：

　　前发邮片想已收到，儿在省城经此番阅历已属意冷心灰。第一师范事已无效，报馆事又费心血，所得无几恋此何益！阮先生现已派儿充禁烟专员，尚未指定何县，大概总在下五府属之县。（此乃短差四个月消差）上五府委员每月一百四十元，下五府委员每月一百二十元，薪水甚优，惟差事过短耳。此乃不得已之事，在他人谋之千难万难者，内务司内诸职员已往就绪不能安插，阮先生并未新添一人，是以因儿屡次要求乃特派此事。此次共（派）委员三十余人，上五府每人管一县，下五府每人管两县三县不等，其位分亦阔、所办理者仅禁烟苗，不另查烟馆。大约消差之日尚可委署知事，或另调优差亦未可知也。（此乃袁竹朋向儿言者）惟出发之日仅能用跟随一人，卫兵则就各县调用。胡太怀为人太笨，此次儿出门或带伊与否，请父亲指导看伊是否可用？否则另觅妥人作跟随也。又闻委员出发之日即向司内先领二百四十串文，果尔则儿回家时即邀许玉峰于明春开药店，合朱纯如之款一百串，我家可就此拨一百串，若许玉峰能出钱四百串则明春儿之家事从此可望兴隆矣。父亲可与许玉峰暂为筹商，看渠意如何也。现在内务司正在筹集各委员出发之款，公事委状大约此数日即发下。起（启）程之日总在阴历冬月底之谱，委员之夫马费即包在一百二十元薪水之内。（用跟随亦在内）想到各县时夫马费各知事必能担任，当勿须儿等另给夫马费也。一俟此事定局，儿即束装回家再商及一切，（此事暂勿对我县人说知）此时父亲务望格外保重（身体）为要，姐姐病亦宜加调摄。省（城）中无新闻，儿身体好。

　　恭叩

双亲大人福安

儿鼎元叩禀

十二月初九日

纪念辛亥革命 110 周年

——缅怀我的祖父鲁祖轸

鲁桂轩　　申　鉴[①]

摘　要:鲁祖轸是参加武昌辛亥首义的革命志士之一,本文回顾了鲁祖轸参加武昌首义,并受鄂军政府嘉奖的历史,鲁氏后人所藏赏功执照具有重要的史料价值。

关键词:鲁祖轸;武昌首义;赏功执照

2021 年是辛亥革命 110 周年。110 年前,伟大的民主革命的先贤们,高举孙中山民族、民权、民生的三民主义旗帜,抛头颅、洒热血,发动辛亥武昌首义。一举推翻了清王朝,终结了我国两千多年的专制帝制,改变了中国历史,开辟了革命新时代,为中华民族作出了彪炳史册的贡献。

我的祖父鲁祖轸是参加武昌辛亥首义革命的志士之一。他生于 1894 年,河南新野人。幼年目睹了满清政府的种种腐败行径和广大人民水深火热的生活。因兄长鲁祖轼于湖北新军第八镇当兵,经兄长书信得知新军中人材济济,从军亦是救国救民之途径,受之影响,1909 年,16 岁的鲁祖轸投笔从戎,赴鄂投效湖北陆军第八镇第十五协第三十标当兵。当兵期间,鲁祖轸加入文学社,接受王宪章、蒋翊武的革命宣传,广泛阅读《亡国惨记》《猛回头》《先杰谭嗣同》《仁学》《民主报》《大江报》等革命书刊,立志革命救国救民,并付诸实践,于 1911 年10 月 10 日毅然参加了武昌辛亥首义。

在武昌首义之夜的那场激战中,我祖父鲁祖轸和他的战友一起参加抢占楚望台军械库,拿下中和门,攻抵保安门,再攻望山门,奋勇攻克清政府督署,武昌

---

①作者系鲁祖轸的孙女及孙婿。

起义一举成功。

攻克督署后，鲁祖轸随即又渡江参加了汉口保卫战、汉阳保卫战等战役。10月17日，他随队开往汉口刘家庙迎击南下清军，并担任第五协第十标掌旗官。10月28日，黄兴来湖北指挥作战，第五协第十标成为黄兴总指挥的总预备队。我祖父鲁祖轸担任总预备队掌旗官，当天半夜跟随黄兴从武昌渡江，拂晓反攻汉口，一直激战至下午三时。转至水电公司与总指挥黄兴、统带杨传连、一营管带张希贤、执事彭纪麟等数十人又苦战两小时之久，敌机枪极为猛烈，官兵伤亡严重。汉口失守后，奉命退至汉阳十里铺。起义军在回子沟、针钉厂沿河一带布防，阻敌渡河，并于11月16日，奉黄兴总指挥攻打汉口的命令，即率队由汉口琴断口拽浮桥渡河官兵冒大雨前进，沿襄河前进，第二次反攻汉口。激战一天后，11月17日攻至硚口。战争极为惨烈，我祖父鲁祖轸随同标统杨传连、协统熊秉坤沿襄河边隘路撤退，退到琴断口时浮桥已被拆去，由熊秉坤出钱弄来两只小划子抢渡汉阳。

民国元年正月十四（1912年3月4日）起义军奉命北伐，进驻黄冈、黄陂等处，部队改为北伐第一军第三师第五协第十团，赴祁家湾附近驻防。我祖父任第三营军需长，营长是彭纪麟。南北议和成功清帝退位后，又开往云梦驻防。

辛亥革命先贤们浴血奋战，为建立民国政权奠定了坚实的基石。由于作战勇敢，不怕牺牲，我的祖父鲁祖轸受到时任中华民国副总统、鄂军政府大都督黎元洪颁发的"阳夏鏖战义勇功高"的嘉奖执照。原文如下：

中华民国鄂军政府给鲁祖轸所颁赏功执照

发给执照以奖首功事：照得我军举义恢复鄂州、汉口、汉阳，血战旬月，我鄂中将士万众一心，力持危局，因之各省闻风响应，中华已成共和得以脱出专制，实由该将士等首先发难，铁血购来殊堪嘉尚。查有步兵十标三营军需长鲁祖轸，年二十岁，河南新野县人；阳夏鏖战义勇功高，合行发给执照以示优异而懋赏功。除行部存案外，仰该员即便遵照祗领，须至执照者。

右给鲁祖轸收执

中华民国二年六月四日

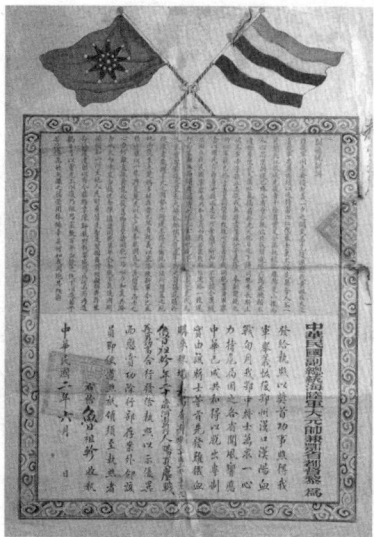

图1　中华民国鄂军政府给鲁祖轸所颁赏功执照

阳夏战争由汉口战役和汉阳战役组成,其中,汉阳古琴台和昭忠洞曾先后是革命军的司令部,阳夏战争将清军主力,死死地拖在湖北,牵制了清军主力,为其他各省的独立赢得了宝贵时间,南方各省清军兵力空虚,革命先人纷纷起义,宣布独立,脱离清王朝统治,长江以南全部被革命军占领,革命军与清政府形成了南北对峙的局面,清政府的统治呈现土崩瓦解状态。

阳夏战争历时四十余天,是辛亥革命中规模最大,战斗最激烈的一次战役,为抗击清军,成千上万的革命志士献出了宝贵的生命,阳夏战争在政治上所产生的影响是巨大的,他有效地捍卫了武昌首义之区和湖北军政府的革命政权,有力地促进了革命在全国范围内的迅速发展。全国相继有17个省宣布独立,迫使清军撤退。

1911年12月29日,全国17个省的代表在南京举行临时政府大总统选举会,选举孙中山为中华民国临时政府大总统。1912年1月1日,孙中山在南京宣誓就任中华民国临时大总统,中华民国成立,并宣布即日起改用公元纪年。

1912年2月12日,清帝下诏书退位,宣告了统治中国两千多年的君主制度的结束。辛亥革命推翻帝制,建立了亚洲第一个民主共和国。

1913至1915年,祖父鲁祖轸参加了二次革命(倒袁运动)。

1914年参加中华革命党。

1948年,我祖父鲁祖轸由方孝纯、王训民介绍加入湖北民革组织,不久被推选为湖北省分会武昌首义区负责人,负责联络辛亥老同志、思想进步者、以及社会进步人士,并与老同志俞晋侯、杨泽鸿分途进行联络共计三百余人,为此三人同到李书城先生寓所,洽谈数次。我的祖父鲁祖轸曾写下革命同志名册一份,由俞晋侯送交李书城先生寓所,得到李先生的赞许。

同年底,樊少卿找到我的祖父鲁祖轸说:"中共中央中原局组织部派在汉口地下工作的张春阳希望与你接洽。"我祖父当即表示非常欢迎。随后加入中共中央中原局组织部派在汉口的地下组织,参加革命工作(当时组织部长是孔祥祯,直接领导人是张春阳、樊少卿、苏东林、刘建之等)。当时很多革命的宣传资料,如《城市工商政策》《人民解放军约法八章》《告武汉各界人民书》等等,均由他负责想方设法秘密散发各学校、社会团体及社会人士,宣传资料发挥了很好的效果。同时,我祖父还进行秘密宣传和与联络工作,发展革命骨干 22 人。在武汉解放前夕,苏东林、刘建之对鲁祖轸说:"从这几天的消息看,武汉马上要解放了,应准备应变,防止国民党在撤出武汉之前搞破坏活动。"为此他们作出计划安排,在武汉进入真空之际,我的祖父努力维护地方秩序,为武汉的解放,做了大量的革命工作,作出了自己的贡献。

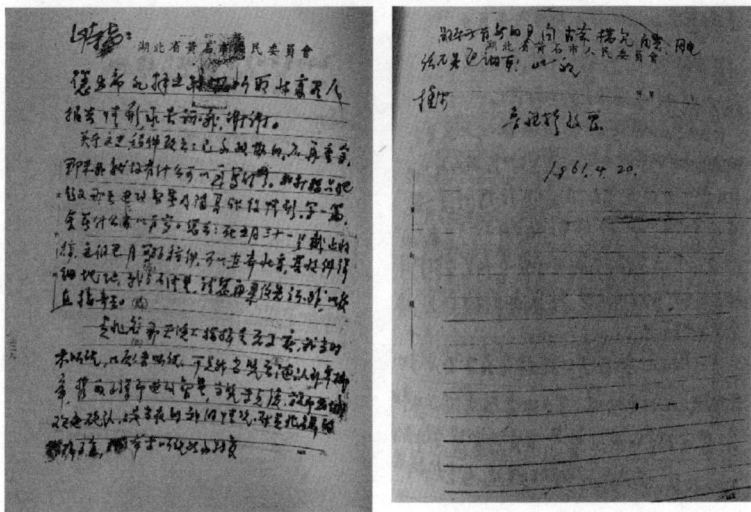

图 2　鲁祖轸与朱峙三交流首义往事[①]

我的祖父鲁祖轸一生敏于行而讷于言,不慕虚荣,从未曾以首义元勋自居。

[①]引自朱峙三:《辛亥志士朱峙三藏札选编》,华中师范出版社 2015 年版。

1946年辛亥首义同志会成立时，他被推为同志会的名誉理事。而他对战友们至老不忘，撰写了《彭纪麟传》《第三十标辛亥首义事略》等，以彰战友事迹，被收入《辛亥革命回忆录》《辛亥首义回忆录》。同时与诸多辛亥革命老人，如喻育之、熊炳坤以及好友朱峙三等联系密切，经常在一起回忆参加辛亥首义的亲身经历，并有书信往来。在朱老家中多次与贺觉非老人座谈回忆辛亥革命历史，积极参与辛亥文史资料的整理和撰写工作，为研究辛亥革命历史提供了珍贵的资料。这些成为后人了解、研究辛亥革命的重要史料，为史家征引。

1980年，祖父因病离开了我们，作为孙中山先生革命思想的追随者，他用自己长达半个世纪的历程来践行理想。我们永远怀念敬爱的祖父鲁祖轸。

在纪念辛亥革命110周年之际，谨以此文回顾历史，缅怀我的祖父鲁祖轸及无数辛亥革命志士。作为辛亥革命后裔的我们，要在中国共产党的领导下，发扬先辈敢为人先的革命精神，为实现中华民族伟大复兴的中国梦而努力奋斗。

综　述

长江学术研究

2021

民国时期国立中央博物院研究述评

杜　臻[①]

摘　要：国立中央博物院筹建于 1933 年，是民国时期以留学生为主的著名学者参照西方博物馆模式创建中国博物馆的一次集体尝试。目前中央博物院的研究已经取得了较为丰硕的成果，大量的档案和史料得到了发掘，新的研究材料和研究视角不断出现，宏观研究和微观研究也都得到了重视，特别是将中央博物院置于具体的时空情境中进行考察，剖析了中央博物院的学术贡献和历史意义，为中国近代文化史、考古学和博物馆学的研究工作奠定了良好的基础。中央博物院曾集结了民国时期最优秀的一批学者，梳理中央博物院的筹建过程，评析相关的历史，对深入研究近代中国博物馆的发展史有着重要的理论价值和现实意义。

关键词：国立中央博物院；中央博物院学人；中央博物院建筑

中国博物馆的历史演进与中国社会的发展以及文化艺术教育事业的进步有着密切的关系。民国肇建，新文化运动正方兴未艾，民主与科学的观念渐渐深入人心，受过新式教育的知识分子认为："美术馆、博物院、展览会、科学器械陈列所等，均足以增进普通人之智德"，[②]故大力积极提倡建立博物馆。20 世纪 20 年代，教育、科学类博物馆数量明显增加，民国十年时全国博物馆已达 13 所，至 20 世纪 20 年代末，全国已成立公立博物馆 31 所，私立博物馆 3 所。[③]进入 20 世纪 30 年代，中国博物馆事业发展日益勃兴，新成立或筹办中的博物馆不仅类型渐趋多元，典藏内容亦各具特色。1936 年，全国博物馆数已达 77 所，但由于时局和战事的原因，至 1949 年新中国成立前夕，中国的博物馆事业已处于十

---

①南京博物院副研究馆员。
②蔡元培：《蔡孑民在北京通俗教育研究会演说词》，《东方杂志》1917 年第 14 卷第 4 号。
③教育部教育年鉴编撰委员会：《第二次中国教育年鉴·第九编：社会教育》，商务印书馆 1948 年版，第 37 页。

分困难的半停顿状态。① 在民国时期的博物馆中,"最具时代意义者,当属大学院院长蔡元培先生倡议之南京国立中央博物院,整体规划恢弘周详,代表了当时最先进的水平。"②

国立中央博物院是南京博物院的前身,隶属于国民政府教育部,1933 年设立国立中央博物院筹备处,第一任筹备处主任为傅斯年。1934 年成立中央博物院建筑委员会,委员长为翁文灏,委员为张道藩、傅汝霖、傅斯年、丁文江、李书华、梁思成、雷震、李济。1936 年成立中央博物院理事会,第一届理事会聘请蔡元培、傅斯年、王世杰、胡适、朱家骅、黎照寰、李书华、翁文灏、张道藩、秉志、罗家伦、顾孟余、李济等十三人为理事,并推举蔡元培为理事长。国立中央博物院拟建设人文、工艺、自然三馆,于 1936 年动工,由著名建筑师徐敬直设计,后在梁思成、刘敦桢的指导下,修改为仿辽代大殿建筑。1937 年,中央博物院的人员和文物内迁云南、重庆、四川等地,抗战胜利后返回南京。南京解放前夕,中央博物院的部分人员和文物迁往台湾,成为台北故宫博物院建立的重要基础。1950 年成立的南京博物院则继承了中央博物院的建筑、人员和文物。

国立中央博物院是中国近代文化史和博物馆史研究中不可或缺的组成部分,但至今为止仍缺乏研究性综述。本文拟从中央博物院的历史研究、学人研究、建筑研究、研究前瞻四个方面出发,对目前中央博物院的相关研究成果进行梳理和评析。

一、国立中央博物院的历史研究

关于国立中央博物院历史研究的著作主要有《中央博物院廿五年之经过》《1933—2003 奋进之路》《南京博物院八十年院史(1933—2013)》。《中央博物院廿五年之经过》由谭旦冏撰写,以台北故宫博物院图书文献馆所藏中央博物院的档案材料为基础,准确而翔实地记叙了 1933 至 1958 年之间,中央博物院从筹备至迁台的历史。③《1933—2003 奋进之路》与《南京博物院八十年院史(1933—2013)》由南京博物院在建院 70 周年与 80 周年之际编撰,在南京博物院图书馆所藏的档案材料基础上,以图文并茂的形式记叙了南京博物院的历

①王宏钧主编:《中国博物馆学基础》,上海古籍出版社 2001 年版,第 79 页。
②宋兆霖主编:《故宫院史留真》,故宫博物院(台北)2013 年版,第 201 页。
③谭旦冏:《中央博物院廿五年之经过》,中华丛书编审委员会(台北)1960 年版。

史,其中中央博物院的历史是两本著作重点阐述的内容。①

台北故宫博物院编撰的院史研究成果,主要有《故宫七十星霜》和《故宫院史留真》两部。《故宫七十星霜》详细地记录了台北故宫博物院70周年的发展历程,其中涉及了中央博物院的人员与文物西迁、迁台的历史,以及故宫博物院与中央博物院合并的经过。②《故宫院史留真》专设"附录:国立中央博物院筹备处"一章,配以原版照片、图表和公文的影印件,叙述了中央博物院从1933至1949年的历史沿革。③

国立中央博物院是中国近代博物馆建设中非常重要的一个篇章,因此中央博物院的院史研究在民国史和博物馆史的研究中受到很多学者的重视。史全生的《中华民国文化史》中撰有"中央博物院的筹建"和"中央博物院筹备处艰难创业"两部分,较为全面地论述了中央博物院在建筑筹备、组织建构、文物收藏、科学研究、陈列展览等方面所取得的成绩和影响,并肯定中央博物院通过办馆实践,培养了一批既具深广学识又甘愿为中国博物馆事业献身的专门人才。④王建朗、黄克武主编的《两岸新编中国近代史·民国卷(上)》第十五章第二节记述了1948年12月至1949年1月,中央博物院、故宫博物院、中央研究院历史语言研究所、中央图书馆等单位的文物和图书运台的经过。⑤ 林桶法的《1949大撤退》设专章从文物运台的准备、分批运台的经过、运台后的处理与清点、文物运台的检讨四个方面出发,诠释了故宫博物院、中央博物院、中央图书馆等单位重要文物的迁台经过。⑥

在博物馆学与博物馆史的著作中,王宏钧主编的《中国博物馆学基础》、史勇的《中国近代文物事业简史》、包遵彭的《中国博物馆史》《博物馆学》都设有专章论述了中国近代博物馆事业,其中较为概括地梳理和记叙了中央博物院的历

---

①徐湖平主编:《1933—2003奋进之路》,南京博物院编印2003年版;南京博物院编:《南京博物院八十年院史(1933—2013)》,南京博物院编印2013年版。

②"国立"故宫博物院编撰:《故宫七十星霜》,商务印书馆(台北)1995年版。

③宋兆霖主编:《故宫院史留真》,故宫博物院(台北)2013年版。

④史全生:《中华民国文化史》,吉林文史出版社1990年版。

⑤王建朗、黄克武主编:《两岸新编中国近代史·民国卷(上、下)》,社会科学文献出版社2016年版。

⑥林桶法:《1949大撤退》,九州出版社2013年版。

史轨迹,并对中央博物院筹建的价值和意义进行了分析。① 徐玲的《博物馆与近代中国公共文化:1840—1949》在"第二章:近代中国博物馆的创建及发展"中设有"第三节:近代中国博物馆的发展——以国立中央博物院筹备处为中心的考察",阐述了中央博物院的创建缘起、建制和活动,及其影响。② 徐坚的《暗流》和《名山》是近年来研究中国考古学史和博物学史的力作。《暗流:1949 年之前安阳之外的中国考古学传统》在多个章节中分析了中央博物院在抗战期间于西南地区进行的考古学调查和挖掘工作,从学术倾向、方法旨趣、研究范式等角度阐释了中央博物院考古学研究的价值和意义。③《名山:作为思想史的早期中国博物馆史》撰有"第三章:体国经野:从帝国博物馆到中央博物院",论述了中央博物院建院的宗旨与理念、建筑的设计与筹备、藏品的来源,以及科学研究与陈列展览工作,并且阐释了中央博物院筹建的历史意义,指出中央博物院是 20 世纪上半叶中国国家意识形态的表达。④ 吴昌稳的《民国时期的中国博物馆协会与中国博物馆学(1935—1949)》在第一章第三节中论述了中央博物院的创立宗旨、组织机构、建筑规划和文物收藏等工作;在"第四章:抗日战争至解放战争时期的中国博物馆事业"中记述了中央博物院的文物内迁、科学研究和战后复原等工作,指出中央博物院在播迁西南期间,博物馆的相关业务工作,如藏品管理与征集、陈列展览、学术研究,以及社会教育等无一中辍,堪称抗战时期我国博物馆事业的亮点。⑤

《南京博物院五十年大事记》与《南京博物院六十年纪事》由南京博物院在建院 50 周年与 60 周年之际编写,以条目的形式,按照时间顺序记录了南京博物院及其前身中央博物院的重大事件和主要工作。⑥ 徐玲的《博物馆与近代中国公共文化:1840—1949》设有附录"近代中国博物馆大事记(1868—1949 年)",

①王宏钧主编:《中国博物馆学基础》,上海古籍出版社 2001 年版;史勇:《中国近代文物事业简史》,甘肃人民出版社 2009 年版;包遵彭:《中国博物馆史》,中华丛书编审委员会(台北)1964 年版;包遵彭:《博物馆学》,正中书局(台北)1970 年版。

②徐玲:《博物馆与近代中国公共文化:1840—1949》,科学出版社 2015 年版。

③徐坚:《暗流:1949 年之前安阳之外的中国考古学传统》,科学出版社 2012 年版。

④徐坚:《名山:作为思想史的早期中国博物馆史》,科学文献出版社 2016 年版。

⑤吴昌稳:《民国时期的中国博物馆协会与中国博物馆学(1935—1949)》,文物出版社 2018 年版。

⑥宋伯胤:《南京博物院五十年大事记》,《文博通讯》1983 年第 1 期;吴有常主编:《南京博物院六十年纪事》,南京博物院编印 1993 年版。

记录了中央博物院的重大事件。①

除专著外，还有多篇论文综合性地论述了国立中央博物院的历史。南京博物院情报资料室编撰的《从筹备到播迁西南——南京博物院院史综述之一》记叙了中央博物院从筹建到播迁西南的历史，重点阐释了中央博物院的建院宗旨、院址的选择和建筑设计，以及中央博物院播迁西南后所开展的各项科研和展览工作。②谭旦冏的《国立中央博物院概略》介绍了中央博物院工程建设、组织管理、文物收藏、民族调查、考古发掘、陈列展览等方面的重要业务工作。③徐玲的《艰难的探索——国立中央博物院筹建始末》梳理了中央博物院筹建的经过。④李竹的《国立中央博物院筹备处》以时间为脉络记叙了中央博物院从计划筹建直至更名为南京博物院的历史。⑤邱龙虎的《国家博物馆之发轫——国立中央博物院筹备处》、邱龙虎和辜美惜的《现代化和民族性导向下的中央博物院(1933—1949)》以档案材料为基础，将中央博物院的历史分为的筹建、西迁、东归、迁台四个时期，论述了中央博物院的工程建设、组织与管理、文物收藏、调查研究、编辑出版、展览教育等工作，肯定了中央博物院在科学文化传播、民族文化传承和研究等方面所做出的成绩。⑥吴昌稳的《提倡科学研究补助公众教育：国立中央博物院之筹设》从中央博物院的建立宗旨、筹组推进、建筑筹备、工作推进四个方面展开论述，将中央博物院的筹设放在民国二三十年代的时代语境之中，阐释了中央博物院筹设的立意、史实、价值与意义。⑦

夏宇璞的《中国首座大型博物馆的前世今生》简要介绍了中央博物院的建

---

①徐玲：《博物馆与近代中国公共文化：1840—1949》，科学出版社2015年版。

②南京博物院情报资料室：《从筹备到播迁西南——南京博物院院史综述之一》，《南京博物院集刊(第9集)》1987年。

③谭旦冏：《国立中央博物院概略》，载梁白泉主编：《南京博物院建院60周年纪念文集》，南京博物院编印1993年版。

④徐玲：《艰难的探索——国立中央博物院筹建始末》，《博物馆研究》2008年第4期。

⑤李竹：《国立中央博物院筹备处》，《中国文化遗产》2005年第4期。

⑥邱龙虎：《国家博物馆之发轫——国立中央博物院筹备处》，载程存洁、倪根金主编：《博物馆、文化遗产与教育："新挑战新启示：岭南博物馆与教育"学术研讨会论文集》，中国农业出版社2013年版；邱龙虎、辜美惜：《现代化和民族性导向下的中央博物院(1933—1949)》，《中国博物馆》2014年第1期。

⑦吴昌稳：《提倡科学研究补助公众教育：国立中央博物院之筹设》，《客家文博》2017年第3期。

筑设计、文物收藏与科学研究工作。① 徐湖平的《发展中的南京博物院》叙述了南京博物院的历史，其中介绍了中央博物院的建院宗旨，以及建筑设计、文物收藏和科学研究等工作。② 徐湖平的《南京博物院七十年》用大量的篇幅，从建筑筹备、人才构成、文物收藏与迁运的角度论述了南京博物院前身中央博物院的历史和功绩。③ 王英的《纪念与回顾——为南京博物院建院六十周年而作》记叙了从1949年4月开始，中央博物院被南京市军事管制委员会接管的过程，并从建院宗旨、组织系统、人事安排、建筑设计四个方面介绍了中央博物院的情况，还重点论述了曾昭燏的求学和任职经历，评析了她的研究成果。④ 梁白泉的《发扬传统·面向未来》分析了蔡元培、李济、曾昭燏的博物馆管理思想，肯定了他们在中央博物院筹建中所做出的贡献，并且论述了中央博物院的考古学和民族学的研究工作。⑤

贺云翱以"苏文"为笔名，在查阅了南京博物院和中国第二历史档案馆等处众多档案材料的基础上，撰写了《中央博物院筹备处纪要》系列，分为《蔡元培与中博筹备处》《各方协助征集展品》《院厦构筑和组织建设成绩显著》《抗战炮火中的艰难创业》《以广泛的学术研究支撑博物馆工作》《重视藏品整理研究和陈列教育工作》《短暂回京与两地分居》七个专题，每周一篇连载于1989年5月26日至7月7日的《中国文物报》，文章敷陈了中央博物院的历史及其筹建的意义，指出中央博物院设计宏伟、规划周密、体系完整，它综合了自然、人文、科学技术和艺术等各个知识门类，力求全面反映人类社会历史和自然历史的发展过程及其规律，以传播科学、教育民众为已任，堪称当时我国最现代化的博物馆，

---

　①夏宇璞：《中国首座大型博物馆的前世今生》，《人民日报（海外版）》2009年9月25日，第14版。

　②徐湖平：《发展中的南京博物院》，《东南文化》2003年第4期。

　③徐湖平：《南京博物院七十年》，《钟山风雨》2003年第5期。

　④王英：《纪念与回顾——为南京博物院建院六十周年而作》，载梁白泉主编：《南京博物院建院60周年纪念文集》，南京博物院编印1993年版。

　⑤梁白泉：《发扬传统面向未来》，载梁白泉主编：《南京博物院建院60周年纪念文集》，南京博物院编印1993年版。

它是蔡元培先生及中国科学文化教育界人士长期探索和追求的结果。[①] 殷志强的《蔡元培先生倡导建设的博物馆——纪念南京博物院建院55周年》介绍了中央博物院建院的宗旨、院厦的设计与建筑情况，以及抗日战争期间中央博物院考古学和民族学的研究工作。[②]

在《朵云封事》一书中，李在中以其父亲李霖灿《中央博物院的悲剧——记博物院事业中一项理想的真精神》一文作为出发点，结合近70年的亲历亲闻，通过不断收集中央博物院的一手档案与图表、照片，整理李霖灿的日记和书信，请教走访中央博物院的前辈和同辈，用15年的时间写出30篇文章，以纯粹的情感和客观的论点，将从1933年中央博物院筹备处成立，至1965年中央博物院的迁台人员和文物并入台北故宫博物院所经历的历史阶段，包括暂驻李庄、渡海东迁、蜇藏北沟与合符双溪等，做了真实、完整地还原与记述。[③]

岳南的《南渡北归》记述了抗日战争时期流亡西南的这一批民族精英与知识分子多样的命运和学术追求，涉及了中央博物院的众多人物与事件。人物方面包括蔡元培、傅斯年、李济、梁思永、梁思成、吴金鼎、曾昭燏、夏鼐等，相关的学术机构包括中央研究院、同济大学、西南联大等，并设专文"战争催生的中央博物院"简述了中央博物院的筹设缘起、建筑计划、文物收藏、文物西迁等。[④]

罗宗真的《筚路蓝缕，艰苦创业——记抗日战争期间中国的考古和博物馆事业》从文物的搬迁和转移、文物机构的内迁重建与保护、文物的整理和展览、文物的专门保护和维修、考古调查和田野发掘、民俗民族和手工业调查、科学研究和编辑出版等七个方面，论述了1937至1945年间中国的考古和博物馆事业，肯定了这段时间文博界所取得的成绩，其中用大量篇幅阐释了中央博物院

---

①贺云翔：《中央博物院筹备处纪要（一）》，《中国文物报》1989年5月26日，第4版；《中央博物院筹备处纪要（二）》，《中国文物报》1989年6月2日，第4版；《中央博物院筹备处纪要（三）》，《中国文物报》1989年6月9日，第4版；《中央博物院筹备处纪要（四）》，《中国文物报》1989年6月16日，第4版；《中央博物院筹备处纪要（五）》，《中国文物报》1989年6月23日，第4版；《中央博物院筹备处纪要（六）》，《中国文物报》1989年6月30日，第4版；《中央博物院筹备处纪要（七）》，《中国文物报》1989年7月7日，第4版。

②殷志强：《蔡元培先生倡导建设的博物馆——纪念南京博物院建院55周年》，《中国文物报》1988年3月4日，第2版。

③李霖灿：《朵云封事》，北京出版社2018年版。

④岳南：《南渡北归》，湖南文艺出版社2011年版。

的各项工作。① 赵青芳的《我的回忆:抗日战争时期的中央博物院筹备处》记叙了 1937 至 1945 年间,中央博物院播迁至西南地区后,所开展的诸项工作,包括考古发掘、民族调查、手工业调查、建筑研究、古迹考察和陈列展览等。②

李霄的硕士学位论文《现当代中国博物馆演进之轨迹——以南京博物院为例》的第二章和第三章专述了中央博物院的创建缘起、馆舍建设、馆藏充实、文物迁运、学术研究、陈列展览等,认为蔡元培的博物馆理论为中央博物院的创建提供了理论基础,他还以实际行动为中央博物院的创建积极奔走,为中央博物院的建立做出了巨大的贡献。文章还指出中央博物院在科学研究、室内整理、人才培养等方面取得了较大的成绩,为中国博物馆事业的进一步发展奠定了基础。③

四川省宜宾市南溪县李庄镇是抗战时期西南地区的文化中心之一。国立中央研究院历史语言研究所、社会科学研究所、国立同济大学、国立中央博物院、中国营造学社、中国大地测量所、金陵大学文科研究所、北京大学文科研究所等机构在抗战期间都曾常驻李庄镇。孙远宾的《人文李庄》、岱峻的《发现李庄》与岳南的《李庄往事:抗战时期中国文化中心纪实》《那时的先生:1940—1946 中国文化的根在李庄》都设有专文记叙了中央博物院在李庄时期的重大事件,主要涉及了文物收藏、民族调查、考古发掘和编辑出版等工作。④ 岱峻的《消失的学术城》以人物为线索,重点考察了李济、曾昭燏、马长寿、李霖灿、谭旦冏、吴金鼎等中央博物院的工作人员,并设专章论述了多项研究成果的价值和意义。⑤ 关于中央博物院在李庄镇进行的各项工作及其影响,相关论文还有:李在中的《中央博物院在李庄的灿烂岁月》论述了 1940 至 1946 年间,中央博物院在李庄镇开展的诸项工作,主要包括民族调查、考古发掘、文物编目和编辑出版工

①罗宗真:《筚路蓝缕,艰苦创业——记抗日战争期间中国的考古和博物馆事业》,《东南文化》1995 年第 3 期。

②赵青芳:《我的回忆:抗日战争时期的中央博物院筹备处》,《文博通讯》1983 年第 1 期。

③李霄:《现当代中国博物馆演进之轨迹——以南京博物院为例》,南京师范大学硕士学位论文,2012 年。

④孙远宾主编:《人文李庄》,天地出版社 2005 年版;岱峻:《发现李庄》,四川文艺出版社 2009 年版;岳南:《李庄往事:抗战时期中国文化中心纪实》,浙江人民出版社 2005 年版;岳南:《那时的先生:1940—1946 中国文化的根在李庄》,湖南文艺出版社 2016 年版。

⑤岱峻:《消失的学术城》,百花文艺出版社 2009 年版。

作,肯定了中央博物院在中华民族面临生死存亡的关键时刻,在文化的传承与发扬上所做出的杰出贡献。①《烽火连天拼学术——记李庄时期的中央博物院》由索予明口述,冯明珠代笔,记述了中央博物院驻扎于李庄时期进行的各项工作,包括文物保藏与整理登录、民族调查、考古调查与展览等。② 岱峻、张弘的《发现李庄挖掘李庄》是一篇采访稿,讲述了抗日战争期间,中央博物院与中央研究院在李庄镇的生活和工作。③

　　文物收藏、科学研究、陈列展览是博物馆最重要的三项工作。关于中央博物院的文物收藏工作,相关论文主要有:李荔的《抗战时期中央博物院文物西迁》记述了中央博物院文物的入藏来源以及辗转西迁的经过。④ 索予明的《论国立中央博物院存京文物第三批运台经过》阐明了中央博物院的文物主要来源于拨交、购置、捐赠、考古发掘和民族学调查,以及战后的接收,并叙述了1949年1月中央博物院第三批文物运台的情况。⑤ 高仁俊的《国立中央博物院所藏名画、法书和帝后像》分为绘画、书法和帝后像三个专题,介绍了中央博物院的重点藏品,对其中精品的历史价值和艺术价值进行了阐释。⑥ 谭旦冏的《国立中央博物院所藏铜器及瓷器》简要介绍了中央博物院的铜器和瓷器的来源、收藏和迁台情况。⑦ 谭旦冏的《国立中央博物院后语》介绍了中央博物院文物运台之后,进行的清查、编辑和展览的情况。⑧ 游寿的《善斋青铜器整理回忆》记叙了游寿和曾昭燏整理中央博物院的善斋青铜器以及相关的研究工作,包括青铜器定名的方法、铭文的变化以及功能的区分等。⑨ 杜臻的《国立中央博物院藏史图博民族

①李在中:《中央博物院在李庄的灿烂岁月》,《十月》2016年第3期。
②索予明口述、冯明珠代笔:《烽火连天拼学术——记李庄时期的中央博物院》,载蔡玫芬主编:《八微耋念——"国立"故宫博物院八十周年的点滴怀想》,故宫博物院(台北)2006年版。
③岱峻、张弘:《发现李庄挖掘李庄》,《社会科学论坛》2010年第11期。
④李荔:《抗战时期中央博物院文物西迁》,《中国文化遗产》2009年第2期。
⑤索予明:《论国立中央博物院存京文物第三批运台经过》,载梁白泉主编:《南京博物院建院60周年纪念文集》,南京博物院编印1993年版。
⑥高仁俊:《国立中央博物院所藏名画、法书和帝后像》,载梁白泉主编:《南京博物院建院60周年纪念文集》,南京博物院编印1993年版。
⑦谭旦冏:《国立中央博物院所藏铜器及瓷器》,载梁白泉主编:《南京博物院建院60周年纪念文集》,南京博物院编印1993年版。
⑧谭旦冏:《国立中央博物院后语》,载梁白泉主编:《南京博物院建院60周年纪念文集》,南京博物院编印1993年版。
⑨游寿:《善斋青铜器整理回忆》,《南京博物院集刊(第6集)》1983年。

文物溯源》阐述了同济大学德籍教授史图博进行海南民族调查的概况，中央博物院征集史图博海南民族文物的缘起和过程，中央博物院举办的相关民族文物展览，以及收藏民族文物的重要价值。①

关于中央博物院的科学研究工作，相关论文主要有：田晓雯的《云南首次科考发掘始于抗战时期》介绍了吴金鼎、曾昭燏、李济的求学经历，以及他们在中央博物院的任职情况，论述了 1939 至 1940 年间，中央博物院在大理洱海地区进行的云南历史上首次科学考古发掘工作。② 徐艺乙的《民俗研究与南京博物院》探析了南京博物院的民俗学工作及其学术传统，其中简要介绍了中央博物院的建院宗旨、任务，以及中央博物院的民俗学研究工作。③ 魏采苹的《前进中的南京博物院民族学工作》回顾了南京博物院民族学研究的历史，在第一部分"开创奠基时期"中介绍了中央博物院民族文物的收藏和民族学的调查研究工作。④ 李霖灿的《国立中央博物院的民族学工作》分为川康民族调查、贵州苗民衣饰纹样之采集、丽江麽些民族的调查、海南岛黎人标本之购置四个部分，阐释了中央博物院民族文物的调查研究与征集工作。⑤ 赵青芳的《参加南京博物院考古工作之前前后后》以亲历者的角度，从出土器物、墓葬形制、研究方法等方面，介绍了中央博物院人员参与的河南浚县辛村西周卫国墓、汲县山彪镇战国墓、辉县琉璃阁战国墓，以及四川彭山县汉墓的田野发掘工作。⑥

有少量论文涉及了中央博物院的陈列展览、图书馆建设和理事会制度。吴晓锋的《我国早期举办的一次专题展览》介绍了 1943 年中央博物院在四川省南溪县李庄镇举办的专题展览及其作用和影响。⑦ 王淮生、吴有常的《南京博物院图书馆史稿——一座省级社会历史文博专业图书馆在成长》介绍了 1933 至

① 杜臻：《国立中央博物院藏史图博民族文物溯源》，载陈江主编：《灯下故人：一个德国人与海南岛的故事（海南省博物馆开馆 10 周年特辑）》，江苏人民出版社 2018 年版。

② 田晓雯：《云南首次科考发掘始于抗战时期》，《西部时报》2011 年 12 月 27 日，第 11 版。

③ 徐艺乙：《民俗研究与南京博物院》，《装饰》1993 年第 3 期。

④ 魏采苹：《前进中的南京博物院民族学工作》，载梁白泉主编：《南京博物院建院 60 周年纪念文集》，南京博物院编印 1993 年版。

⑤ 李霖灿：《国立中央博物院的民族学工作》，载梁白泉主编：《南京博物院建院 60 周年纪念文集》，南京博物院编印 1993 年版。

⑥ 赵青芳：《参加南京博物院考古工作之前前后后》，载梁白泉主编：《南京博物院建院 60 周年纪念文集》，南京博物院编印 1993 年版。

⑦ 吴晓锋：《我国早期举办的一次专题展览》，《中国文物报》1989 年 6 月 23 日，第 4 版。

1949 年间中央博物院图书馆的藏书情况,重点论述了 1946 年和 1947 年中央博物院使用教育部专款购置考古学、人类学、民族学、艺术学、博物馆学等西文书籍,这些书籍构成了南京博物院图书馆藏书的基础。① 杜臻的《民国时期博物馆理事会制度探析——以国立中央博物院为考察中心》以中央博物院的理事会制度为研究对象,对中央博物院理事会的人员构成、责任职能、运行机制等方面进行了分析与阐述。②

二、国立中央博物院的学人研究

国立中央博物院曾汇集了民国时期最优秀的一批学者,比如蔡元培、李济、夏鼐、曾昭燏、吴金鼎、王振铎、马长寿、庞薰琹、向达、梁思成、刘敦桢、郭宝钧等,对于这些学人的研究,一直是学界关注的重点。

蔡元培是中国博物馆事业的先驱者之一,是国立中央博物院的倡建者,曾经担任中央博物院第一届理事会理事长。蔡元培关于博物馆的理念和思想对中央博物院的筹建奠定了坚实的基础。关于蔡元培博物馆理念的研究论文主要有:陈志科的《蔡元培与中国博物馆事业》③、李瑶的《寓"博"于教,教博共济——浅论蔡元培博物馆教育思想对当今的指导意义》④、宋伯胤的《博物馆:学校以外的教育机构——蔡元培的博物馆观》⑤、秦素银的《蔡元培的博物馆理论与实践》⑥、李竞艳的《蔡元培的博物馆美育思想研究》⑦。上述研究成果主要从蔡元培的博物馆教育理念出发,论述了博物馆的设立宗旨、美育作用与教育使命。

李济被称为"中国考古学之父",自 1934 至 1948 年担任国立中央博物院第

---

① 王淮生、吴有常:《南京博物院图书馆史稿——一座省级社会历史文博专业图书馆在成长》,载梁白泉主编:《南京博物院建院 60 周年纪念文集》,南京博物院编印 1993 年版。

② 杜臻:《民国时期博物馆理事会制度探析——以国立中央博物院为考察中心》,《文物鉴定与鉴赏》2017 年第 3 期。

③ 陈志科:《蔡元培与中国博物馆事业》,《中国博物馆》1988 年第 4 期。

④ 李瑶:《寓"博"于教,教博共济——浅论蔡元培博物馆教育思想对当今的指导意义》,《科教文汇》2009 年第 1 期。

⑤ 宋伯胤:《博物馆:学校以外的教育机构——蔡元培的博物馆观》,《东南文化》2010 年第 6 期。

⑥ 秦素银:《蔡元培的博物馆理论与实践》,《中国博物馆》2007 年第 4 期。

⑦ 李竞艳:《蔡元培的博物馆美育思想研究》,《东南文化》2012 年第 2 期。

二任筹备处主任,是影响中央博物院的筹建与运行最为重要的人物。岱峻的《李济传》是关于李济的第一本传记,记叙了李济的生平、成长、求学、任职的经历,包括美国的留学经历、清华大学和南开大学的执教经历、主持中央研究院历史语言研究所考古组和中央博物院的工作经历,以及赴台之后的生活和工作经历等,该书第六章"流寓西南"中用大量篇幅叙述了李济作为中央博物院的筹建负责人,所从事的科研和管理工作。① 李光谟的《李济与中国的博物馆事业》②《为了人类知识的增进和传播——考古学宗师李济传略》③、徐玲的《李济与西方博物馆知识在中国的传播》④、梁白泉的《李济先生与中国考古学》⑤论述了李济的生平、学术思想、研究成果等方面的内容,以中央博物院的文物收藏、科学研究、陈列展览为考察中心,重点评析了李济对于中国考古学和博物馆学所做出的重大贡献和影响。

　　曾昭燏曾担任国立中央博物院专员、主任干事、代理总干事、代理主任等职务,1950 年后历任南京博物院副院长、院长,她为中央博物院和南京博物院的建设做出了巨大的贡献。关于曾昭燏的论文主要有:赵青芳的《忆曾昭燏先生》⑥、梁白泉的《忆曾昭燏先生》⑦、沈道初的《考古学家、博物馆学家曾昭燏》⑧《著名女博物院院长曾昭燏》⑨、吴棠的《一代女史和艺术大师的千古绝唱——曾昭燏、李霖灿苍洱留芳》⑩、陈晶的《考古女杰曾昭燏》⑪、高仁俊的《忆中央博物院的幕后功臣——曾昭燏女士》⑫、沈存步的《我所知道的文博大师曾昭燏》⑬、庄天明

　　①岱峻:《李济传》,江苏文艺出版社 2009 年版。
　　②李光谟:《李济与中国的博物馆事业》,《南京博物院集刊(第 6 集)》1983 年。
　　③李光谟:《为了人类知识的增进和传播——考古学宗师李济传略》,《东南文化》1998 年第 1 期。
　　④徐玲:《李济与西方博物馆知识在中国的传播》,《中原文物》2011 年第 4 期。
　　⑤梁白泉:《李济先生与中国考古学》,《大众考古》2015 年第 9 期。
　　⑥赵青芳:《忆曾昭燏先生》,《考古》1981 年第 6 期。
　　⑦梁白泉:《忆曾昭燏先生》,《文博通讯》1984 年第 6 期。
　　⑧沈道初:《考古学家、博物馆学家曾昭燏》,《学海》1990 年第 2 期。
　　⑨沈道初:《著名女博物院院长曾昭燏》,《南京史志》1994 年第 1 期。
　　⑩吴棠:《一代女史和艺术大师的千古绝唱——曾昭燏、李霖灿苍洱留芳》,《大理文化》2005 年第 5 期。
　　⑪陈晶:《考古女杰曾昭燏》,《中国文物报》2006 年 10 月 4 日,第 3 版。
　　⑫高仁俊:《忆中央博物院的幕后功臣——曾昭燏女士》,载蔡玫芬主编:《八徵耄念——"国立"故宫博物院八十周年的点滴怀想》,故宫博物院(台北)2006 年版。
　　⑬沈存步:《我所知道的文博大师曾昭燏》,《世纪》2008 年第 4 期。

的《身边的伟人——曾昭燏》①、罗宗真的《纪念曾昭燏女士诞辰一百周年暨逝世四十五周年》②《我与曾昭燏先生的点滴时光》③、王炳毅的《女文博学家曾昭燏的风雨人生》④、梁丽君的《文博大家曾昭燏》⑤、岳南的《高才短命人谁惜——记一代才女曾昭燏》⑥、龚良的《德识才学锦绣人生——怀念曾昭燏院长》⑦《缅怀文博大家曾昭燏》⑧、诸荣会的《凋谢还是绽放——曾昭燏之死》⑨、马建强的《曾昭燏的文博人生》⑩。曾昭燏是著名的考古学家、博物馆学家、中国文博事业的奠基人之一。上述文章表达了纪念和缅怀曾昭燏的感情,并且阐述了曾昭燏的求学与工作经历,以及学术贡献等方面的内容,其中曾昭燏在中央博物院的任职和研究经历在各篇文章中都有涉及。任相宇的硕士学位论文《曾昭燏博物馆学理论与实践研究》以曾昭燏的生平、著作,以及她在中央博物院和南京博物院的管理实践工作为基础,从博物馆类型及功能理念、博物馆建筑思想与管理理念、博物馆陈列理念、博物馆工作实践四个方面较为全面地论述了曾昭燏的博物馆管理理论与实践。⑪

马长寿是我国著名的民族学家,1936 至 1942 年间曾任职于国立中央博物院,并作为川康民族考察团的负责人,多次进入四川和西康地区,对彝族、羌族和藏族进行民族调查研究。王欣的《马长寿先生的川康民族考察》以档案材料为基础,论述了中央博物院川康民族考察的背景、过程和价值。⑫ 王欣的《马长寿先生与中央博物院》分上、中、下三篇发表于《西北民族论丛》,文章以南京博物院、台北故宫博物院和台北中央研究院历史语言研究所的档案材料为基础,

---

①庄天明:《身边的伟人——曾昭燏》,《南京博物院集刊(第 11 集)》2009 年。

②罗宗真:《纪念曾昭燏女士诞辰一百周年暨逝世四十五周年》,《南京博物院集刊(第 11 集)》2009 年。

③罗宗真:《我与曾昭燏先生的点滴时光》,《大众考古》2010 年第 3 期。

④王炳毅:《女文博学家曾昭燏的风雨人生》,《档案与建设》2011 年第 1 期。

⑤梁丽君:《文博大家曾昭燏》,《文史天地》2011 年第 9 期。

⑥岳南:《高才短命人谁惜——记一代才女曾昭燏》,《名人传记》2011 年第 8 期。

⑦龚良:《德识才学锦绣人生——怀念曾昭燏院长》,载《和谐博物馆论》,文物出版社 2012 年版。

⑧龚良:《缅怀文博大家曾昭燏》,载《文博杂语集》,文物出版社 2012 年版。

⑨诸荣会:《凋谢还是绽放——曾昭燏之死》,《文学界》2013 年第 11 期。

⑩马建强:《曾昭燏的文博人生》,《南京日报》2013 年 10 月 19 日,第 6 版。

⑪任相宇:《曾昭燏博物馆学理论与实践研究》,河南大学硕士学位论文,2017 年。

⑫王欣:《马长寿先生的川康民族考察》,《中国边疆史地研究》2013 年第 4 期。

在查阅了大量的史料和论著后，翔实地论述了马长寿在中央博物院任职的经历，并以马长寿主持的川康民族考察为中心，阐释了马长寿在民族学的调查研究、民族文物的征集和保存等工作中所做出的重要贡献。①

庞薰琹是我国杰出的艺术家和艺术教育家，1939 至 1940 年曾任职于国立中央博物院，主持了贵州民间艺术考察专题工作。关于此项调查工作的论文主要有：蒋献军、杨建的《抗战时期西部艺术考察的兴起及成效探析——以 20 世纪三四十年代庞薰琹对西南少数民族地区考察为中心》②、袁峰的《庞薰琹〈贵州山民图〉系列作品的价值及对当代民族题材美术创作的启示》③、裴临风的《从留学西洋到回归东方——庞薰琹〈贵州山民图〉创作成因与艺术特色探析》④、沙伟的《庞薰琹笔墨下的贵州苗家山民》⑤、曾越的《论庞薰琹贵州少数民族美术考察的价值与启示》⑥、杜臻的《国立中央博物院贵州民间艺术考察初探——以庞薰琹为中心》⑦、黄晨的《抗战时期庞薰琹在西南地区的艺术探索与时代意义》⑧。上述论文阐述了庞薰琹所主持的中央博物院贵州民间艺术考察的背景、过程及意义。周爱民的《庞薰琹艺术与艺术教育研究》论述了庞薰琹的个人艺术活动和艺术成就，以庞薰琹的艺术经历为考察线索，对中国现代美术运动和现代设计教育的开启与形成，以及中国现代绘画和设计在中西融合基础上进行创新的文化特点等展开研究，其中撰有专章"民族民间传统艺术与现代艺术"论述了庞薰琹在中央博物院的任职经历，从考古学、人类学、艺术学、民族学的角度阐释了庞薰琹在艺术设计和艺术教育领域所做出的杰出学术贡献。⑨

---

①王欣：《马长寿先生与中央博物院（上）》，《西北民族论丛（第 9 辑）》2013 年；王欣：《马长寿先生与中央博物院（中）》，《西北民族论丛（第 10 辑）》2014 年；王欣：《马长寿先生与中央博物院（下）》，《西北民族论丛（第 11 辑）》2015 年。

②蒋献军、杨建：《抗战时期西部艺术考察的兴起及成效探析——以 20 世纪三四十年代庞薰琹对西南少数民族地区考察为中心》，《艺海》2014 年第 8 期。

③袁峰：《庞薰琹〈贵州山民图〉系列作品的价值及对当代民族题材美术创作的启示》，《中国美术》2015 年第 6 期。

④裴临风：《从留学西洋到回归东方——庞薰琹〈贵州山民图〉创作成因与艺术特色探析》，《新美术》2015 年第 5 期。

⑤沙伟：《庞薰琹笔墨下的贵州苗家山民》，《东方收藏》2015 年第 6 期。

⑥曾越：《论庞薰琹贵州少数民族美术考察的价值与启示》，《贵州民族研究》2015 年第 4 期。

⑦杜臻：《国立中央博物院贵州民间艺术考察初探——以庞薰琹为中心》，《南京艺术学院学报（美术与设计）》2015 年第 1 期。

⑧黄晨：《抗战时期庞薰琹在西南地区的艺术探索与时代意义》，《新美术》2016 年第 3 期。

⑨周爱民：《庞薰琹艺术与艺术教育研究》，清华大学出版社 2010 年版。

李霖灿是著名的艺术学和民族学研究者,曾任职于国立中央博物院,主持了边疆民族艺术调查(云南丽江纳西族调查),关于此项调查研究的论文主要有:和少英的《纳西文化研究的拓荒者与奠基者——李霖灿》①、刘薇的《寻根解俗——李霖灿与纳西文化研究》②。这两篇文章论述了李霖灿进行中央博物院云南丽江纳西族调查的背景、过程及贡献。杨福泉的《绿雪歌者:李霖灿与东巴文化》记叙了李霖灿在中央博物院的任职经历,以及李霖灿从事云南丽江纳西族调查的具体过程、价值及影响。③

向达自 1942 至 1944 年参加了国立中央博物院、国立中央研究院、北京大学等单位联合组织的西北考古调查。刘进宝的《向达敦煌考察的身份问题研究平议》以档案材料为基础,分析了向达参加西北史地考察团的身份,指出向达是受中央研究院史语所和中央博物院筹备处之聘参加考察的,由于当时史语所和中央博物院形同一家,而史语所已有劳榦、石璋如参加,向达就代表中央博物院筹备处,在北京大学只是"请假一年"。④ 罗丰的《西出阳关——向达与西北史地考察团》论述了向达参与西北史地考察的名义,以及考察的过程和意义。⑤ 向达还曾参与中央博物院的多项工作。宋伯胤的《向达:倾心博物馆事业的历史学家》记叙了向达参与西北史地考察团、中央博物院图书馆文献的采购,以及策划中国历代铜镜展览的工作,称赞向达是新中国成立以前,在倾心博物馆事业的大学教授中,最不吝惜自己的劳动和智慧,并富有生气的、最勇敢的探险家和发掘者。⑥

赵青芳、郭宝钧、尹焕章都曾经任职于国立中央博物院。梁白泉、罗宗真的《学习赵青芳同志》阐释了赵青芳在中国考古和文博事业上所做出的贡献,涉及了 20 世纪 40 年代赵青芳参加的中央博物院四川彭山汉墓的发掘工作。⑦ 赵青芳的《忆郭宝钧先生》按时间顺序记叙了郭宝钧的任职经历,并评析了他的学术

---

① 和少英:《纳西文化研究的拓荒者与奠基者——李霖灿》,《思想战线》1992 年第 1 期。

② 刘薇:《寻根解俗——李霖灿与纳西文化研究》,《大理学院学报》2014 年第 9 期。

③ 杨福泉:《绿雪歌者:李霖灿与东巴文化》,云南教育出版社 2000 年版。

④ 刘进宝:《向达敦煌考察的身份问题研究平议》,《中华文史论丛》2016 年第 2 期。

⑤ 罗丰:《西出阳关——向达与西北史地考察团》,载樊锦诗、荣新江、林世田主编:《敦煌文献·考古·艺术综合研究:纪念向达先生诞辰 110 周年国际学术研讨会论文集》,中华书局 2011 年版。

⑥ 宋伯胤:《向达:倾心博物馆事业的历史学家》,《博物馆研究》1987 年第 3 期。

⑦ 梁白泉、罗宗真:《学习赵青芳同志》,《南京博物院集刊(第 9 集)》1987 年。

研究成果,涉及了多项中央博物院的考古发掘和陈列展览工作。[①] 罗宗真的《缅怀尹焕章同志》记叙了尹焕章的任职经历,涉及了他在中央博物院所从事的文物保管工作。[②]

梁思成和刘敦桢曾经任职于国立中央博物院,担任中国建筑史料编纂委员。龚良的《中国营造学社与南京博物院》《刘敦桢先生与南京博物院》等系列文章,以南京博物院的档案材料为基础,论述了梁思成、刘敦桢与其他中国营造学社社员在中央博物院的任职经历,以及梁思成、刘敦桢指导中央博物院大殿建筑的过程,并且评析了此项工作的价值和意义。[③]

三、国立中央博物院的建筑研究

南京是保留民国建筑最为集中的城市,民国建筑既是创造民族建筑新风格的成功尝试,也是中国城市建设向现代化都市建设发展的重要历史见证。国立中央博物院的建筑由徐敬直、李惠伯设计,梁思成、刘敦桢指导,大殿仿辽代蓟县独乐寺山门形式,其结构多按《营造法式》设计,在南京的民国建筑中具有独特的代表意义,是建筑学者、历史学者、博物馆学者研究的经典范例。

倪明、李海清的《可贵的尝试——原中央博物院建筑缘起与历史评价》在梳理档案材料的基础上,较为详细地叙述了中央博物院的建筑策划、方案设计竞赛、施工建造等历史过程,分析了中央博物院建筑的历史价值。[④] 倪明的《民族特色,现代功能——南京博物院建筑综述》记叙了中央博物院建筑的筹建过程,论述了中央博物院建筑设计的特点和成绩。[⑤]

赖德霖的《设计一座理想的中国风格的现代建筑——梁思成中国建筑史叙

---

①赵青芳:《忆郭宝钧先生》,《南京博物院集刊(第9集)》1987年。

②罗宗真:《缅怀尹焕章同志》,《考古》1982年第2期。

③龚良:《中国营造学社与南京博物院》,载《古迹遗址行》,文物出版社2012年版;龚良:《中国营造学社与南京博物院·结缘》,载《文博杂语集》,文物出版社2012年版;龚良:《中国营造学社与南京博物院·合作》,载《文博杂语集》,文物出版社2012年版;龚良:《刘敦桢先生与南京博物院》,载东南大学建筑学院编著:《刘敦桢先生诞辰110周年暨中国建筑史学史研究会论文集》,东南大学出版社2009年版。

④倪明、李海清:《可贵的尝试——原中央博物院建筑缘起与历史评价》,《东南文化》2001年第5期。

⑤倪明:《民族特色,现代功能——南京博物院建筑综述》,《中国文物报》2003年10月17日,第6版。

述与南京国立中央博物院辽宋风格设计再思》在引用大量档案材料的基础上，通过对中央博物院建筑造型语言的解读和图像学分析，以及在深入的形式分析基础上对造型要素的常规含义与象征性含义的研究，揭示了中国风格设计所具有的创造性与梁思成和建筑师对中国风格现代建筑的理想。① 牟婷的《南京民国建筑的风格与形式——解析南京博物院的民国建筑语言》从总体布局、建筑风格与建筑形态、空间形态、结构方式、装饰纹样、材质、色彩等角度出发，剖析了中央博物院建筑所体现的民国建筑语言，总结出历史文脉对空间设计的影响。② 李海清、刘军的《在艰难探索中走向成熟——原国立中央博物院建筑缘起及相关问题之分析》分为三篇文章，从筹建背景、方案征集与评审、方案修改与施工图设计、施工招标与工程状况、对建筑师及获奖方案的比较分析、对评委的比较分析等方面，详细论述了中央博物院建筑的筹建过程及其重要的历史价值。③ 李海清的《"中央"情结与威权架构——从中国近现代时期两座官方建筑看"百年辛亥"之遗产》从中轴对称构图形式的文化心理学机制的视角出发，分析了中央博物院建筑设计方案在竞标、评选、修改过程中的博弈，指出中央博物院的建筑是中国官方建筑之"中央"情结与威权架构的生动写照。④

张燕主编的《南京民国建筑艺术》、卢海鸣和杨新华主编的《南京民国建筑》、窦忠如的《大匠踪迹：中国近现代经典建筑掠影》以图文并茂的形式介绍了具有代表性的南京民国建筑，并设专文论述了国立中央博物院建筑的设计理念、建筑过程和历史价值。⑤ 俞琳、汪晓茜的《民国时期南京建筑师的执业状况》

①赖德霖：《设计一座理想的中国风格的现代建筑——梁思成中国建筑史叙述与南京国立中央博物院辽宋风格设计再思》，载《走进建筑走进建筑史：赖德霖自选集》，上海人民出版社2012年版。

②牟婷：《南京民国建筑的风格与形式——解析南京博物院的民国建筑语言》，《艺术百家》2008年第8期。

③李海清、刘军：《在艰难探索中走向成熟——原国立中央博物院建筑缘起及相关问题之分析》，《华中建筑》2001年第6期；李海清、刘军：《在艰难探索中走向成熟——原国立中央博物院建筑缘起及相关问题之分析（续）》，《华中建筑》2002年第1期；李海清、刘军：《在艰难探索中走向成熟——原国立中央博物院建筑缘起及相关问题之分析（续）》，《华中建筑》2002年第2期。

④李海清：《"中央"情结与威权架构——从中国近现代时期两座官方建筑看"百年辛亥"之遗产》，《新建筑》2013年第1期。

⑤张燕主编：《南京民国建筑艺术》，江苏科学技术出版社2000年版；卢海鸣、杨新华主编：《南京民国建筑》，南京出版社2001年版；窦忠如：《大匠踪迹：中国近现代经典建筑掠影》，百花文艺出版社2006年版。

分析了民国时期南京地区的建筑师在建筑项目进程中的工作与作用,以中央博物院的建筑为例,介绍了征地选址、经费来源、方案竞标等情况。[①] 汪晓茜的《大匠筑迹:民国时代的南京职业建筑师》论述了民国时期南京代表性的职业建筑师及其作品,专文介绍了徐敬直、李惠伯的求学与工作经历,探究了中央博物院建筑的筹备、设计与修建过程,认为中央博物院可视为众多民国建筑专家、学者集体智慧的结晶,其建筑本身就是堪称国宝的艺术品。[②]

四、国立中央博物院的研究前瞻

综上所述,国立中央博物院的研究已经取得了较为丰硕的成果,大量的档案和史料得到了发掘,新的研究材料和研究视角不断出现,宏观研究和微观研究也都得到了重视,剖析了中央博物院的学术贡献和历史意义,为中国近代文化史、考古学、民族学和博物馆学的研究工作奠定了良好的基础。与此同时也应该看到,国立中央博物院的研究尚有许多不足之处,应当得到学界更多的关注;在史料收集、研究内容、研究方法等方面,仍有待更加深入与完善。

(一)研究史料的挖掘利用尚有不够充分之处,需要更加广泛、深入地收集与运用,不断拓展获得档案材料的途径

目前已经公开发表或者正式出版的关于中央博物院的研究成果,在史料的引用上有很大的重复性,论证中引述的一手材料主要有:中国博物馆协会编的《中国博物馆一览》[③],刘鼎铭选辑的《国立中央博物院筹备处 1933 年 4 月—1941 年 8 月筹备经过报告》[④],国立中央博物院筹备处编印的《国立中央博物院筹备处概况》[⑤],吴金鼎、曾昭燏、王介忱合著的《云南苍洱境考古报告甲编》[⑥],

①俞琳、汪晓茜:《民国时期南京建筑师的执业状况》,《中国文化遗产》2011 年第 5 期。

②汪晓茜:《大匠筑迹:民国时代的南京职业建筑师》,东南大学出版社 2014 年版。

③中国博物馆协会编:《中国博物馆一览》,中国博物馆协会事务所编印 1936 年版。

④刘鼎铭选辑:《国立中央博物院筹备处 1933 年 4 月—1941 年 8 月筹备经过报告》,《民国档案》2008 年第 2 期。

⑤国立中央博物院筹备处:《国立中央博物院筹备处概况》,国立中央博物院筹备处编印 1942 年版。

⑥吴金鼎、曾昭燏、王介忱合著,曾昭燏缩写:《云南苍洱境考古报告甲编》,国立中央博物院专刊,1942 年。

曾昭燏和李济编著的《博物馆》①。从现有的研究成果来看,目前学者所依靠的研究史料只是浩繁卷帙中的一小部分而已,还有大量的资料尚未被学界所了解和运用。民国的很多期刊杂志中都记叙了中央博物院的工作,比如《中国博物馆协会会报》《社会教育季刊》《图书季刊》《中华教育界》《民众教育通讯》《科学》《文化先锋》《文物周刊》等。国民政府教育部编的《第一次中国教育年鉴》②和《第二次中国教育年鉴》③在社会教育部分也都有专文介绍了中央博物院的多项工作。中央博物院的档案材料主要存于中国第二历史档案馆、南京博物院图书馆档案室、台北故宫博物院图书文献馆、台北中央研究院傅斯年图书馆档案室、四川省宜宾市南溪区档案馆。对于上述期刊、年鉴和档案等材料的发掘、整理与运用,将在很大程度上推进研究的深度,从而推动中央博物院及其相关研究的进程。

2009 至 2013 年,南京博物院编辑,文物出版社出版了"南京博物院学人文集"系列,包括:《曾昭燏文集·考古卷》④《曾昭燏文集·博物馆卷》⑤《曾昭燏文集·日记书信卷》⑥《赵青芳文集·考古卷》⑦《赵青芳文集·考古日记卷》⑧《尹焕章文集·考古卷》⑨《尹焕章文集·考古日记卷》⑩《宋伯胤文集·博物馆卷》⑪《宋伯胤文集·陶瓷卷》⑫《宋伯胤文集·枕具卷》⑬《宋伯胤文集·民族调查卷》⑭等。上述学人都曾经任职于中央博物院,这些文集包括了他们的书信、日记、论文、著作等,无论从中央博物院、南京博物院历史的研究角度,还是从这些优秀学者的生平、学术的研究角度,这些文集都是准确而翔实的研究资料,将在

---

①曾昭燏、李济编著:《博物馆》,正中书局 1943 年版。
②教育部编:《第一次中国教育年鉴》,开明书店 1934 年版。
③教育部教育年鉴编纂委员会编:《第二次中国教育年鉴》,商务印书馆 1948 年版。
④南京博物院编:《曾昭燏文集·考古卷》,文物出版社 2009 年版。
⑤南京博物院编:《曾昭燏文集·博物馆卷》,文物出版社 2009 年版。
⑥南京博物院编:《曾昭燏文集·日记书信卷》,文物出版社 2013 年。
⑦南京博物院编:《赵青芳文集·考古卷》,文物出版社 2012 年版。
⑧南京博物院编:《赵青芳文集·考古日记卷》,文物出版社 2012 年版。
⑨南京博物院编:《尹焕章文集·考古卷》,文物出版社 2009 年版。
⑩南京博物院编:《尹焕章文集·考古日记卷》,文物出版社 2010 年版。
⑪南京博物院编:《宋伯胤文集·博物馆卷》,文物出版社 2009 年版。
⑫南京博物院编:《宋伯胤文集·陶瓷卷》,文物出版社 2009 年版。
⑬南京博物院编:《宋伯胤文集·枕具卷》,文物出版社 2012 年版。
⑭南京博物院编:《宋伯胤文集·民族调查卷》,文物出版社 2012 年版。

以后的研究中发挥巨大的作用。

（二）研究内容方面，应拓宽研究视野，扩大研究范围，将理论研究与当前博物馆的建设实践结合起来

目前关于中央博物院的研究，绝大部分的学者主要关注于：1. 国立中央博物院筹建的历史意义、2. 国立中央博物院院史的研究、3. 国立中央博物院优秀学人的研究、4. 国立中央博物院的建筑研究。研究的视阈还有很大的拓展空间，而且对于国立中央博物院的学人与各项工作，学界的认识并不是十分清晰。关于国立北平故宫博物院、国立中央博物院、国立中央研究院历史语言研究所、国立北平研究院等机构的人员和工作，在有些研究成果中甚至出现了混淆或者错误的状况。因此，对于中央博物院的筹建背景与历史沿革、组织建设与人才管理、经费的调拨与使用，以及科学研究、文物收藏、社会教育等工作还有很多有待深入细致研究的领域。

国立中央博物院隶属于国民政府教育部，建立了较为完备的理事会制度和建筑委员会制度，以指导与监督中央博物院的建设与运行。中央博物院的下设机构有：总务部门（总务室、文书室、出纳室、庶务室、人事室、工程室、警卫室）；研究技术部门（研究组、保管组、陈列组、编辑组、技术组、图画组）；会计室。中央博物院曾汇集了当时国内最优秀的一批学者，比如傅斯年、李济、夏鼐、郭宝钧、曾昭燏、吴金鼎、王振铎、马长寿、庞薰琹、梁思成、刘敦桢等。中央博物院的任职经历对他们的一生都有重要的影响。中央博物院的经费主要来源于管理中英庚款董事会、中央研究院和国民政府财政部，在那个动荡的年代，能够从经费上保障中央博物院的建设与运营，实属不易。目前，对于中央博物院的机构、人事、经费、管理等方面的研究，学界尚缺乏系统的研究成果，这也是将来的研究中需要探索的重要方向。

文物收藏、科学研究、社会教育是现代博物馆最重要的三大功能。在民国时期，能够像国立中央博物院一样同时开展这三项工作的博物馆数量极少。文物收藏方面，中央博物院调拨和购置了数量庞大的文物，形成了系统的文物收藏和保护理念，对文物的分类、编目、建档、包装等工作制定了相应的准则与规章，并进行了抗战时期的文物大迁运。科学研究方面，中央博物院组织和参与了多项考古学和民族学的田野调查研究，并与国立中央研究院、中国营造学社、四川省立博物馆、北京大学文科研究所等学术机构合作，在进行考古发掘、民族调查和建筑考察的同时，收集了大量的文物和工艺品。社会教育方面，中央博物院在非常艰苦的条件下，策划、举办及参与了多项国内外的展览工作，并通过专著、期刊、演讲等辅助形式对民众开展社会教育活动，"辅助民众教育""图智识之增进"也是中央博物院一直秉承的建院理念。中央博物院在开展科学研究、文物收藏、社会教育工作的同时，也编撰、刊印了丰富的理论研究成果，为指导当时的博物馆建设、考古发掘和民族学调查工作做出了巨大的贡献，关于中央博物院各专项工作的研究也有很多有待拓展的空间。

（三）在研究方法的应用中，需要注重加强宏观研究与个案研究、横向比较与纵向比较研究、多学科之间的交叉与融合研究，这些研究方法需要更多地运用于中央博物院的研究中

民国时期是中国博物馆初步发展的一个特殊历史阶段，多种类型的早期博物馆在创建过程中，改变了古物私藏的固有理念和模式，同时宣扬了新的民众教育与公共文化理念，对此后中国博物馆的发展与建设有着深远的意义和影响。民国时期还涌现了一批关于博物馆学的经典专著、译著，比如[日]滨田耕作著，俞剑华译的《考古学通论》[①]；费畊雨、费鸿年的《博物馆学概论》[②]；[瑞典]孟德鲁斯著，郑师许、胡肇椿译的《考古学研究法》[③]；胡肇椿、曹春霆的《古物之修复与保存》[④]；陈端志编著的《博物馆学通论》[⑤]；荆三林编著的《博物馆学大纲》[⑥]；曾昭燏、李济编著的《博物馆》[⑦]等。这些论著和译著为中央博物院的筹建理念与管理思想提供了重要的理论支撑，对中国博物馆学学科体系的建立产生了重大的影响，是学界探究中国近代博物馆发展规律的基础材料。

民国时期的中国博物馆事业有过繁荣的发展阶段，国立北平故宫博物院、国立中央博物院、河北博物院、河南省博物馆、陕西省历史博物馆等都举办了多项陈列展览工作，为开展民众社会教育和传播科学文化知识做出了很大的贡献。中央博物院作为民国时期中国博物馆的重要代表，将其视为经典的研究范

①[日]滨田耕作著，俞剑华译：《考古学通论》，商务印书馆1931年版。
②费畊雨、费鸿年编：《博物馆学概论》，中华书局1936年版。
③[瑞典]孟德鲁斯著，郑师许、胡肇椿译：《考古学研究法》，世界书店1936年版。
④胡肇椿、曹春霆：《古物之修复与保存》，上海市博物馆1936年版。
⑤陈端志编著：《博物馆学通论》，上海市博物馆1936年版。
⑥荆三林编著：《博物馆学大纲》，中国文化服务社陕西分社1941年版。
⑦曾昭燏、李济编著：《博物馆》，正中书局1943年版。

式,从中西方文化交流的背景下,探究近代博物馆产生与发展的社会环境和动因,国人自主建馆的历史进程,以及学界对博物馆体制与管理建设的探索等,既有重要的学术价值,也有积极的现实意义。

中央博物院在中国现代民族学、考古学与博物馆学的建设中做出了突出的贡献,对现代文博事业起到了典范作用,对中国现代科学和文化艺术的影响亦十分深远。社会公众教育、公共文化服务、文化遗产保护等都与博物馆事业有着紧密的联系,中央博物院的研究工作包括了考古发掘、民族学调查、民间艺术考察、手工艺调查、建筑史料编撰等,文物收藏和社会教育也同时开展了多项重要的工作。因此,中央博物院的研究需要艺术学、考古学、博物馆学、民族学、民俗学、建筑学、社会学、管理学、教育学等多学科的视阈及思考,并从上述不同学科的研究视角出发,借鉴多学科的研究方法,从而取得更多深化且多元的研究成果。

日本学界视野下的中国西南地区研究①

刘　岩　陈　芳　黄　妍

摘　要:基于日本科学研究助成事业数据库 KAKEN 数据库为对象,对中国西南地区相关课题进行分类、统计和分析,呈现日本学者西南地区研究课题的空间分布特征。结果表明日本学者对中国西南地区的研究在地区立项数量、立项数量时间分布趋势及主要研究领域均存在明显差异,影响差异形成的因素主要有地理环境、政治政策和历史文化因素。本文通过以中国西南地区为研究区域的立项课题的整理统计、内容述评,为我国西南地区的区域史、地方史志的研究提供他者视域的基础研究资料信息与跨文化思考,具有一定的学术价值和现实意义。

关键词:日本学界;西南地区;分布差异;内容焦点;影响要因

中国西南地区因其特殊的地理区位以及独特的民族文化,一直以来是海外学者研究中国文化的热点区域。自 20 世纪初日本学者鸟居龙藏深入西南地区进行田野调查,发表《苗族调查报告》以来,一批又一批优秀的日本学者陆续来到西南地区进行学术研究,研究领域涉及文化人类学、东洋史、语言学等多个领域多种角度。日本学界对中国的区域研究逐渐引起了国内学者的关注。张正军聚焦日本学者对云南少数民族的研究,先后发表了有关日本学者对云南少数民族历史文化②及民族民间文学研究③的多篇论文,并以专著的形式呈现了日

---

①本文为贵州省哲学社科青年项目"近代以来日本的贵州书写及形象建构研究"(21GZQN29)的阶段性成果。
②张正军:《二十世纪日本学者对云南少数民族历史文化的研究》,《云南社会科学》2005年第6期。
③张正军:《论日本学者对云南少数民族民间文学的研究》,《云南民族大学学报(哲学社会科学版)》2005年第1期。

本学者对云南少数民族文化的研究成果①。王晓梅以专著的形式系统整理、译介与述评了 20 世纪以来日本学者对西南少数民族研究的学术谱系②。刘岩等利用 KAKEN 数据库,先后对日本学者对云南③、贵州④等研究课题的研究内容进行了述评与研究。

如上所述,对于日本学者在中国西南地区的研究,国内学者一直重视收集、整理与翻译其在某一学科领域的研究文献,以及某个地区研究的史料挖掘与整理分析,然而对西南地区整体的研究课题的时空差异及影响要因分析尚未触及。基于以上背景,本文基于日本国立情报研究所和国会图书馆所研发的《KAKEN 科学研究费补助金数据库》,对以中国西南地区为研究课题的日本学术成果进行统计分析,按照地域进行相关论文分类,宏观呈现日本学者对西南地区研究课题的时空分布差异,并对其背后的影响要因进行分析,以期进一步把握日本学者对中国西南地区多维度、多学科的研究成果,为我国西南地区的区域史、地方史志的研究提供他者视域的基础研究资料信息与跨文化思考。

一、数据来源与筛选

(一)数据来源

本文数据来源于日本科学研究助成事业数据库 KAKEN(以下简称 KAKEN 数据库),KAKEN 数据库是由日本国立情报学研究所和国会图书馆在文部科学省和日本学术振兴会的协助下于 1972 年建立的。该数据库收录的受资助的科研项目立项范围极其广泛,涵盖了从人文学、社会学到自然科学的所有研究领域,其主页提供自 1965 年以来所有资助课题的信息。KAKEN 数据库收录了立项课题、成果报告书、成果概要等有关立项课题的基本信息。通过本数据库,可以检索日本所有领域的最新研究信息。

---

①张正军:《文化寻根——日本学者之云南少数民族文化研究》,上海交通大学出版社 2012 年版。

②王晓梅:《日本学者西南少数民族研究述评》,贵州大学出版社 2017 年版。

③刘岩、王晓梅、何薇:《日本学者云南研究的内容焦点与趋势特征——基于日本 KAKEN 数据库分析》,《民族论坛》2019 年第 4 期。

④刘岩、王晓梅、李哲:《日本学者贵州研究课题的内容焦点与学术特征》,《艺术科技》2020 年第 9 期。

(二)数据筛选

本文所指的西南地区指云南省、贵州省、四川省和重庆直辖市三省一市。首先,以"中国西南"为检索词,选择详细检索,即研究课题的题目中含有"中国西南"的项目,时间跨度为 1965 至 2020 年,共计检索到科研项目 29 项,再分别以"云南""贵州""四川""重庆"为关键词进行详细检索。然后,对项目名称进行逐一确认,筛除与研究无关的项目,譬如,"缅甸所传南方佛教古写本的现地调查及收集资料的数据化与数据库构筑"[①],"云南地区(岛根县出云地方南部三郡)附身邪物的宗教社会学研究"[②]。最后,对重复题目进行剔除合并,得到云南地区研究的课题共 73 项,贵州的课题共 9 项,四川地区的课题共 46 项,重庆地区的课题共 8 项,其中宏观以中国西南地区为研究对象的研究课题与云南地区研究课题有 1 项重叠,云南与四川地区研究课题有 3 项重叠。

基于上述筛选与统计,关于中国西南地区研究的有效课题共计 161 项,本文的研究即以此数据为基础。

二、日本学界西南地区研究课题的分布差异

(一)立项数量

表 1 呈现了日本学者西南地区研究课题立项数量空间分布。由表 1 可知日本学者中国西南地区研究的课题共有 161 项,其中宏观上以西南地区整体为研究区域的课题有 29 项,占总数比率 18%,立项数量排名第 3;微观上以云南为研究区域的课题有 73 项,占总数比率 45.3%,立项数量排名第 1;以贵州为研究区域的课题有 9 项,占总数比率 5.6%,立项数量排名第 4;以四川为研究区域的课题有 46 项,占总数比率 28.6%,立项数量排名第 2,以重庆为研究区域的课题有 8 项,占总数比率 5%,立项数量排名第 5。

由此可见在日本学者进行中国西南地区的研究时,对云南和四川地区的关注度较高,其中云南的关注度最高,以云南为研究区域的课题立项数量占了总

①笠松直:『ミャンマー所伝南方仏教古写本の現地調査及び収集資料のデジタル化とデータベース構築』,仙台高等専門学校 2016 年。

②岩田啓靖:『云南地域(島根県出云地方南部三郡)における「憑きもの」集団の宗教社会学的研究』,九州大学 1971 年。

数比率约45.3%,将近西南地区研究课题总数的一半,重庆地区的关注度最低,相关研究课题立项数量排名最末。

表1 日本学者西南地区研究课题立项数量空间分布一览表

研究区域		立项数量	占总数比率(%)	立项数量排名
中国西南地区 (161)	西南地区	29	18	3
	云南	73	45.3	1
	贵州	9	5.6	4
	四川	46	28.6	2
	重庆	8	5	5

(二)西南各地区研究课题立项数量时间分布趋势

1.日本以中国西南地区整体为研究区域的科研课题立项趋势

日本用科研立项的方式以中国西南地区整体为研究区域进行研究始于1979年,但从1979年到1989年的十年间立项课题较少,共3项。进入20世纪90年代,日本以中国西南地区整体为研究区域的立项课题有所增长,截止到21世纪前十年的二十年间共有立项课题22项,约占总课题数的75.9%,其中在1999年和2003年出现了两次小高峰,每年立项3项。2009年到2014年间出现了短暂停滞,自2014年开始回升,此后约每年立项1项,从年份上呈现出稳定的连续性。整体而言,日本以中国西南地区整体为研究区域的科研课题立项数量随年份波动起伏。

2.日本以云南为研究区域的科研课题立项趋势

日本用科研立项的方式对云南进行研究始于1965年,起步较早,但从20世纪60年代到20世纪80年代的20年间的立项数量只有2项,并且研究出现了停滞。从20世纪80年代开始到21世纪初科研课题立项数量总体呈现上升趋势,截止到2000年的20年间科研课题立项共计27项。21世纪至今科研课题立项数量随年份波动起伏,但每一年都有新增立项,截止到2020年的20年间科研课题立项共计44项,约占总课题数的60.3%。

3.日本以贵州为研究区域的科研课题立项趋势

日本最早以科研项目研究贵州始于1985年,截至2019年共计课题9项,数量较少。整体上看,1985 年到 1995 年立项课题 3 项,2005 年到 2019 年立项课题 6 项,说明进入 21 世纪后日本从科研立项的角度对贵州进行的研究有所增长。整体而言,日本学者对贵州的关注与研究呈现了一定的增长趋势。

4. 日本以四川为研究区域的科研课题立项趋势

日本最早以科研项目研究四川始于 1979 年,自 20 世纪 80 年代到 20 世纪 90 年代的总体立项数量共计 13 项,21 世纪初到 21 世纪 10 年代的十年间,日本对四川的研究有所上升,立项数量共计 22 项,其中 2010 年立项数量高达 6 项。2010 至今日本对四川的研究出现下降趋势,共有 10 项。

5. 日本以重庆为研究区域的科研课题立项趋势

日本最早以科研项目研究重庆始于 1998 年,起步时间较晚,且截止到 2020 年,日本关于重庆的科研项目只有 8 项,数量较少,但呈现出了一定的规律。整体上看,20 世纪 90 年代的立项课题 2 项,21 世纪初到 21 世纪 10 年代的十年间立项课题 2 项,21 世纪 10 年代至今十年间立项课题共 4 项,占总立项数量的 50%。从立项年份看,成断点式分布,缺乏一定的连续性。

三、日本学界中国西南地区研究课题的成果述评

日本对中国西南地区的研究课题数量繁多,涉及领域广泛,本文只选取每个地区比较集中的、具有代表性的课题进行分类整理、述评,以便更加清晰地呈现日本学者在中国西南地区的研究内容。

(一)西南地区

日本学者对以中国西南地区整体为研究区域的研究内容主要聚焦在文化人类学(含民族学、民俗学)、东洋史、语言学和教育社会学 4 个领域。

文化人类学(含民族学、民俗学)领域的研究课题数量最多。中部大学中部高等学术研究所藤井知昭“越南·老挝北部、中国西南部各民族的传统音乐文化变容的比较研究”[1]、早稻田大学稻畑耕一郎“中国西南的面具戏和基层文化的研究”[2],还有早稻田大学伊藤洋与早稻田大学戏剧博物馆稻叶明子共同主持

①藤井知昭:『ベトナム・ラオス北部、中国西南部諸民族の伝統の音楽文化の変容に関する比較研究』,中部大学 1995 年。

②稻畑耕一郎:『中国西南の仮面劇と基層文化の研究』,早稻田大学 1999 年。

的"中国西南傩戏的仪礼与艺术研究"①关注的主要是西南少数民族的音乐、仪式等艺术研究。相模女子大学栗原悟以"中国西南地域各民族志的基础研究——主要以云南省为中心"②为课题,对中国西南地区主要是 20 世纪以后的民族志进行收集整理,探讨中国西南地区的特性以及本地区的民族志特征,细致分析中国的民族学、人类学研究动向,考察其受日本及欧美研究的影响。

东洋史领域的研究起步最早,且相关研究都是围绕着西南地区的少数民族展开。最早涉及东洋史领域的研究是 1979 年大分大学神户辉夫的"中国西南各省的少数民族研究(以清代以后为中心)"③,1983 年再次以"中国西南各省的少数民族研究"④为课题对此做了进一步研究。名古屋大学林谦一郎对西南地区民族间关系较为关注,先后以"关于中国西南地区民族间关系史的研究"⑤以及"10—13 世纪的中国西南地区的民族间关系"⑥为课题到中国云南展开调查研究。

在语言学方面的课题有 4 个,其中白井聪子先后以"中国西南部藏缅语族动词形态统语法的地区语言学研究"⑦、"中国西南部藏缅语族少数民族语言的地区语言学调查研究"⑧、"中国西南部同语系多语言社会的地域特征形成调查研究"⑨为课题,对中国西南部藏缅语族及周别其他少数民族语言进行对照研究。九州大学留学生中心教授鹿岛英一的课题"中国西南部民族文字的字形集合信息理论研究"⑩则对中国西南地区非汉字系的象形文字和音节文字进行理

①伊藤洋:『中国西南傩戯における儀礼と芸術研究』,早稲田大学 1999 年。

②栗原悟:『中国西南地域諸民族志の基礎研究—主に云南省を中心に—』,相模女子大学 2001 年。

③神戸輝夫:『中国西南諸省における少数民族の研究(清代以降を中心として)』,大分大学 1979 年。

④神戸輝夫:『中国西南諸省における少数民族の研究』,大分大学 1983 年。

⑤林謙一郎:『中国西南地方の民族間関係史に関する研究』,名古屋大学 1999 年。

⑥林謙一郎:『10—13 世紀の中国西南地区における民族間関係』,名古屋大学 2016 年。

⑦白井聡子:『中国西南部・チベット＝ビルマ系言語における動詞の形態統語法の地域言語学的研究』,京都大学 2003 年。

⑧白井聡子:『中国西南部・チベット＝ビルマ系少数民族言語の地域言語学的調査研究』,京都大学 2004 年。

⑨白井聡子:『中国西南部の同系多言語社会における地域特徴形成の調査研究』,名古屋工業大学 2007 年。

⑩鹿島英一:『中国西南部の民族文字の字形集合に関する情報理論的研究』,九州大学 2007 年。

论分析,把握其特征。

关于教育社会学领域的研究课题共 3 个,均出自神奈川县立保健福祉大学保健福祉学部教授金龙哲,他对中国西南少数民族的文化传承与新中国成立后的新型学校教育模式之间的关系尤为关注,相关研究课题有"中国西南少数民族成人礼的社会化功能的比较教育学研究"①、"中国西南少数民族文化的教育课程化的比较教育学研究"②和"中国西南少数民族的文化传承实践的教育系统变容研究"③。

(二)云南省

日本学者对云南研究的内容主要聚焦在文化人类学(含民族学·民俗学)、地域研究、药学、语言学和东洋史学 5 个领域。

文化人类学(含民族学·民俗学)领域的研究课题数量最多,起步也最早,相关研究课题有国立民族博物馆竹村卓二的"电子计算机的汉籍记载(唐代云南各民族的习俗词汇)数据的基础研究"④、冲绳县立艺术大学加治工真市的"冲绳与中国云南省少数民族基层文化比较研究"⑤、国立民族学博物馆横山广子的"以中国云南白族为中心的民族流动人类学研究"⑥、相模女子大学栗原悟的"中国西南地域各民族志的基础研究——主要以云南省为中心"⑦、国立历史民俗博物馆吉村郊子的"关于中国云南省少数民族对土地利用和市场经济的适应研

①金龙哲:『中国西南少数民族の成人儀礼の社会化机能に関する比较教育学的研究』,神奈川县立保健福祉大学 2009 年。

②金龙哲:『中国西南における少数民族文化の教育课程化に関する比较教育学的研究』,神奈川县立保健福祉大学 2014 年。

③金龙哲:『中国西南における少数民族の文化伝承の实践に伴う教育のシステム变容に関する研究』,神奈川县立保健福祉大学 2018 年。

④竹村卓二:『电算机利用による汉籍记载(唐代云南诸民族の习俗语汇)のデータに关する基础研究』,国立民族学博物馆 1987 年。

⑤加治工真市:『冲绳と中国云南省少数民族の基层文化の比较研究』,冲绳县立芸术大学 1998 年。

⑥横山广子:『中国云南のペー族を中心とするエスニシティの变动に关する人类学的研究』,国立民族学博物馆 2001 年。

⑦栗原悟:『中国西南地域诸民族志の基础研究—主に云南省を中心に—』,相模女子大学 2001 年。

究"①、琉球大学稻村务"云南少数民族药草知识'资源化'的文化人类学研究"②、南山大学宫胁千绘"中国云南省边境地区苗族服装的流通和消费的文化人类学研究"③和立教大学阿部朋恒"中国云南省村落构造变化的民族志研究"④。值得关注的是，由于云南省处于中国西南边境，与多个国家接壤，因而生活了许多跨境民族，跨境穆斯林便是其中一个极具代表性的群体，有许多日本学者关注到了这一点并展开了相关调查研究。相关课题有京都大学王柳兰"围绕跨境泰国北部的云南系穆斯林的民族间关系分析"⑤、大阪大学木村自"在云南和缅甸之间的中国穆斯林的跨境移动和宗教实践嬗变的人类学研究"⑥、筑波大学奈良雅史的"围绕'穆斯林'的人类学研究——以中国云南省穆斯林社会为例"⑦。不同的是王柳兰的研究对象主要是生活在泰国北部的云南系穆斯林，木村自的研究对象是云南和缅甸之间的穆斯林，而奈良雅史则以云南省的整个穆斯林群体为研究样本。同样进行了跨境民族研究的还有京都大学堀江未央，她的研究对象则是云南省的拉祜族，研究课题名为"跨境地区的社会变容和民族身份——以云南省拉祜族为例"⑧。

　　地域研究方面的研究课题有京都大学东南亚研究所安达真平的"中国云南省哀牢山地多民族生活的梯田地区形成和水资源利用"⑨、国立民族学博物馆冈

---

　　①吉村郊子：『中国云南省における少数民族の土地利用と市场経済への適応に関する研究』，国立歴史民俗博物館 2005 年。

　　②稻村务：『云南少数民族の薬草知識の「資源化」にかんする文化人類学的研究』，琉球大学 2012 年。

　　③宫脇千絵：『中国云南省国境地域におけるモン衣装の流通と消費に関する文化人類学的研究』，南山大学 2016 年。

　　④阿部朋恒：『中国云南省における村落の構造的変化に関する民族志的研究』，立教大学 2019 年。

　　⑤王柳蘭：『越境するタイ北部の云南系ムスリムをめぐる民族間関係の分析』，京都大学 2001 年。

　　⑥木村自：『云南・ビルマ間における中国ムスリムの越境移動と宗教実践の変容に関する人類学的研究』，大阪大学 2008 年。

　　⑦奈良雅史：『「ムスリムであること」をめぐる人類学的研究—中国云南省ムスリム社会の事例から—』，筑波大学 2011 年。

　　⑧堀江未央：『跨境地域における社会変容と民族アイデンティティ—云南省ラフ族の事例から』，京都大学 2009 年。

　　⑨安達真平：『中国云南省哀牢山地の多民族が暮らす棚田地域の形成と水資源の利用』，京都大学 2006 年。

长江学术研究 2021

晋的"中国云南省纳西族宗教人员的作用和亲属以及出身记忆的研究"①、国立历史民俗博物馆西谷大"亚热带地区多民族的职业经济和集市——以海南岛和云南省为例"②、东京大学田原史起"中国西部内陆农村的社区公共建设和社会关系资本——甘肃、云南村落的比较研究"③、金泽大学西本阳一的"云南少数民族生活经验的变化——解放后拉祜族居民如何适应中国的社会变化"④和国立民族学博物馆高茜"'民族艺术'的生成过程——中国云南省丽江东巴教文化的资源化与观光"⑤。从课题名称可以看出自然资源利用、市场经济、公共建设、社会史、旅游观光等均有涉及,反映出日本学者云南地区地域研究课题的内容多样化。

药学领域的相关研究课题有广岛大学笠井良次"中国云南省产野生人参属药植物成分的化学研究"⑥、广岛大学木全裕子"作为新医药资源的中国云南地区野生柴胡的化学研究"⑦、帝京大学西村敏男的"云南地区植物性抗癌剂的研究"⑧和福冈大学冈部光的"以肿瘤细胞增殖抑制作用,抗 HIV 作用为指标的日本产、云南产植物成分研究"⑨。云南素有药物宝库之称,药用植物种类多样且品质优良,省内设有多所植物药物研究所,是国内外研究植物药物的热点区域。日本对云南省植物药物资源的研究涉及多个维度,从上述药学领域的相关研究课题便可见一斑。

关于语言学领域的研究课题有 4 个。东海大学立石谦次专注于对白族白

①冈晋:『中国云南省ナシ族における宗教的職能者の役割と親族及び出自の記憶についての研究』,国立民族学博物馆 2008 年。

②西谷大:『亜熱帯地域における多民族の生業経済と定期市—海南島と云南省を事例として—』,国立歴史民俗博物馆 2008 年。

③田原史起:『中国西部内陸農村のコミュニティ公共建設と社会関係資本—甘肃・云南村落の比較研究—』,东京大学 2009 年。

④西本阳一:『云南少数民族の生活経験の変化—解放後中国の社会変化をラフ族住民はどう生きたか—』,金沢大学 2009 年。

⑤高茜:『「民族芸術」の生成過程—中国云南省丽江におけるトンパ教文化の資源化と観光』,国立民族学博物馆 2020 年。

⑥笠井良次:『中国云南省産野生人参属药植物成分の化学的研究』,广岛大学 1983 年。

⑦木全裕子:『新しい医药資源としての中国云南地方野生柴胡の化学的研究』,广岛大学 1984 年。

⑧西村敏男:『云南地域の植物性抗がん剤に関する研究』,帝京大学 1997 年。

⑨冈部光:『腫瘍細胞増殖抑制作用,抗 HIV 作用を指標とした邦産、云南省産植物成分の研究』,福冈大学 2000 年。

文的研究,先后以"中国云南省白族白文的分析与解读法的确立"①和"中国云南省大理白族的白文资料的保存与解读法的确立"②为题,对逐渐失传的白文文本进行摄影保存与底本化,并为其附上罗马文注音表记,制作中日文译本,分析白文表记的规则和特定使用语义,制作白文字典。此外语言学领域的相关研究课题还有国立民族学博物馆铃木博之"通过语言多样性的记述所见中国云南省藏语方言形成研究"③、青山学院大学远藤光晓"云南各语言的地理语言学研究"④。

东洋史学方面的 2 个研究课题均出自名古屋大学林谦一郎,课题"中国云南地区非汉族的'历史记述'传统"⑤探讨了如何从明代云南地区编撰的文献中复原非汉民族的历史记述,课题"13—14 世纪云南地区的民族形成与民族关系"⑥对元代云南地区各民族的称呼、分布状况进行分析,通过文献史料分析现代云南省的两大主要民族——白族和彝族的祖先的分布概要。研究证明,白族的祖先"白人"13 世纪中期分布在含云南西部、中部的广大范围,与南诏国后期、大理国时代周边地区的统治体制有密切关系。

(三)贵州省

日本关于贵州研究的立项课题较少,仅有 9 项,其中有 3 项涉及地域研究领域。山口大学经济学部教授藤原真雄与贵州大学合作,以贵州省为模型研究需要实施西部大开发战略地区的文化、社会和环境的构造,完成了中日合作研究课题"关于中国内陆(贵州省)开发战略的中日美韩联合大学国际会议的企划调查"⑦。佐藤若菜的研究以苗族服饰的制作与其背后的文化传承为核心,课题

①立石謙次:『中国云南省白族(ペー族)の白文(ペー文)の分析と解読法の確立』,东海大学 2010 年。

②立石謙次:『中国云南省大理白族の白文资料の保存と解読法の確立』,东海大学 2013 年。

③铃木博之:『言语多样性の记述を通して见る中国云南省チベット语の方言形成の研究』,国立民族学博物馆 2013 年。

④远藤光晓:『云南诸言语の地理言语学的研究』,青山学院大学 2015 年。

⑤林謙一郎:『中国云南地方の非汉民族における「歷史记述」の伝统』,名古屋大学 2009 年。

⑥林謙一郎:『13—14 世纪の云南地方における民族形成と民族间关系』,名古屋大学 2012 年。

⑦藤原贞雄:『中国内陆部(贵州省)开発战略に关わる日中米韩连携大学国际会议のための企画调查』,山口大学 2005 年。

"中国贵州省苗族女性的民族服装与技术所维系的社会关系"①主要研究中国西南部苗族女性的民族服装和其制作技术的分享传播是如何融入当地社会的社会关系的。同时,社会经济的变化发展,例如全球化的人口流通与旅游业发展、外出务工人员的增加和义务教育的普及等,这些又对苗族服装与其制作技术的分享传播造成了怎样的影响。此后,她又在前述调查研究的基础之上,探讨制作服装和学习刺绣技法对苗族女性而言的意义,尤其是 20 世纪 70 年代以后刺绣技法在苗族女性之间普及的过程中,其含义又发生了怎样的变化,完成了课题"中国贵州苗族社会'传统'服装制作的再考"②。

(四)四川省

日本学者对四川的研究领域较为广泛,主要涉及文化人类学(含民族学・民俗学)、美术史、东洋史、固体地球物理学、都市计划・建筑计划和语言学 6 个领域。

文化人类学(含民族学・民俗学)领域的相关研究课题有京都大学小西贤吾的"经济发展下传统社会集团的再编与存续—以中国四川省苯教寺院为例"③、综合研究大学院大学星野丽子"中国西部四川客家人的人类学研究"④和孙文"中国少数民族地区的开发与实践—以 2008 年汶川地震后的黑水县为例"⑤。小西贤吾的研究表明,苯教寺院和僧侣集团是通过一边受到各类社会关系的支持,一边作为承载人们各种愿望的场所来维持其价值延续活动的。星野丽子以中国西部四川客家人为对象,研究地域社会的规则、维系价值观的传统习惯等在近年观光开发背景下,客家以认知与客家文化表象的相互影响与变化。孙文则以四川省黑水藏族为对象。

---

①佐藤若菜:『中国貴州省におけるミャオ族女性の民族衣装と技術がつなぐ社会関係』,京都大学 2013 年。

②佐藤若菜:『中国貴州省のミャオ族社会における「伝統的」衣装製作の再考』,新潟国際情報大学 2019 年。

③小西賢吾:『経済成長下における伝統的な社会集団の再編と存続—中国四川省のボン教寺院を事例に』,京都大学 2008 年。

④星野丽子:『中国西部四川客家エスニシティの実態化をめぐる人類学的研究』,総合研究大学院大学 2019 年。

⑤孫文:『中国少数民族地域における開発と実践—2008 年四川大地震後の黒水県の事例』,総合研究大学院大学 2020 年。

美术史领域的研究课题有早稻田大学教授肥田路美"关于中国四川省石窟摩崖雕像群的记录手法研究以及数字归档构建"[①]和"中国四川地区佛教美术关系史料的集成与基础研究"[②]、楢山满照"从四川汉代石阙所见儒教系图像的地区受容与展开"[③]、罗翠恂"唐宋时代四川地区的千手观音信仰"[④]、驹泽大学村松哲文"中国涅槃图像变容的相互研究—敦煌、西安、四川的相关关系"[⑤]以及京都造形艺术大学罗翠恂的"敦煌、四川地区的唐代千手千眼观世音菩萨像研究"[⑥]。从上述课题名称可以看出日本对四川地区佛教美术的研究热度之高。

东洋史学领域的研究起步最早,相关研究课题有金泽大学西川正二"辛亥革命时期四川省农村社会权力构造"[⑦]、广岛大学小松出的"现代中国的经济改革—以四川省史的展开及其特质为中心"[⑧]、铃鹿医疗科技大学森纪子"四川井盐业与长江流域经济圈的历史考察"[⑨]和千叶大学山田贤的"中国清代人类移动与社会变容—四川省移民社会研究"[⑩]。其中森纪子的课题研究的是自太平天国时期"川盐济楚"开始,四川井盐业的兴衰与长江流域经济圈的关系。从题目可以反映出日本学者较为关注四川地区近代时期的历史研究。

固体地球物理学方面的研究均在 2008 年之后,相关研究课题有京都大学防灾研究所 MORI James Jiro 的"2009 年日全食中地球潮汐引发的 2008 年中国汶川地震余震探索"[⑪]、独立行政法人产业技术综合研究所东乡彻宏的课题

---

①肥田路美:『中国四川省石窟摩崖造像群に関する記録手法の研究及びデジタルアーカイヴ構築』,早稲田大学 2001 年。

②肥田路美:『中国四川地域仏教美術関係史料の集成と基礎的考察』,早稲田大学 2005 年。

③楢山満照:『四川漢代石闕にみる儒教系図像の地域的受容と展開』,早稲田大学 2007 年。

④羅翠恂:『唐宋代四川地域における千手観音信仰』,早稲田大学 2010 年。

⑤村松哲文:『中国における涅槃図像の変容に関する研究—敦煌・西安・四川の相関関係—』,駒沢大学 2014 年。

⑥羅翠恂:『敦煌・四川地域の唐代千手千眼観世音菩薩像の研究』,京都造形芸術大学 2015 年。

⑦西川正二:『辛亥革命期の四川省農村社会の権力構造』,金沢大学 1979 年。

⑧小松出:『現代中国の経済改革—四川省における史的展開とその特質を中心として—』,広島大学 1986 年。

⑨森紀子:『四川井塩業と長江流域経済圏の史的考察』,鈴鹿医療科学技術大学 1992 年。

⑩山田賢:『中国清代における人の移動と社会変容—四川省移住民社会の研究—』,千葉大学 1993 年。

⑪MORI James Jiro:『2009 年皆既日食中の地球潮汐で誘発される2008 年中国四川地震の余震の探索』,京都大学 2009 年。

"中国四川省龙门山断层的力学、水力学性质与汶川地震的发生机构"①和独立行政法人海洋研究开发机构林为人"2008年中国汶川地震的地震断层挖掘的应力测量"②。

都市计划·建筑计划领域的相关立项有京都女子大学高港惠理子的研究课题"中国四川省农村集落的构成——与长江下游流域比较"③和立命馆大学教授盐崎贤明"汶川地震的住宅重建类型调查研究"④。

语言学领域的研究有早稻田文学学术院特别研究员熊进的"四川方言语法研究"⑤与丽泽大学语言研究中心客座研究员白井聪子"中国四川省西部同系多语言社会的地域特征阐明的语言学调查研究"⑥。

(五)重庆市

日本学者对重庆研究的内容主要聚焦在东洋史和中国文学2个领域。

东洋史学领域的研究始于1998年大阪教育大学教育学部教授菊池一隆的课题"抗日战争时期重庆国民政府、南京傀偏政权、华侨的三极构造研究"⑦。菊池一隆认为研究华侨史不能仅仅研究华侨本身,还需将其置于政治构造、政治力学的背景之中来分析华侨在历史中的位置。研究发现,华侨并不总是和国民政府保持良好的关系,也存在着矛盾对立的方面。此后他又以"战时重庆国民政府、南京傀偏政权、日本、华侨的四极构造研究"⑧为课题,阐明战争时期除桦太、北海道以外的日本、中国台湾、朝鲜以及日本军政下的南洋各华侨的实际情

①东乡徹宏:『中国四川省・龙门山断层の力学的・水理学的性質とWenchuan地震の発生機構』,独立行政法人産業技術総合研究所2010年。

②林为人:『2008年中国四川大地震の地震断層掘削における応力測定』,独立行政法人海洋研究開発機構2010年。

③高岡えり子:『中国四川省における農村集落の構成—揚子江下流域との比較—』,京都女子大学短期大学部1995年。

④塩崎賢明:『四川大地震における住宅復興の類型的調査研究』,立命館大学2010年。

⑤熊進:『四川方言の文法研究』,早稻田大学2006年。

⑥白井聡子:『中国四川省西部の同系多言語社会における地域特征解明のための言語学的調査研究』,丽泽大学2011年。

⑦菊池一隆:『抗日戦争時期における重慶国民政府・南京傀偏政権,華僑の三極構造の研究』,大阪教育大学1998年。

⑧菊池一隆:『戦時期重慶国民政府・南京傀偏政権・日本・華僑の四極構造研究』,愛知学院大学2006年。

况和动向，也明确了日本、中国台湾、朝鲜、南洋的华侨学校教育的实际情况。此外还有岛根大学富泽芳亚的课题"南京、重庆国民政府时期税制对于现代中国、台湾税制的意义"①。

中国文学方面的研究起步较晚，相关研究课题全部出自大阪教育大学中野知洋，他的课题"抗日战争时期重庆民族主义文坛的成熟与在重庆的知识分子网"②、"抗日战争时期重庆民族主义文坛与国民党知识分子的内陆城市合作"③以抗日战争时期在重庆活动的作家为中心，对重庆文坛的相关问题进行探讨。他的另一个研究课题"战火与现代——抗日战争时期重庆的文化艺术表现样式研究"④则以"现代主义"为关键词，对抗日战争时期中国重庆的文学、戏剧、漫画等文艺作品所共通的独特表现形式进行跨种类的探讨，阐明重庆的现代主义整体状况。

四、日本学界西南地区研究课题分布差异的影响要因

日本学者在西南地区所做研究课题在时空分布上呈现出明显的不平衡性，其背后是多种因素共同作用的结果。本文将从地理环境、政治政策、历史人文角度对日本学者西南地区研究课题的分布差异进行概述性分析。

（一）地理环境

1. 人文地理

地理环境在人类历史发展中具有重要作用，影响着人类的实践活动。中国西南地区的云贵川渝三省一市位于我国西南边陲，毗邻老挝、缅甸、越南等国，是中国少数民族最多的地区，因此也是海内外学者研究中国少数民族文化的热点区域。

---

①富泽芳亚：『現代中国・台湾税制における南京・重慶国民政府期税制の意義』，岛根大学 2002 年。

②中野知洋：『日中戦争時期重慶における民族主義文壇の成熟と在重慶知識人ネットワーク』，大阪教育大学 2013 年。

③中野知洋：『日中戦争時期重慶における民族主義文壇と国民党系知識人の内陸都市間連携』，大阪教育大学 2017 年。

④中野知洋：『戦火とモダン―日中戦争時期重慶の文化芸術における表現様式の研究―』，大阪教育大学 2020 年。

对日本学者西南地区立项课题进行观察,可发现无论是何种领域的研究,研究题目以"西南地区/省市＋少数民族＋焦点内容"命名的特征都十分明显,比如"中国西南部藏缅语族少数民族语言的地区语言学调查研究"[①]和"关于云南少数民族药草知识'资源化'的文化人类学研究"[②]。

文化人类学领域是日本学界在西南地区的研究焦点,特别是云南和四川地区的热门研究领域。其中,云南省是中国民族数量最多的省份,因而日本学界对云南地区的研究关注度最高,主要体现在以下两个方面。第一,日本用科研项目的形式对以中国西南地区整体为研究区域进行研究始于 1979 年,而对云南的立项研究最早是 1965 年。第二,有关云南地区研究课题的立项数量共 73 项,占西南地区研究课题总数比率约 45.3%,排名第一。又因为云南与多个国家接壤,省内生活着许多跨境民族,因此许多日本学者到云南进行跨境民族调查研究。

2. 自然地理

云南属于亚热带和热带季风气候,滇西北属高原山地气候,山地面积占全省总面积 88.64%,自然环境十分适合植物生长,云南省内分布有多种品质优良的珍贵植物药物,素有药物宝库之称。在日本对云南地区的热点立项研究中,药学领域的研究占有一席之地,与云南这样得天独厚的自然地理环境不无关系。

四川位于亚欧板块与印度洋板块交界,受地壳运动等地理环境因素影响容易发生地震,2008 年发生的汶川地震更是中华人民共和国成立以来破坏性最强、波及范围最广、灾害损失最重的一次地震,引起了全世界人民的关注。对四川的热点研究课题进行观察,可发现日本对四川的研究有两个其他地区没有的领域,分别是固体地球物理学和都市计划·建筑计划,且相关研究课题基本都与 2008 年汶川地震及其灾后重建相关。

(二)政治政策

观察西南各地区研究课题立项数量时间分布趋势图,可发现虽然不同地区

---

①白井聪子:『中国西南部・チベット＝ビルマ系少数民族言語の地域言語学的調査研究』,京都大学 2004 年。

②稲村務:『云南少数民族の薬草知識の「资源化」にかんする文化人類学的研究』,琉球大学 2012 年。

的立项趋势有波折差别,但总的来看,进入 21 世纪后,日本学界对中国西南各地区的立项研究课题数量有明显增加。这与改革开放政策和西部大开发战略的实施不无关系,这些政策的实施为日本学者深入西南腹地进行研究提供了极大助益。其中云南省的科研课题立项趋势表现得最为明显,从 20 世纪 80 年代开始到 21 世纪初的立项数量呈现上升趋势,21 世纪开始至今的科研课题立项数量更是占到了云南地区总课题数的 60% 以上。这显示出政治政策因素是影响日本学者西南地区研究的一个重要因素。

(三)历史文化

在日本对西南地区的研究中,无论是以西南地区整体还是具体到以西南地区各省市为研究区域,除贵州以外,各个地区的热门研究领域都涉及东洋史,且起步时间都较早,是早期日本研究西南地区的焦点。其中,日本对重庆的主要研究领域课题,全部涉及抗日战争时期。重庆在抗日战争时期是中国的陪都、中国大后方的政治、军事、经济、文化中心,重庆国民政府作为抗日民族统一战线的政治舞台、世界反法西斯战争远东指挥中心,带有浓厚的政治色彩,是研究中国近代历史时无法忽略的一个重要城市。

佛教自古印度传入中国后,在唐朝发展到最高峰,真正完成了佛教的中国本土化。然而因为唐末的"会昌法难"及五代的"世宗灭佛",加之北方的常年战乱,中国经济文化重心南移,北方佛教开始没落。而这一时期的四川政治稳定,相对封闭的环境成为适合佛教发展的土壤。"盛唐以后,我国的佛教石窟造像活动由中原北方逐渐转移到了西南地区,一直延续到两宋而不衰",使得"四川成为研究我国盛唐以后直至两宋时期石窟造像艺术的关键区域"[1]。日本学者热衷于研究四川地区佛教美术,便是因为四川有着厚重瑰丽的巴蜀佛教历史文化。

五、结论

本文基于日本国立情报研究所和国会图书馆所研发的《KAKEN 科学研究费补助金数据库》,对以中国西南地区为研究课题的日本相关学术成果进行分类、统计和分析,呈现日本学者西南地区研究课题的分布差异,并进一步分析形

---

①姚崇新:《巴蜀佛教石窟造像初步研究》,中华书局 2011 年版。

成差异的影响要因。

　　虽然通过本文的研究可以管窥日本学界对中国西南地区研究课题的时空分布状况和影响要因,但由于研究手段 KAKEN 数据库的文本挖掘,尚未从日本学术论文数据库 CINII 以及日本国立国会图书馆对有关西南地区研究的所有日本学术成果进行收集、整理、分类和研究,研究的范围与日本丰硕的学术成果相比只是冰山一角。然而,它在一定程度上弥补了当前我国学界对西南地区研究的海外研究成果只注重个别学科、个别地区研究成果的收集、整理与翻译,不重视整体样貌呈现的阙如。同时,为我国西南地区的区域研究提供他者视域的基础研究资料信息与跨文化思考,具有一定的学术价值和现实意义。

多维视野下的长江文化概述

路彩霞[①]

摘　要:纵向历时视角的长江文化,和横向区域视角的长江文化带,构成了长江文化发展的立体图景。近年来,长江流域红色文化成为学界研究关注点之一。长江优秀的传统文化、先进的近代文化以及常新的现当代文化,构成了今天长江经济带发展的文化基础,更是民族复兴大业凝神聚力的不竭源泉。

关键词:长江文化;长江文化带;长江红色文化

长江文化既是一个区域概念,也是一个历史概念。纵向历时视角的长江文化,和横向区域视角的长江文化带,构成了长江文化发展的立体图景。

一、历史视野下的长江文化

古代长江文化异彩纷呈,世界上最早的陶器、最早的水稻、最早的水利工程、最早的漆器、最早的丝绸、最早的茶艺,以及古城、古船、祭坛、文字符号、青铜矿业、早期城市群等,都在中国文明史和世界文明史上创下记录,[②]彰显着深植长江流域数千年的创新、进取精神。

近代长江文化出现新特质。由于沿江口岸的次第开放,作为中国内河文明代表的长江文化,成为海洋时代世界文明的重要组成部分,也成为中国近代文明出现最早、发展最充分、成长最迅速的区域文化之一。长江文化中商业文化、市民文化、工业文化、教育文化凸显,并最终催生出影响中国历史进程的资产阶级革命文化。革命党在珠江流域数次起义失败后,提出"长江革命"方略,宋教仁等组建中国同盟会中部总会具体推动实施,最终长江革命以武昌首义形式落

---

①湖北省社会科学院文史研究所,副研究员。
②杨华主编:《长江文明史》,长江出版社 2020 年版。

地,肇造了民主共和。陈振江先生认为,晚清 70 年是长江文化由封闭到开放、由传统到现代的过渡阶段,是承上启下的文化。①

1919—1949 年间,传统文明、近代文化和外来马克思主义思想,在无产阶级革命实践中,共同滋养出一种更为先进的文化形态——红色文化。优越的地理位置、深厚的经济基础和悠久的历史文化,使长江流域成为中国共产党的发祥地、人民军队的创建地、红色政权的实践地。李斌认为,长江流域见证着长征的艰苦卓绝与英勇不屈,长江各区域培育了和衷共济的爱国情怀,长江铸就了解放战争的丰碑,见证了中国共产党带领人民战胜各种艰难险阻的伟大壮举。②

在中国建设和改革时期,长江流域再领风骚,长江文化成为长江经济带建设的有力支撑。近年来,学界提出了"文化长江""长江文化带""长江文化产业带""人文长江"等概念。熊召政认为,文化是长江的灵魂,应统筹推进建设生态长江、涵养文化长江、繁荣经济长江。③ 2016 年 4 月四川省泸州市举办的"首届长江文化带发展论坛"提出长江文化带概念,达成促进长江文化与长江经济协调发展共识。傅才武等对打造长江文化产业带,优化我国文化产业发展空间战略布局和促进文化产业发展结构转型升级进行了深入思考。基于长江流域深厚的经济文化基础,赵凌云前瞻性的指出,中华民族的伟大复兴,将以长江为主脉。④

长江流域是优秀传统文化的富矿、近代商业文化的中心、新民主主义革命的沃土、社会主义建设的高地、改革开放的引擎,张忠家在"百名社科人讲述中国共产党百年长江情"专栏寄语中,从区域文化视角定位长江:"看长江,就是看中国。记录长江,就是记录民族复兴的伟大征程⑤。"长江文化在古代、近代、现当代不同时段,具有时代所赋予的丰富特征和内容,不同时段长江文化的延续性和推陈出新的创造性,需要学界加以关注和探究。⑥

---

① 陈振江:《近代长江文化推动中国社会发展》,《中国社会科学报》2019 年 9 月 6 日。

② 李斌:《长江流域红色基因中汲取前行力量》,《湖南日报》2021 年 8 月 7 日。

③ 许嘉璐、熊召政:《文化是长江的灵魂:"长江文化论坛"论述集》,陕西师范大学出版社 2018 年版。

④《华中师大党委书记赵凌云:中华民族伟大复兴将以长江为主脉》,http://news. cnhubei. com/content/2021—08/19/content_14030094. html

⑤《中国共产党百年长江情」百名社科人讲述中国共产党百年长江情》,https://baijiahao. baidu. com/s? id=16964714425186185728_wfr=spider&for=pc

⑥《关于"十三五"时期规划—长江文化的产业建议》,《中国文化产业规划(2015—2016)》,中文出版社 2016 年出版。

二、区域视野下的长江文化

长江流域横跨中国东中西部,主干流经青海、西藏、四川、云南、重庆、湖北、湖南、江西、安徽、江苏、上海等 11 个省、自治区、直辖市,数百条支流蜿蜒于 8 个省、自治区。近年来,不同于作为区域地理分支学科的流域学,多位学者倡导构建综合性、多学科的长江学,①而长江文化则是这一新兴学科的基础组成部分。

长江流域不同地区,由于地理、历史等差异,形成了巴蜀文化、荆楚文化、湖湘文化、吴越文化、海派文化等不同亚文化。长江文化虽然表现形式各异,但因水而兴这一共性,使其共同特质凸显。刘玉堂纵观五千年长江流域历史文化变迁,总结出长江文化开放、创新、进取三大特质,②这是目前对于长江文化特征最权威的凝练。

长江文化的整体性,在新民主主义革命时期也有所体现。长江流域参与了新民主主义革命全过程,且在不同时期都发挥过重要作用,甚至为领导南方各省革命斗争,我党曾三次在武汉设立中共中央长江局这一大行政区划建制。③但目前仅有梅珍生、李斌等学者的数篇文章着眼长江全域,从革命精神层面对长江红色文化进行过论述。长江红色文化的丰富内涵、重要地位、现实价值等问题,尚需学界跳出省域局限进行流域整体考察。

目前,黄河、大运河、长征等国家文化公园建设已纳入中央规划,同为线路文化的长江文化,因对文化的整体性挖掘不够,仍处于各省建立长江文化公园先行示范区阶段,这与长江文化的历史地位和长江经济带现实地位并不相称。

学界关于长江流域地方文化的研究已经有了不少具体积累,未来可着眼长江流域文化整体,内则考察长江流域地方文化间的交流、融合,外则探讨长江文明与其他大河文明的交流互鉴,以呈现长江文化的丰富内涵和魅力特质,也有

---

① 可参见张忠家:《创建"长江学",为长江经济带高质量发展提供学术支撑"》,《中国社会科学报》2019 年 12 月 26 日;曾成:《论"长江学"的现实基础与发展路径》,《中国社会科学报》2019 年 12 月 26 日;李后强:《长江学概论》,四川人民出版社 2020 年版。

② 刘玉堂:《长江文化的特质》,《文化发展论丛》2016 年卷,社科文献出版社 2017 年版。

③ 可参考中共湖北省委党史资料征集编研委员会、中共武汉市委党史资料征集编研委员会编:《抗战初期中共中央长江局》,湖北人民出版社 1991 年版;中共武汉市委党史研究室:《抗日战争初期中共中央长江局史》,中共党史出版社 2011 年版以及宋健:《长江局三驻大武汉》,《武汉文史资料》2018 年第 1 期。

助于推进长江文化当代传承利用的区域协同实践。

三、党史视野下的长江文化

近代以来,长江流域一直位于中国经济的中心地带,产业工人的壮大、知识分子的富集、近代媒介的丰富,使得 20 世纪的长江流域,拥有了发生开天辟地、惊天动地、改天换地变化的基础,也最终诞生了伟大的党、人民的军队和新生的政权。

1921 年中国共产党在长江下游诞生并在长江流域持续活跃三十年,给长江文化带来了新变化。长江文化在江河文化的蓝色基调上,增加了浓郁的红色底蕴,其内涵更为丰富,为此后百年长江文化新发展奠定了基础。

长江流域,作为中国共产党的发祥地、新民主主义革命的策源地、主战场、全面抗战和解放战争的战略转折地、建国伟业的决胜地,拥有中国最丰厚的红色沃土。学界关于长江流域在新民主主义革命中地位的研究,主要基于区域和专题两个维度。

相关区域研究,以上海、江西、湖北成果最为丰富,这与上述地区的革命参与度和贡献度相一致。上海是中国共产党诞生地、新民主主义初期和前期中共中央所在地、党的文化宣传核心地,根据上海市文旅局发布的《上海红色文化地图(2021 版)》,该市共有红色文化景点 379 处之多。[1]

江西是中国革命的摇篮、人民共和国的摇篮和人民军队的摇篮,是中国工人运动的策源地、中国工农红军长征的集结出发地。[2] 新民主主义革命时期,江西籍有姓名可查的烈士达 26 万余人。[3]

湖北是中共早期组织重要策源地,工农运动的前沿阵地,"全面从严治党"的起源地,人民军队的重要发祥地,武装斗争的重要根据地,坚持敌后抗战的重要阵地,夺取全国胜利的战略要地。新近出版的《湖北重要革命文物史迹选粹》对此做了图文并茂的呈现。[4]

也有学者提出湖南是中国共产主义者的摇篮、工农红军的故乡、中国化马

---

①上海市测绘院编制:《上海红色文化地图(2021 版)》,中华地图学社 2021 年版。
②俞银先:《百年党史中的"江西红"》,《江西日报》2021 年 3 月 15 日。
③《百年党史中的红色江西》,https://baijiahao.baidu.com/s?id=1700011165881882639&wfr=spider&for=pc
④湖北省文物事业发展中心:《湖北重要革命文物史迹选粹》,科学出版社 2021 年版。

克思主义的策源地之说。① 2021 年湖南省委党史研究室梳理了一批"百年党史中的湖南之最",从不同角度,呈现了近代湖南对新民主主义革命的贡献。②

省域甚至更小层面的红色文化,实际是地方红色文化,目前长江红色文化研究缺乏跨省域的整体关照和比较视野。长江红色文化的整体特征,需要克服研究的碎片化,并在同其他区域红色文化的比较中彰显。长江流域红色文化资源存量丰富、类型多样、地位独特,目前各省开发利用的基本上是本省单一红色资源。地方性红色文化资源对特定地区有重要意义,但这并不足够。长江红色文化资源具有一体性,应建立协同传承开发利用机制,整合多省资源,发挥规模效应,或可达致更佳效果。

相关专题研究,主要集中在革命时期中国共产党在各领域的探索和实践。政治上,组建中国共产党早期组织的 6 个省市,一半在长江流域。党的一大在上海和嘉兴召开,13 名代表一半以上来自长江流域。长江流域发生的这一开天辟地大事件成为了中国命运的转折点。建党之后十四年间,长江流域一直是中国的红色中心,中国共产党的"心脏"——中共中央先后驻扎在长江中下游的上海(1921—1927)、武汉(1927)、瑞金(1933—1935)。八七会议确定了土地革命和武装反抗国民党反动派的总方针,这一关系党的生死存亡的重要转折,发生在长江流域的武汉。中国共产党的第一个红色政权,创建于江西瑞金。

军事上,1927 年南昌起义时中共正式创建了自己的军队。解放军第一支特种部队来自红安走出的 25 军。1937 年 11 月,汉口建立了新四军第一个军部,领导新四军在了长江沿岸坚持抗战。解放战争时期,人民军队千里跃进大别山,渡江战役给"蒋家王朝"致命一击。开国将帅多籍属长江流域,湖北红安是中国第一将军县。

文化上,新民主主义革命时期,从启蒙意义来讲,它是中国共产党沿长江推动中国人民醒过来的历程。上海的虹口是中国红色文化的策源地,中共中央第一份党报党刊在这里出版发行。20 世纪 30 年代,上海成为中共领导下的左翼文化重镇,是进步文艺的繁盛地。全面抗战时期,中共中央机关报《新华日报》在武汉创刊,中共在武汉领导了轰轰烈烈的抗日文化运动,掀起全民族抗日救

①范忠程:《摇篮·故乡·发祥地——论湖南在中国现代革命史上的地位》,《湖湘论坛》1994 年第 3 期。

②《年党史中的湖南之最我们把重点划在图里了!》,https://baijiahao.baidu.com/s?id=1694293772233908700&wfr=spider&for=pc

亡的热潮。解放战争时期,上海、重庆、南京是我党第二战线上的重镇,发挥着在敌人心脏输送先进血液的作用。长江流域还滋养了内涵丰富的革命精神、革命传统,如建党精神、红船精神、苏区精神、八七会议精神、井冈山精神、红安精神、大别山精神、长征精神、抗战精神、红岩精神、渡江精神等,构成了新民主主义革命时期红色精神谱系的基调和亮色。

经济社会方面,1923年2月发生在武汉的二七大罢工是第一次工农运动高潮的顶点。1926年底,北伐军攻克武昌,中共在武汉领导反帝反封建的群众性大革命运动,武昌的中央农民运动讲习所培养了大批农运干部。在长江流域根据地,中共进行了合作社探索,建立了红色军工、赤色银行,领导了土地革命,打下了深厚的群众基础和经济基础。此外,中共领导的普通教育、社会教育、医疗卫生事业等也多是从长江流域根据地起步。

新民主主义革命时期的长江流域,是中共思想引领、政权奠基、军队肇造、人员储备、经济支撑的重地,长江流域之于中国共产党发展壮大以及夺取全国政权的重要意义,需要更深入的挖掘。

长江流域的红色文化,是新民主主义时期中国红色文化的重要组成部分,研究长江流域红色文化,是进行中国红色文化整体研究的必要过程。探讨新民主主义革命时期的长江红色文化,关注的是历史,但面向的是长江经济带高质量发展的现实需求和民族复兴的未来大势。长江优秀的传统文化、先进的近代文化以及常新的现当代文化,是今天长江经济带发展的文化基础,更是民族复兴大业凝神聚力的不竭源泉。习近平总书记在南京座谈会上指出,要保护传承弘扬长江文化,延续历史文脉,坚定文化自信。我们要响应总书记号召,继续大力挖掘凝练长江文化,弘扬长江文化,延续江河文脉,并从中汲取前进力量。

长江文学研究综述

吴汉平①

摘　要:长江文学研究是长江文化研究的重要组成部分。本文试图对近三十年来长江文学研究的学术成果与理论发展做简要介绍与评述,以利于该领域研究的进一步发展。

关键字:长江文学;长江文化;文学研究

长江文学的概念,是在 20 世纪末长江文化研究热潮的背景下被提出的。1998 年,青年学者刘保昌、游燕凌合撰的《长江文学论》是学界第一篇明确探讨"长江文学"概念的论文。作者论说长江文学有以下三个特性:1. 长江文学是地域文学。长江文学既然以长江命名,自然是指长江主干及其支流所流经区域的文学;2. 长江文学是时间文学。长江文学的主体特征及内涵意蕴除了空间区域一方面,尚有时间历史一方面,凡历史上长江流域所产生的文学都属于长江文学之列,同时长江文学属时间文学的另一内涵,包括长江文学的起源、发展、壮大都是历史长河中的浪花,自身具备传承性。初始阶段的星星之火在历史过程中几经挫折,数度薪尽火传,才得以蔚然大观,形成近现代文学史上波澜壮阔的局面。在这两层意义上,长江文学属于时间文学。3. 长江文学是人文积累的文学。长江诗文积累经年,在一代又一代文人心中、笔下流传。层层积累的人文景点和情绪,层层积累的人文认同感,无疑是长江文学的另一特征。②

笔者认为,刘保昌、游燕凌对于长江文学的论述可以简单概括为两层含义:①从时空维度来看,长江文学是长江流域历史上产生的文学;②从内容上看,长江文学是有人文积累的特色文学。与此相应地,长江文学研究也可以分为两类:①长江流域文学史研究;②文学作品中的长江文化特色或长江文化元素研

---

①湖北省社会科学院文史研究所,助理研究员。
②刘宝昌、游燕凌:《长江文学论》,《长江论坛》1998 年第 1 期。

究。以下笔者即从这两方面梳理近三十年来的长江文学研究历程。

一

改革开放以来的文化热潮带动了对长江文化的研究。作为长江文化研究子系统的长江文学研究在此背景下应运而生。世纪之交，在湖北省社会科学院主持的"长江文化研究文库"项目和中国长江航运集团主持的"中华长江文化大系"项目共同推动下，出现了一批长江文学研究的专著，这批学术专著是迄今以来长江文学研究最重要的学术成果。

蔡靖泉的《长江流域诗词史论》（湖北教育出版社 2004）探讨了从先秦到现代的长江流域诗词发展历史，该书并没有像一般文学史或者诗歌史作品那样主要是对作家及其作品进行介绍，而是分为《绪论》《上编：诗史峰峦》和《下编：体式因革》三大部分，分别结合着对长江流域自然环境、历史发展、文化背景的考察和对长江流域诗词精华的评析，着重探讨长江流域诗词的发展状况、演变规律、突出成就和鲜明特色，全方位、大跨度地展现长江流域诗词的风采，多层次、多角度地揭示长江流域诗词的神韵，切实而具体地阐明长江流域诗词在中国诗歌发展史上的地位和影响。作者认为，中国的诗词名家多为长江流域人，中国的诗词名篇也多产自长江流域。在中国诗歌史上，无论诗体的变革创新，还是诗派的鼎立争艳，都主要发生在长江流域或主要是长江流域人的贡献，而且长江流域诗歌对诗体的演变和诗派的形成影响尤其巨大。作者通过对历朝历代诗词名家的作品风格分析指出长江流域诗歌对中国诗歌文学发展的重要影响：已知最早的中国诗歌——原始猎歌《弹歌》，就产生在长江流域；诞生于长江流域的楚辞则是中国先秦诗歌发展的高峰；汉代的诗歌基本上是长江流域诗歌的余绪或流衍；流行于两汉的乐府诗及在东汉后期出现的五言古诗，在艺术形式和艺术表现上都与楚辞有着直接的渊源关系；魏晋南北朝诗歌大半精华出自长江流域；隋唐五代诗词，仍以长江流域诗词为主体；初唐"四杰"作于长江流域的诗歌较有代表性地显现出初唐诗歌的风貌；李白及孟浩然、岑参等长江流域诗人的作品较为集中地体现了盛唐的气象；白居易、柳宗元、刘禹锡等人贬谪在长江流域所做的大量诗歌，比较突出地反映了中唐诗歌的成就；杜牧、李商隐等人宦游于长江流域的诗作，以及皮日休、陆龟蒙等人的诗歌较为鲜明地反映了晚唐诗歌创作的状况；流寓江南且自称"江南客"的温庭筠，受长江文化氛围的熏陶而赋诗填词，成为中国历史上第一位大力作词的文人，开拓了词作繁荣兴盛的道路;分别产生于长江上游和长江下游的"花间词"和"南唐词",标志着词作的初澜兴起和洪涛到来;中国经济文化重心完成了南移之后的宋元明清及近现代,长江流域的诗词更呈现出中国诗歌史上的泱泱气象,形成中国诗歌史上的滔滔干流。作者认为长江流域诗词的一大特点是主体意识的强烈表达、主体情态的突出体现和诗人个性的鲜明展示。作者论说到,长江流域由于地理环境、历史发展和文化传统有其特殊属性,民居其间也秉性有异。长江流域的文人,更显率性任真、使气不拘,为人为事往往放浪无羁,敢说敢做;赋诗填词也常常纵情肆志,表现自我。长江流域诗词杰作,许多都是纵情而为,肆意而成,出于自然本性,充分表现自我感受和个人理想的作品,鲜明而强烈地体现出作者的主体意识。在诗词内容方面,爱国诗词是长江流域诗词中数量最可观、成就最辉煌的一类。可以说,中国爱国诗词的创作高潮都出现在长江领域;中国爱国诗词的杰出作品,大多出自长江流域人之手或长江流域之地。另一方面,历朝历代多隐士,长江流域自然环境优越,始终是中国隐居的理想地域,长江流域诗词也突出地反映了部分文人的隐逸思想。具有隐逸思想的长江流域文人墨客,一般都有着浓厚的山水情趣,受道家思想的影响,在临山伴水的隐逸生活中体悟到远离尘嚣而获得自由宁静的感受和移情审美的享受,并赋诗作词以歌咏自然山水之美,抒发寄情山水之感,使长江流域山水诗发展成为中国古典诗词中艺术成就卓著的重要文学类型。作者将长江流域诗词的艺术特色总结为"清奇弘丽"四字,认为这不仅是长江流域自然环境的鲜明特色,同时也是长江流域的历代文人师法自然而形成其文化创造的特有风格。作者认为长江流域诗词创作就是在追求"清奇弘丽"的艺术表现中,随时序世情之变而不断丰富其内在含义和外在表现,而且由于长江流域诗词在中国诗词发展中形成的主导作用,"清奇弘丽"实际上成了中国诗词的鲜明特色。①

　　散文研究方面,王齐州所著《长江流域文章风格的流变》(湖北教育出版社2005)从长江流域文章风格的流变入手,对历史各个时期在长江流域发生的能够代表长江文章风格特点的作家、作品、文学流派进行穷源尽委、溯源探流的研究,整理长江文学发展变化的内在逻辑和外在轨迹,以及长江文章风格的流变对中国文学发展产生的全局性影响。作者认为,长江流域文章风格的形成与黄河流域一样,也是肇始于春秋战国时期。不过从一开始,长江文风就有着自己独特的面貌。在长江文学发展的初始阶段,神话及神话思维对后世的影响可以

---

①蔡靖泉:《长江流域诗词史论》,湖北教育出版社2004版。

说是最为巨大和深远的。长江流域的人们对神话的喜爱和接受,不仅为中国保留了丰富的神话资料,而且也保留了原始先民的那种丰富想象和浪漫气质,神话思维也就成了长江文学的重要思维基础。先秦时期,在南方民族逐渐整合、长江文化逐步定型的过程中,一种独特的思想方法和表达方法也慢慢形成,这种思想方法和表达方式也成了长江文学后来发展的基础。作者认为:在长江文学特别是楚文学发展中,作为其思想原动力的是楚人始祖鬻熊。鬻熊是长江流域第一个有著作传世的作者,其著作《鬻子》在中国古代一直被尊为子书之祖。而《老子》的文章风格则是长江流域文风形成的一个标志。这不仅是因为《老子》的思想集鬻熊以来南方道家思想之大成,而且还由于《老子》一书的言说方式也是南方最经典的言说方式。《老子》的成书与流传,不仅负载着长江流域深厚的文化积累,而且规范和影响着长江流域文风的发展。庄子是长江流域继老子之后诞生的又一著名文学家。他虽然继承了老子的道家学说,却并不全同于老子。他的文章风格除了受到老子文风的影响外,也受到战国时代纵横家文风的影响,然而,他并非刻意模仿前人,而是大胆创新,形成了独特的风格。庄子文章风格对后世长江文学的影响,从一定意义上说超过了老子。老子、庄子的文章风格对长江文学的发展有着深远的影响。这种影响主要反映在两方面:一是老庄文章所体现的思想作风一直为后世作家所景仰,成为他们认识世界、对待世界、处理个人身心问题的重要思想资源和文化资源;一是老庄文章所取得的艺术成就一直为后世作家所追慕,成为他们理解文学、潜心创作、以期达到艺术审美理想境界的成功范例和前进灯塔。先秦时期长江流域作家屈原、宋玉所开创的辞赋文学对汉代文学产生了深远的影响。在汉代,一批最有成就最具影响的汉赋作家正是从长江流域诞生的。从一定意义上说,长江流域的文章风格左右了汉代文学的发展。北宋时期是长江文学发展的一个重要时期,唐宋八大家中的宋六家欧阳修、曾巩、王安石、苏轼、苏辙、苏洵都是长江流域的人物,对长江文学乃至中国文学影响深远,他们共同创造的平易自然的文风彻底改变了六朝以来的文学面貌,其各具特性的文章成为后人学习的典范,中国文学从此走上了更加世俗化、更加大众化的道路,而散文则成了最为通行也最有魅力的文章体裁。至明中叶,随着长江流域经济的迅猛发展,传统思想和观念受到前所未有的冲击,个性解放思想一浪高过一浪,文学思想和文学观念发生了很大的变化,主张"独抒性灵"的"公安派"和"竟陵派"崛起于长江流域,小品文成为他们"独抒性灵"的最佳文体,长江文风也因此出现了新的面貌和新的特点。进入清代,长江文风又发生了显著变化,由于清朝统治者的思想专制扼杀了文人的创新精神，浩瀚的古籍整理促进了考据之风的形成，代表盛世文风的桐城派在长江流域应运而生。桐城派作家追求清通雅洁、平衍质朴的文章风格，不仅影响了清代长江文学二百多年的发展，而且对整个中国文学也产生了重大影响。五四运动前夕的新文化运动倡导者胡适、陈独秀、鲁迅等基本上都出自于长江流域，而出自长江流域的何其芳、沈从文等作家的作品也取得了很高的艺术成就，在现代中国文学史中占有不可低估的地位。作者认为，从总体上看，长江流域的创作主体具有从长江中上游向中下游平移的历史特点，长江流域文章的主流风格有用典雅侈丽向平易流畅即从贵族化向平民化发展的清晰线索，这种发展和流变与长江流域的经济和文化发展的整体趋势是一致的。纵观全书，作者动态地审视长江流域文章的风格，把握长江流域文章演进的历史规律，使读者在阅读文学史也获得历史的启迪。①

　　俞汝捷、宋克夫、韩莓合著的《长江小说史略》（湖北教育出版社 2005 年版）是第一部研究长江小说发展历史的专题论著。作者将长江小说的起源追溯到上古神话，认为中国神话在由独立形态向体系形态的发展过程中经历了深刻的变化过程，在这一过程中只有少数神话进入古史传说系列，而另外有大量神话由于黄河流域意识形态的打压而四处飘零，最终以原始的面貌保存在长江流域文学作品中。中国神话的这一独特历程深刻地影响到中国小说的内容形式和审美特征，具体表现在：第一，历史意识的早熟带来历史文学的发达；第二，叙事艺术的贫瘠促成志怪小说的勃兴；第三，抒情的机制影响文言小说的审美特征。此外，产生于中国南方的炎帝神话也经历了变化过程，诞生在长江流域的两个神话原型——"巫山云雨"和"赤松子游"后来转化为历代长江流域文学作品的母题，直接影响到当代的"寻根小说"和"欲望写作"。作者认为，《庄子》对长江小说史的影响意义重大，不仅因为"小说"一词首先出现在《庄子》中，而且因为《庄子》本身包含着大量的寓言。这些寓言在想象的奇特、意蕴的深厚以及形象刻画、故事设计、语言提炼诸方面已经具备后世文言小说的基本特征，为古典哲理小说提供了成功的文体范式，其生动而富有哲理的故事为它所寓意的道家思想作出了形象地表述，对后世小说创作产生了深远的影响。晋室南渡后，中国文学重心开始移往长江流域，《世说新语》等笔记小说再现了长江流域魏晋士族阶层的思想言行和生活情景，表现了玄学对精神生活和日常生活的浸润。宋室南渡后，文学重心再次南移，以大众为接受对象，反映大众文化需求的白话小说

---

　　①王齐州：《长江流域文章风格的流变》，湖北教育出版社 2005 版。

在南宋至明清时期迎来了创作高潮。作者以《三言》《二拍》这两部在话本领域成就最高、最具代表性的作品集为例探讨了长江流域话本小说的主要地域特点。作者认为长江流域是明清章回小说创作当之无愧的中心。当时涌现了一大批出生或生活于长江流域而又卓有成就的作家;创作了一大批反映长江流域生活的作品。这一势头一直延续到近代,保持到清末民初,其时长江流域依然是章回小说的文学温床。《长江小说史略》指出,从"五四"运动前后到1949年,长江流域的小说创作呈现出繁花竞放的景观。从这里走出了一批杰出的作家,产生了一批各具艺术特色的作品,其中相当多的作品反映了长江流域的生活,表现了生活在长江流域的人们特有的文化心理语言也带有长江流域的地域特征。当时引起文坛瞩目的乡土作家群大部分来自长江流域,他们的小说也是长江风物的文学再现。论著论及的长江近现代小说包括巴金、沈从文、茅盾、张爱玲、沙汀、李劼人等。①《长江文学论》作者刘保昌认为,《长江小说史略》选题宏观、立论新颖、文采焕然、特色鲜明,是一部选材方式和论述框架合理成功的拓荒之作。

王仁铭、张仲良所著《长江流域的小说》(武汉出版社2006年)同样以长江流域小说史为研究对象,对其从古至今的发展线索做了精心的梳理,但更注重对于长江流域小说地域特色的分析。作者认为,从创作主体分析,作家的心灵深处潜伏着支配他们一生的"童年记忆"。童年是铸定人的文化性格的重要阶段,"童年记忆"一般沉淀为人的深层文化心理结构,这是一种"集体无意识"。作家的创作必然受到故乡山水泽被和风土人情的薰染。江南山水孕育出大批个性气质与北方文人迥异的江南才子。他们与北方文人的粗旷豪放、刚毅坚韧不同,更显得感情细腻,多愁善感,这种性格特征表现在他们的小说创作中,自然呈现出委婉柔和、清新秀丽的风格特征。作者又从小说的创作客体方面分析,论说由于中国历史上的政治中心一直是北方,历代统治阶级对于北方的控制更为严密,而对长江流域的政治与文化控制相对宽松,加之宋代以后南方的经济发展远远超过北方,南方较北方更为繁荣和富裕,因此南方的社会生活比北方有着更为丰富的内容与绚丽多姿的色彩。相比北方文学的雄浑豪壮,南方文学显得委婉秀美。例如在以江南为背景的历代长江流域小说中,"水"一直充当着作家笔下的重要媒介,描写感情生活的作品写的柔情似水,温婉缠绵,许多还充满浪漫主义的色彩。此外,温软的江南方言也成为作家实现地域特色的工

---

①俞汝捷、宋克夫、韩莓合:《长江小说史略》,湖北教育出版社2005年版。

具,例如在《海上花列传》等吴语小说中,作家运用江南方言描写人物性情和事物细节,散发出浓郁的长江流域地域特色。而在长江流域战争题材的小说中,精彩的水上战争也体现了长江流域"水文化"的特色。作者继而强调指出,进入现代以后,南北文学的地域风格又发生了变化。长江流域以上海文坛为代表,出现了一批富于阳刚之气和悲壮崇高感的小说,与此相反,以北平为代表的北方小说因为作家的"和谐"审美意识,呈现出一派优雅含蓄、冲和淡远的风貌。作者认为,不论古代还是现代的长江流域小说与北方文学的分野如何变化,它们其实是对立的统一体,共同组成中国古今小说的完整形态。南北小说应在保留各自鲜明特色的基础上吸取对方的长处,丰富自己的题材和表现手法,以期得到更好的发展。[①]

宋致新所著《长江流域的女性文学》(武汉出版社 2005 年)则从女性文学角度开创了长江文学史研究的一个新领域。作者梳理了长江流域女性文学的发展轨迹:中国女性文学早期主要产生于北方,早期女性作家多为宫中后妃或者官家亲属。从晋朝到北宋,由于北方民族入侵而导致的中原政权两次南迁促进了长江流域的经济发展,而长江流域的女性文学也依托此机遇得到发展。首先是长江流域民间歌妓对女性文学发展所做出的贡献。歌妓是城市之歌的传唱者,是市民情绪的代言人,她们创作的歌曲以通俗平易的语言和诙谐的隐语手法表达了当时普遍的市民情绪和生活情趣。从艺术上说,她们也把民间文学清新自然的艺术风格带进了文坛,促进了当时诗风的转变。北宋时期,苏东坡就为江南歌妓出过诗集。明代以后,长江流域的文人为歌妓出诗集、写序言的更是屡见不鲜。就创作内容而言,歌妓文学主要是描写风尘生涯的痛苦,抒发对自由的向往,尤其大胆歌唱真挚爱情,为中国古代女性文学留下了极为罕见的爱情篇章。其次是闺阁作家的创作。闺阁女子,即传统文化中所谓的"良家妇女",她们被封闭在家庭中,受着礼教的深深约束。明朝中叶以后,在激荡人心的启蒙思潮感召和具有进步思想的男性文人的扶持下,长江流域的闺阁诗人如雨后春笋涌现出来。闺阁女子不仅出版了数以千计的诗集,还互相唱和,成立诗社,撰写诗话,有的家庭甚至出现众多女诗人"一门联吟"的盛况。清乾隆年间,江南文人袁枚、陈文述两次大倡妇女文学,并公开招收女弟子,对女性文学的繁荣起了推波助澜的作用。清代江南私人出版业的兴盛也为女性出版物的问世提供了条件,生活的富裕安定使更多家庭妇女有了闲暇时光,进入文化消

①王仁铭、张仲良:《长江流域的小说》,武汉出版社 2006 年版。

费领域,致使主要以女性听众为对象的弹词创作也繁荣起来。藏书家胡文楷所著《历代妇女著作考》中记载的清代女作家中,大约十之七八都产生在长江流域,尤其是江南一带,这标志着长江流域女性文学发展到一定历史阶段所产生的质的飞跃。在艺术形式上,长江流域的女性文学创作兼有诗、词、曲、赋、散文、戏剧、弹词、平话等多种样式,佳作纷呈,美不胜收;在意蕴指向上,展示了女性自我面貌的多样性和女性心理结构的复杂性;在情感倾向上,昭示了南国女性敏于感物、深于感事的精神气质;在艺术风格上,凸显了南国女性清新秀美、婉约自然的美感特征。作者认为,长江流域女性文学的发展进程,不仅展示了女性审视自己性别角色、探寻和发现自我的心路历程,而且展示了女性建构自己的文学体貌和美学风标的创造历程,同时也昭示了女性通过艺术掌握世界的方式对人的存在意义的追问,以及对人的自由发展的希冀与期待。作者进而认为,长江流域女性文学对于中国文学的重要影响在于她们创造了一片女性大展才华的地域文化生态环境,而这片独特的生态环境也为具有平等意识的男性作家提供了现实生活的宝贵素材,甚至成为他们创造出不朽作品的温床。作者强调指出,长江流域的女性在中国文学中的贡献是独特的,然而,由于男性中心主义文化对女性的排斥和压抑,她们的很多作品并未流传下来,今天急需人们去发现、梳理、诠释、古为今用,这不仅是探讨长江流域女性文学的需要,也是更深入理解长江流域古代文学发展规律乃至整个中国古代文学发展规律的需要。①

以上几种专著,通过对长江流域不同类型文学形式的历史发展分析,对探讨长江地域文化在中国文学发展中的特殊作用,在长江文学研究领域具有极为重要的开拓性意义。

二

任何事物的发展有高潮也有低谷,在世纪之交的长江文化书籍出版热退去之后,长江文学研究事业似乎也陷入低谷。相比先前成果众多的长江流域文学史研究,学术界对于长江题材文学作品及作家的研究成果则数量较为稀少。公开出版的有关长江文学作家作品研究的学术著作仅有鲜于煌《诗圣杜甫三峡诗新论》《白居易在长江三峡》等几种,数量不多的学术论文也大多局限于古代长江诗歌散文方面,如《唐代长江流域诗歌的研究》《李白与长江流域的浪漫诗风》

①宋致新:《长江流域的女性文学》,武汉出版社2005年版。

等。从中国知网搜索结果看,有关长江的文艺作品得到研究最多的是中央电视台的纪录片《话说长江》《再说长江》和贾樟柯导演的电影《三峡好人》,但这些研究多是影视传媒专业学者从影视创作研究角度,而非从文学研究角度来进行的。而对于真正的长江题材文学作品,如鄢国培的长篇小说《长江三部曲》、哲夫的生态报告文学《长江生态报告》以及三位作家充满激情撰写的"长江传记"——徐刚的《长江传》、朱汝兰的《长江传》、郭保林的《大江魂》这几部较为代表性的长江题材文学作品,其研究文章数量几乎为零,更不用说其他小型且零星的长江文学题材作品所遭受到的冷遇了。笔者认为这主要有以下几个原因。第一,除了古代诗歌散文,现代文学作品中直接以长江为题材的作品尤其是长篇作品的数量本来就极为稀少;第二,已有的当代长江题材文学作品中,缺乏高质量重量级作品吸引研究者的注意;第三,在文学评论界,鲜有学者关注人类社会生活之外更为宏观的自然江河世界,也少有研究者主动审视寻找文学作品中的长江元素;第四,"长江文学"这一概念所涵盖范围过于宽泛,研究者难以把握。

但是近年来有关长江文学的研究也并非一片空白。其中最值得注意的是有关长江三峡文学的研究。在文学史上三峡地区可以说是长江文学的发源地之一,古往今来文人墨客都在此留下经典文学作品,这必然引起后世文学研究者的兴趣与关注。这些关注所产生的研究成果代表性地体现在胡德夫、刘济民编著的《三峡文学史》(巴蜀书社 2011 年)中。该书共用了十九章四十五万字的篇幅对从秦汉至现当代的三峡题材文学作品及作者进行了分析与评论,所论及文人作家达数百位,其篇幅超过了之前任何一部长江文学研究专著,是目前最完整的论述中国古代长江三峡题材文学作品的研究专著,具有重要的学术价值。此外,对长江三峡文学资料进行的收集整理也产生了不少学术成果,有谷莺编注的《历代三峡诗歌选注》(社会科学出版社 1982),孟祥云编著《古代三峡诗歌导读》(陕西旅游出版社 1992),颜其鳞编注《三峡诗汇》(西南师范大学出版社 1989),谭戎甕编注《长江三峡诗集》(巴蜀书社 2018),陈胜乐编著《三峡散文精萃》(中国三峡出版社 1996),廖柏昂编著《三峡古代散文导读》,黄节厚编著《历代文人咏三峡》(四川人民出版社 1994),曹第万编《长江三峡历代诗文大观》(中国三峡出版社 2007),熊宪光编《中国三峡竹枝词》(重庆出版社 2005),赵贵林编《三峡竹枝词》(中国三峡出版社 2000)等。这些诗文选辑都是读者了解三峡地区古代文学作品全貌的重要资料。学术论文方面,目前有关三峡文学的专题研究论文数量明显超过其他主题的长江文学研究论文,单从学位论文看,就有《宋代三峡诗研究》(黄艳,南京师范大学 2017 年度硕士论文),《古代三峡诗的文化解读》（杨文才，中南民族大学 2011 年硕士论文），《唐宋巫山诗研究》（杨万葵，广西民族大学 2011 年度硕士论文），《唐宋时期三峡地区旅游文学》（陈建华，华中科技大学 2010 年度硕士论文）等十余篇长篇学位论文出现，显示出长江三峡文学对于年轻一代文学研究者的持续吸引力。

此外，长江文学与黄河文学的比较研究，也是长江文学研究领域常见的研究思路。孙胜杰所著《"黄河"对话"长江"：地域文化与 20 世纪中国文学中的河流书写》这就是这一研究思路的代表性成果。该书分绪论、上编"黄河流域文化与河流文学书写"、下编"长江流域文化与河流文学书写"三部分。作者选取了长江流域的荆楚文化区、吴越文化区以及巴蜀文化区的河流书写进行分析。荆楚文化区考察分析了沈从文笔下的湘西对荆楚文化的延续，以及阐释湘西与沈从文的生命理想形成的密切联系；吴越文化区主要以叶兆言对秦淮河的书写为例，探讨了河流空间的隐喻性，以及叶兆言对秦淮河作为逸乐空间的建构与解构；巴蜀文化区主要分析以"盆地"与"天府"文化为核心的巴蜀文化对政治变迁的文人"入蜀"现象与海洋现代性诱惑"出蜀"现象的影响。此外作者还重点分析了海外华文文学、小城文学、少数民族文学中长江文化元素的多元表达。该部著作对于通过对文学作品中流域文化的解悟与阐发来揭示流域文学所蕴含的民族特征做了有益的尝试。①

三

文学理论方面，刘保昌、游燕凌合撰的《长江文学论》发表后的二十年多间，未见有高质量的长江文学理论文章出现。事实上，在中国知网上能查询出的标题含"长江文学"的全部学术文章仅有三篇。2019 年《长江文艺评论》杂志举办的《长江元素的文学表达》研讨会是近年来学界对于长江文学最重要的一次理论探讨。该次研讨会上，对于长江文学研究动力不足的现状，与会专家以"长江元素的文学表达"为学术议题，力图为长江文学研究寻找一种新的研究方法和视角。《长江文艺》杂志社副主编吴佳燕认为，所谓"长江元素的文学表达"涉及两个方面：自然意义上的长江带来的各种流域生态、地理风情、生物属性，人文意义上的长江因"一方水土养一方人"带来的各种风土人情、方言性格、文化气

---

① 孙胜杰：《"黄河"对话"长江"：地域文化与 20 世纪中国文学中的河流书写》，江西人民出版社 2019 年版。

质,以及长江本身作为自然存在的变迁历史与功能改变蕴含的人与自然的关系,都是"长江元素"的涵盖范围;而只要这些元素进入个体的生命经历和情感体验,进入作家的关照视野,无论作为背景还是主体,纪实还是虚构,都可以视为"长江元素的文学表达"。学界需要对古往今来的文学作品中涉及长江书写及其意义进行挖掘、厘清和分析,从而建立起一条文学史上的长江。它是现实长江的文学镜像,两条长江穿越时空的烟云,遥相对应而又并行不悖。三峡大学李雪梅认为,对处在重大转型期的当下中国而言,研究长江元素的文学表达,是基于历史使命的文化寻根,是基于文化自信的本土关怀,更是基于生态文明的未来考量。改革开放四十年,人们面对外来多元文化的冲击,常常忽略自身传统的巨大潜力和现实问题的独特性,对长江元素及文学表达诸多问题的思考,无疑将激活和唤起国人自身的传统和生命体验,提醒人们关照和追问当下中国的现实问题,让文学创作和批评在历史、现实和未来中焕发出新的活力。会议期间有关长江文学研究的观点碰撞非常热烈,不少专家尖锐地指出了长江文学研究中存在的一些问题。如有专家认为,长江作为中国文化中的原型意象,在长期的使用过程中,内涵外延变得非常庞杂,成了无所不包的符号系统,变得均质化,丧失明晰独特的定位。长江作为文化,作为符号,其特色到底是什么? 跟其他水系文化和水系符号比,独特性体现在哪里? 恐怕很难说清楚,这应是今天的文学应着力表达的地方。另有专家认为,长江文化并非统一的文化,而是多元、包容、开放的文化。不要力求打造一个统一的文化、文学,而是应该打造独具特色、各具地域风味的文学。还有专家提出,长江生态问题严重,人类应该对自我为中心的行为进行深刻检讨,长江生态文学理应成为文学创作与研究的对象。① 笔者认为,这次理论研讨会的观点碰撞标志着文学理论界对长江文学研究的持续关注与创新思考没有消失。我们有理由相信,随着生态文明强国建设的持续进行,文学界学术界对长江文学的文化意义、长江元素的文学表达以及长江流域人与自然关系的关注、思考与写作不会终止,长江文学的创作与研究必将有更美好的未来。

---

①李雪梅、吴佳燕等:《东湖青年批评家沙龙第 7 期——长江元素的文学表达》,《长江文艺评论》,2019 年第 2 期。

长江学研究
2021

2020 年长江文化研究综述

张希鹏①

摘　要:长江文化作为中国文化的重要组成部分,历来颇受学者的重视。近年来,有关长江文化的研究成果也如雨后春笋般涌现出来。面对如此丰厚的成果产出,如何将其联系起来,使其成为一个有机整体,仍是学者需要解决的问题。本文梳理了 2020 年有关长江文化的各方面相关研究,介绍了当代长江文化建设的相关活动,通过对长江文化研究进行回顾与展望,以期深化对于长江文化的认识,拓展对于长江文化研究的视野。

关键词:长江流域;文化;长江学

长江,是世界第三长河,亚洲第一长河,世界水能第一大河,其数百条支流辐辏南北。长江干流及其支流流经的广大区域,我们称之为长江流域,长江流域面积约占中国陆地总面积的五分之一,在如此广阔的流域面积之上,诞生了诸如巴蜀文化、荆楚文化、吴越文化等众多色彩斑斓的文化成果。近年来,关于长江流域的研究相当活跃,既有对于长江流域整体的综合性研究,也有将目光投射在长江各段地区上的区域性研究,各类研究收获颇丰,极大地推动了长江文化的进一步发展。2020 年,关于长江的各类政策与学术研究仍相当值得关注,为此我们对之做一些梳理,以期深化对于长江文化的认识,拓展读者对于长江文化研究的视野。

---

①湖北省社会科学院文史研究所 2020 级研究生。

一、早期长江文明研究

(一)早期长江文明综合性研究

长江流域在史前时期曾兴起众多文化。张汝丽在其硕士论文《新石器晚期至西周墓葬出土玉质仪仗器研究》中,对长江流域的崧泽文化、凌家滩文化以及仰韶文化出土的玉器与黄河流域出土的玉器进行比较研究,认为玉质仪仗器在新时期末期开始即成为王权的象征,同时作者认为,玉质仪仗器应起源于长江下游的北阴阳营文化,即北阴阳营文化出土的石钺与七孔石刀,被后续文化所继承与发展。① 而彭小军在《长江中游史前石钺的功能和社会意义》中,对长江中游地区出土的石钺进行研究发现,长江中游地区的史前石钺最早见于大溪文化早中期或更早时期的豫西南、鄂东南、峡江地区和沅水中上游。大溪文化三期以后,可能与油子岭文化的扩张以及外来文化的介入有关,石钺从上述范围扩散到长江中游大多数区域,再到屈家岭文化时期有所减少,直至石家河文化时期使用区域和绝对数量骤然降低,体现了出现—兴盛—衰落的一般发展规律。在此过程中,钺逐渐发展为"礼仪性"和"武器性"兼备的特殊器物,展现出双重的社会功能,到屈家岭文化时期,钺的礼仪性特征得到进一步强化。之后,在长江中游文化格局出现重大变革的后石家河文化时期,发现的石钺数量则极少。②

对于长江流域的丧葬习俗,王桐认为,从葬俗来看,长江中游出现有瓮棺葬的文化类型最早从大溪文化就有发现,后来的屈家岭文化有大量儿童瓮棺葬出土,石家河文化与屈家岭文化有继承发展关系,虽然整体数量减少,但瓮棺葬这种葬俗也普遍存在,但成人瓮棺葬是否来源于大溪文化,还要进一步论证。而鄂中成人瓮棺葬的来源不仅出自于当地文化序列中所包含的文化因素,还在文化交流与传承的过程中吸收了其他区域文化类型因素。从年代上来看,黄河流域的成人瓮棺葬早于长江流域,且在鄂中地区该葬俗中也能找到属于黄河流域的葬俗特征。在时间长河中,长江流域诸文化吸收其他不同文化类型的因素,

---

① 张汝丽:《新石器晚期至西周墓志出土玉质仪仗器研究》,郑州大学出版社 2020 年版。
② 彭小军:《长江中游史前石钺的功能和社会意义》,《南方文物》2020 年第 5 期。

最终形成自身的独特葬俗。①

通过考古研究,我们对长江流域的古代世界有了更为清晰的认识。围绕长江中下游铜矿带发现的先秦时期铜矿的考古资料,在《综论长江中下游铜矿带先秦矿冶考古》中,刘海峰等人对该地区的采矿技术、冶炼技术、采掘工具、运输工具等进行了考察梳理,又通过对比不同地区间各具地域特色的合金体系,认为商周时期长江中下游铜矿带与中原地区的文化交流并非单向被动接受,而是具有一定的独立性。② 赵志军在其文章《新石器时代植物考古与农业起源研究(续)》中,通过植物考古的方法,分别对长江下游地区、长江中游地区、长江上游地区的农作物种植、生活生产方式等进行论述,使得我们对中国古代农业的起源过程和早期发展有了新的认识。③

(二)早期长江文明区域性研究

对于长江流域出现的三个主要文化——巴蜀文化、荆楚文化、吴越文化——学者同样进行了深入的研究讨论。随着巴蜀地区不断发现的考古资料一次次更新着人们对于巴蜀文化的认识。江章华在其文章《巴蜀符号的变迁及其性质分析》中,对出现在巴蜀青铜兵器、青铜工具、青铜印章上的符号进行分析,发现巴蜀符号类型在不同功能的器物上差异明显,说明当时的人们在使用这些符号的时候是有明确区分的,也说明它们的性质、功能应该有所区别。青铜兵器上巴蜀符号可能与古蜀的古老传说和信仰密切相关,当时的人们相信其具有神奇的力量,能够增强兵器的威力。印章上的符号可能具有象征吉祥的喻意,活人佩戴有护身符的性质,随葬于墓中有护佑死者的作用。青铜工具上的符号最大可能是代表所有者或生产者的标识性徽记。④ 而施劲松则从巴蜀符号入手,通过考察符号的性质、使用者间的关系、符号的产生和分布的特点以及各区域之间的联系,尝试从另一角度构建四川盆地战国秦汉时期的文化与社会图景。⑤

---

① 王桐:《新石器时代成人瓮棺葬比较研究》,中央民族大学出版社 2020 年版。
② 刘海峰、梅皓天等:《综论长江中下游铜矿带先秦矿冶考古》,《中国国家博物馆馆刊》2020 年第 7 期。
③ 赵志军:《新石器时代植物考古与农业起源研究(续)》,《中国农史》2020 年第 4 期。
④ 江章华:《巴蜀符号的变迁及其性质分析》,《四川文物》2020 年第 1 期。
⑤ 施劲松:《考古背景中的巴蜀符号》,《四川文物》2020 年第 3 期。

长江中游的荆楚文化,由于历史资料的丰富,历来是学者的重点关注对象。彭杨在其博士论文《楚凤鸟图式及其精神研究》中,对楚地出土的青铜器、漆器、丝织品、服饰上的凤鸟纹饰进行研究,认为楚人在物质与精神方面表现出的独创性正是楚文化发展的原动力。楚凤鸟图式是楚文化物质性与精神性的集中体现,其崇尚内美与外美兼修,带有一种幻化般的诗意形态。[1]

在《考古学文化、文献文本与吴越早期历史的构建》一文中,徐良高通过考察长江下游地区发现的土墩墓、陶器,宜侯夨簋的出土及铭文释读和文献中吴、越两国起源和早期历史的记述与构建,探讨了三者间的关系,从考古学的角度,提出吴越地区土著文化曾经是一支不同于中原华夏文化,有其自身传统和独特面貌的地域文化。经历了夏商时期与中原文化的交流融合,西周时期的文化整合和东周时期吴、越、楚与中原文化的一体化,彼此之间"我者""他者"的认同区分日渐淡化。秦汉以后,吴越地区彻底成为华夏文化的构成部分。[2] 这一结论为我们认识吴越文化提供了一个新的视角。

江苏省地方志编纂委员会编纂的《长江历史图谱》一书,将长江的上、中、下游视为一个整体,全面盘点整理了长江古今的航道、港口、地形、风貌变迁,尤其是生态图景部分,从流域的系统性出发,努力展示各个时期长江的原始风貌,对各地互动协作保护好我们的母亲河,具有启迪意义。[3]

二、近现代长江文明研究

(一)近现代长江文明综合性研究

近代以来,长江沿岸兴起的众多城市同样是学者注目的焦点。涂文学在论文《近代中国城市发展区域非平衡性略论》中,探讨了近代以来长江沿线城市兴起的地理、交通和资源等因素,同时着重探讨了国民政府颁布的《特别市组织法》和《市组织法》对推动传统城市转型和新型城市建立与发展的作用。[4]

---

[1]彭杨:《楚凤鸟图式及其精神研究》,湖南大学出版社 2020 年版。
[2]徐良高:《考古学文化、文献文本与吴越早期历史的构建》,《考古》2020 年第 9 期。
[3]江苏省地方志编纂委员会办公室:《长江历史图谱》,江苏凤凰出版社 2020 年版。
[4]涂文学:《近代中国城市发展区域非平衡性略论》,《湖南社会科学》2020 年第 1 期。

胡中华从历史、区域和世界三大维度对长江城市带进行考察,进一步认识了长江城市带在世界城市中的地位。胡中华认为,长江城市带的成功来自于它在历史上的长期发展,为其在近代的发展奠定了坚实的基础,走出了一条民族城市发展繁荣之路;长江流域培育了上海、武汉、重庆等众多城市,它们紧密联系、相互促进,最终形成了以上海为龙头的长江城市带,并在20世纪30年代到达了第一个高峰。上海作为长江城市带的龙头城市,在世界城市发展史上走出了一条独一无二的发展之路,长期成为世界最顶级城市之一。长江城市带在世界城市中占有了独特的地位。在新时代,长江城市带的发展面临新的历史机遇和新的历史使命,因而,它也必将取得新的成就并产生新的发展高峰。①

(二)近现代长江文明个案研究

2020年的新冠疫情,使世界的目光聚焦于武汉,在党中央、国务院的关怀下,武汉阻止了疫情蔓延,最终夺取抗疫斗争的全面胜利。其勇敢坚韧、敢于担当的城市性格,迅速有力的抗疫措施同样也是源远流长的荆楚文化的生动体现。傅才武在文章《论武汉"英雄城市"的文化性格及未来表达》中,论证了荆楚文化所具有的不胜不休的传统底色。两江三镇的地理空间和商业性功能城市的基础结构,借助于艺术的、科学的、宗教的和生活方式的渠道,转化为武汉独特的城市性格。这种城市性格在抗击2020年新冠肺炎疫情中发挥了重要的作用,为武汉赢得了"英雄城市"的赞誉。②

朱文鑫对武汉城市历史景观层积的过程以及关联性保护进行了梳理研究,将武汉城市历史景观的构成要素分为自然环境要素、人工环境要素与人文环境要素,认为文化系统要素是物质系统要素的层积内因与精神内核,文化系统要素既是构成物质空间形态的人文环境,也是促成物质系统要素发展演变的驱动力因素。同时作者通过结合武汉历史层积过程与文化特质的"关联性"分析,对武汉市历史城区文化遗产提出了一系列"关联性"保护建议。③

不止如武汉、上海这样的大型城市吸引学者的目光,长江流域其他中小型城市也备受关注。艾新宇从微观史的角度入手,对九江市民的日常生活、精神信仰以及九江市的学校教育、医疗卫生进行考察,探讨了近代九江市民生活中

①胡中华:《多维度视阈下近代长江城市带的历史地位与作用》,《兰州学刊》2020年第10期。
②傅才武、严星柔:《论武汉"英雄城市"的文化性格及未来表达》,《江汉论坛》2020年第8期。
③朱文鑫:《武汉城市历史景观层积过程及关联性保护研究》,华中农业大学出版社2020年。

的变与不变。[1]

2020 年 12 月 8 日,南京大学举办"长江文明与中国现代化"线上会议,会议以长江文明为主要研讨对象,时间跨度从晚清至当代,与会者既聚焦微观,又放眼宏观,从历史视域出发,探寻长江文明与中国现代化的内在关联。[2]

三、当代长江文化建设

长江作为我国第一大河,对我国的气候、生态有至关重要的影响作用,因此,长江的生态保护一直以来是国家政策的一个重要关注点。2020 年 7 月 24 日上午,湖北省十三届人大常委会第十七次会议表决通过《关于长江汉江湖北段实施禁捕的决定》。根据《决定》,长江干流湖北段上起巴东县官渡口镇,下至黄梅县小池口镇,自 2021 年 1 月 1 日 0 时起至 2030 年 12 月 31 日 24 时止,禁止天然渔业资源的生产性捕捞。[3] 2020 年 12 月 26 日,中华人民共和国十三届全国人大常委会第二十四次会议表决通过《长江保护法》。这部法律从 2021 年 3 月 1 日起施行,以法律武器保护母亲河。[4] 绿水青山就是金山银山,长江的生态安全得到保障,就是对长江流域经济发展的保障,同样是新时代建设长江文化的保障。

关于长江文化建设在当代的必要性和重要性,习近平指出,长江造就了从巴山蜀水到江南水乡的千年文脉,是中华民族的代表性符号和中华文明的标志性象征,是涵养社会主义核心价值观的重要源泉。要把长江文化保护好、传承好、弘扬好,延续历史文脉,坚定文化自信。要保护好长江文物和文化遗产,深入研究长江文化内涵,推动优秀传统文化创造性转化、创新性发展。要将长江的历史文化、山水文化与城乡发展相融合,突出地方特色,更多采用"微改造"的"绣花"功夫,对历史文化街区进行修复。[5]

杨华主编的《长江文明研究》分别叙述了长江流域的自然地理条件和社会经济基础,如地理、能源、作物、矿产、港口、族群等,进而描述长江文明的空间分

---

①艾新宇:《近代九江市民社会生活研究(1861—1949)》,江西师范大学出版社 2020 年版。

②《"长江文明与中国现代化"线上学术云论坛举办》,中国社会科学网 2020 年 12 月 10 日。

③《明年 1 月 1 日起,长江汉江湖北段实施十年禁捕》,环球网 2020 年 7 月 24 日。

④《通过!我国出台长江保护法守护母亲河》,新华网 2020 年 12 月 26 日。

⑤《习近平在全面推动长江经济带发展座谈会上强调 贯彻落实党的十九届五中全会精神 推动长江经济带高质量发展 韩正出席并讲话》,新华社 2020 年 11 月 15 日。

区、人文特点、形成过程、独特贡献，以及与世界其他大河文明的比较。最后阐述了湖北、武汉对于长江文明的贡献及其当代重要性。①

学者们也正在积极探索建设发展当代长江文化的路径。张蕊在分析了长江中游城市群历史文化资源产业化的基础、意义、存在的问题、原因及其对策后，提出长江中游城市群要依托区域内丰富的历史文化资源，大力发展特色文化产业，将资源优势转化为产业优势，不断创新文化产业发展新业态，发挥对其他传统产业的关联带动效应，积极寻求区域文化产业协同发展，以推进城市群产业结构的优化和演进。② 杨晓辉也在文章中提出，长江干流湖北段历史文化资源的保护与利用是一个动态的跨区域的资源整合过程。其开发和保护需要涉及到诸多方面的因素，对于各区域政府来说将是一个庞大的工程，需要多个地区、多个部门协同合作才能很好地完成。③

2020 年 12 月 28 日，中国长江文化研究院科研协作会议暨长江生态文化研讨会在武汉举办。会上，湖北大学副校长蒋涛表示，长江文化博大精深，每一个流域段都有它自己的特色。中国长江文化研究院的构成单位来自流域的不同地区，既能够实现优势互补，发挥本流域段文化研究和保护传承的优势，又能共同推进长江文化研究的创新。将对推动长江文化，尤其是长江生态文化研究做出积极贡献。④

长江文化的建设同样在实践中取得了优异的成绩。2020 年 11 月 16 日，中国（张家港）长江文化艺术节落幕，艺术节以"一体化"和"高质量"为引领，以"弘扬长江文化、讴歌时代精神、逐梦幸福小康"为主题，通过组织开展长江流域戏剧艺术节、生态长江"张家港湾"高峰会、长江大桥摄影大赛等丰富多彩的活动，全方位演绎长江文化、展示港城美丽，构建了长江文化交流、交融、共建、共享的大平台。⑤

---

①杨华：《长江文明研究》，长江出版社 2020 年版。

②张蕊：《长江中游城市群历史文化资源产业化发展的基础、问题与对策》，《理论月刊》2020 年第 1 期。

③杨晓辉：《长江干流湖北段历史文化资源的开发利用研究》，华中师范大学出版社 2020 年版。

④《中国长江文化研究院科研协作体成立》，新华网 2020 年 12 月 28 日。

⑤《2020 中国（张家港）长江文化艺术节成果丰硕》，新华网 2020 年 11 月 17 日。

四、构建长江学的理论探索

如前所述,长江流域的古代、近代与现当代,以及上下游乃至世界各区域的文化研究,都得到了学者们的瞩目,并取得了极为丰富的成果,如何将这些成果联系起来,构成一个统一的整体,便成为一项新的任务,因此,"长江学"的构建已成为摆在学者面前必须要面对的问题。

针对何为"长江学",如何构建"长江学",学者们也都在发表自己的意见、建议。张忠家指出:"'长江学'的研究重点,应当聚焦于回应和解决长江流域经济社会文化发展中所面临的现实问题。要建立'长江学'学科联盟,充分吸纳全国各地、各领域、各学科专家学者共同打造'长江学',建议筹划建立'长江学研究会',创办专业学术刊物,不断完善'长江学'研究平台。"[1]刘龙伏等在《跨学科视野下的"长江学"构建——第一届"长江学"学术研讨会综述》一文中,阐释了"长江学"的学科特质、"长江学"的建构路径、"长江学"与长江经济带的发展、"长江学"与长江流域的生态保护以及"长江学"与长江流域的文化传承。[2]该文对于"长江学"的整体轮廓做了大致的梳理,使我们看到了构建"长江学"的希望。白洁在《跨学科整合视角下"长江学"的构建与发展》一文中,进一步讨论了构建"长江学"的重要意义、学科基础、学科特点、研究内容与研究方法及其现实路径。白洁提出,"长江学"的研究只有坚持马克思主义方法论,才能真正把握住历史脉络、找到发展规律、推动理论创新。构建"长江学",应围绕学术前沿和国家重大战略需求,以重点学科、领军人才和重大项目为牵引,依托专业化研究基地、高端智库、大数据中心、学术论坛等平台建设,推出一大批具有国际影响力的学术成果,推动构建大河流域可持续发展的中国话语体系。[3]

2020年9月,李后强等出版《长江学》,从文献学、考古学、民族学、生态学、地理学等多方面对长江流域进行了系统研究,为长江经济带建设提供了有力的学理支撑。[4]锁利铭认为该书具有注重内质分析,揭示客观规律;注重对策研

---

①张忠家:《建立"长江学"学科联盟》,《当代县域经济》2020年第1期。

②刘龙伏、李林茂:《跨学科视野下的"长江学"构建——第一届"长江学"学术研讨会综述》,《社会科学动态》2020年第2期。

③白洁:《跨学科整合视角下"长江学"的构建与发展》,《社会科学动态》2020年第6期。

④李后强等:《长江学》,四川人民出版社2020年版。

究,解决突出问题;注重学理构建,形成理论体系的特征。①

五、长江文化研究回顾与展望

回顾 2020 年的长江文化研究,我们可以发现:第一,研究方法更加多样化。学者通过运用考古学、植物学、文献学等等更加多样化的理论方法,不仅更加细腻地还原了长江流域的物质文明、精神文明,也对未来的长江文化研究提供了新的研究思路。第二,研究更加切近现实,面向未来。随着长江经济带战略上升成为国家战略,运用长江文化的宝贵资源,建设新的话语体系,关注长江文化的"现在时",保护传承弘扬长江文化的"诗与远方"成为学者研究的侧重点。第三,系统的长江学脉络正在逐步架构过程中。随着长江文化研究的日益繁荣,纷繁的学术成果需要一个统一的体系总揽全局,后来的研究者也需要一个明亮的灯塔指引前行,因此学者的研究也在朝着架构完善的长江学这一目标稳步前进。

目前的长江文化研究同样也存在一些不足,较为明显地表现在对于长江流域的整体性认识不足,侧重于关注长江流域几个较大的"点",缺少"面"的关注。如长江流域各大城市之间、各大城市与其周围城市之间由于人口流动、经济往来等等而产生的诸多联系;长江流域与其他地域之间的经济文化往来等等,每天都在发生,但是关于它们的研究,还很不够。将长江流域视作一个"面"来进行观察研究,这是未来长江文化研究需要努力之处。

2020 年,面对来势汹汹的新冠疫情,长江文化再一次展现出它的坚忍不拔与历久弥新,我们相信,经历了 2020 年的考验后,长江文化的研究,将前途无量,未来可期。

①锁利铭:《〈长江学〉:长江经济带建设的学理支撑》,《四川经济日报》2020 年 11 月 23 日。

书 评

《长江文明研究》述评

李心雨①

摘　要:《长江文明研究》作为一部专门研究长江文明的专著,主要从五个方面论述了长江文明的面貌。第一,将长江流域从空间上划分为若干区域亚文化进行着重阐释;第二,展现了长江文明对世界文明做出的诸多贡献;第三,从两个维度对长江文明的发展历程进行了回顾;第四,将长江文明与其他大河文明进行对比性研究;第五,着力说明武汉与长江文明的关系。但是本书中依然存在一些论述不够全面的地方,例如长江文明在中国近现代发展史上的作用、长江流域文化资源的保护利用等。目前学界正在大力倡导建设"长江学",国家层面也对长江流域资源开发与利用关注颇多。这本书正从学术层面与现实层面对长江流域文明进行了全面深入研究,是近年来有关长江文明研究的一本重要综合性著作。

关键词:长江流域文明;学术价值;现实意义

《长江文明研究》是武汉大学杨华教授主编的一部专题研究长江文明的厚重专著。该书于 2020 年由长江出版社出版发行。全书共分七章,约 55 万字,从长江流域的自然地理条件和社会经济基础、区域文化、文明发展历程、对世界文明的贡献、长江文明与其他大河文明的比较、武汉与长江文明的关系等方面就长江文明的具体面貌进行了细致而完善的研究。

　　具体来说,该书主要从五个方面展开论述。其一,是重点阐释了长江流域的若干区域亚文化。杨华教授指出,"所谓'长江文明',是指文明诞生以来,整个长江流域所蕴含的文化风貌和文化要素;简而言之,就是生活在这片土地上

---

①湖北省社会科学院文史研究所 2020 级研究生。

的人民的生活样态和文化成就"①。长江文明走过了五千年的辉煌历程。其以时间为线索,可以划分为史前文化、先秦文化、秦汉文化、魏晋南北朝文化、隋唐文化、宋元文化、明清文化、近代文化和现代文化;从生产方式上看,可以划分为渔猎采集文化、农业文化、工业文化、商业文化和网络文化。本书则从空间上将长江流域划分为若干亚文化区,主要介绍了羌藏文化、巴蜀文化、荆楚文化、徽州文化和吴越文化。中国历史悠久、国土广阔,所形成的文明根据时代与地域的不同呈现出多样化的样貌。因此在研究中国文化之时,必须对中国文化的时代性与地域性作深入研究。否则,"把中国文化看成一种亘古不变且广被于全国的以儒学为核心的文化,而忽视了中国文化既有时代差异,又有其他地域差异,这对于深刻理解中国文化当然极为不利。"②将长江流域文明以地域划分介绍,在全面介绍长江文明的同时,突出了不同地域之间文明的特点,并将二者紧密结合,有助于更加深入地了解文明的产生与发展。例如,在论述羌藏地区的文化交流时,一定会提到茶马古道在羌藏与巴蜀地区文化交流间的作用;在介绍荆楚文化的同时,不可避免地会提到其与吴越文化之间的互相影响。地域间的交流既丰富了区域文化,也发展了长江流域整体文明。

其二,是讨论了长江文明对世界文明的诸多独特贡献。长江文明不仅创造了丰富的物质、非物质文化遗产,而且在稻作、水利工程、丝织业等方面都均取得了独特的文明成就,为世界文明做出显著贡献,是全人类共同的宝藏。从目前的考古资料来看,长江流域是世界上最早驯化水稻的地区,也是稻作农业的发源地之一;目前已知世界上最早的丝织品诞生于长江流域,并且长江流域生产的丝绸至今仍畅销海内外;我国最早的陶器发现于长江流域,原始瓷器也在先秦时期就已出现于这一区域;长江流域是茶树原产地与最早出现人工栽培茶树的地区,唐代以后饮茶之风推广至全国,并且逐渐行销海外,现在茶已成为世界三大饮料之一;自新石器时代起就已利用和制作的漆器在东周和秦汉皆有所发展,出现髹漆工艺,并影响了整个东亚地区;以良渚堤坝系统和都江堰水利为代表的水利工程是长江流域治水技术的展现,是东亚地区人类开发利用自然的典范;道教的产生与佛教的引入为长江流域留下了许多文化景观,有些至今仍然香火鼎盛。书中对长江流域众多文化贡献的介绍,展现了长江文明是如何在

①杨华主编:《长江文明研究》,长江出版社2020年版,第2页。
②谭其骧:《中国文化的时代差异和地区差异》,《复旦学报》1986年第2期。

自然和人文因素的交互作用下被形塑成长为今日之样貌。

三是详细回顾长江文明的发展历程。该书从两个维度对长江文明的发展历程进行了考察。其一是南北方,即黄河文明与长江文明之间的互动。这种互动主要集中在秦朝统一中国之后的历史时期。秦亡后,刘邦与项羽两大集团展开了激烈的争夺,最后刘邦集团取得胜利,建立了汉王朝。事实上,刘邦与项羽的集团主体皆为楚人,但刘邦占据秦国故地,这使得汉文化在形成的过程中既受到长江流域楚文化的作用,也受黄河流域文化的影响。其形成正是承秦制、融楚俗的结果。秦汉以后,中国经历了三次大规模人口迁移,北方人口的大量南迁,极大地促进了南方的开发,南方经济文化迅速发展,经济与文化重心也逐渐南移。从北宋开始,南方已基本确立其经济文化中心地位,但与此同时,政治中心依旧在北方。宋元明清四代,政治中心与文化中心是分离的。这种格局的形成客观上促使南北方保持密切的联系,互动深入且频繁。这种文化上的互动丰富了中华文化的内涵,促进各文明的发展,是一种良性互动。其二,是长江流域内部的互动。对此,本书从历代长江沿线地区的战争、贸易、道路和人口迁移等方面进行了展现。长江流域各亚文化区间文化因素上的相似性为流域内的文化交流提供了切实证据。如三星堆遗址出土的部分玉器与良渚文化中偶有相似;春秋时期楚国崛起,疆域向南方拓展。到了战国时期,极盛时期的楚国奄有南方之地,楚文化几乎涵盖了整个长江中下游地区。吴、越两国与楚国进行了全方位的政治、经济、文化交流,在春秋晚期以后出现了吴越文化的楚化倾向。这些都是长江流域各亚文化区间开展文化交流的表现形式。

四是进行了长江文明与其他大河文明的比较。在与黄河文明比较时,本书主要从自然环境、早期文明发展模式、两条大河的分途与会同等方面展开比较,强调了类似文化背景下的内部差异。除黄河文明外,本书还将长江文明与尼罗河文明、两河文明、恒河文明等大河文明进行了对比研究,主要是从文明进程、文字信仰、建筑艺术等方面展开论述,重点是不同文化背景下大河文明间的异同比较。当然,这种比较不是要分出文明间的优劣高下,而是要通过对不同文明形成条件、发展历程、主要成就之间的不同来深化对长江文明的认识,使研究更具全面性和深刻性。

五是着力说明了武汉与长江文明的关系。该书匠心独运,采取了在沿江五大都市——成都、重庆、武汉、南京、上海间进行对比的论述方式。事实上,五大都市无论是从传统文化层面,还是从近现代文化层面,均各具特色,难分轩轾。书中提到,武汉除了具有天下之"中"和长江之"中"的地理优势外,还有如下特点:(1)在中国各大城市的建城历史中,武汉是最早之一。(2)武汉是历代人文荟萃之地。(3)武汉是近代工业的发源地,也是现代工业重镇之一。(4)武汉是近代文明和新文化运动的中心之一。(5)武汉是我国当代文教和科研中心。(6)武汉是首义之地和革命中心。(7)武汉是长江流域管理的中心所在。这就让武汉在长江沿岸众多城市中脱颖而出,在长江流域文化中占据一席之地。这种通过主要城市间的对比考察互动的视角为展开和推进今后的研究提供了新的可能。

当然,本书还存在一些值得进一步完善的地方。比如,该书对长江文明在近现代的发展状况及其重要地位讨论尚有不足。长江流域作为中国最早开始工业化、最先接受西方文化影响的地区,在中国近代化的道路上具有重要地位。同时,作为近代多次革命运动的发生地,新文化运动的主要阵地之一,其在促进革命事业的发展上也具有重要作用。该书对于这方面的论述还有进一步补充的空间。同时,该书暂未提及对长江文化资源的保护和利用。长江文明中所诞生的文化成就灿烂辉煌,物质、非物质文化遗产不可胜数。保护、利用和发展好长江文明的优秀成果,赋予它更多经济、文化上的价值,是重大时代课题之一。该书作为一本深入研讨长江文明的综合性专著,在这方面理应有所关注。

近年来,学界着力倡导建立"长江学"相关研究成果颇为丰硕。[1] 在综合性的研究中,由湖北省社会科学院推出的《长江文化研究文库》由多位专家共同撰写;季羡林、陈昕主编的《长江文化议论集》[2]是学者们对于长江文明研究观点的抒发;《长江文化大观》[3]则是以夹叙夹议的方式构建了长江文化的大观楼,从多个方面描述长江文明成果。但是这些研究大多是从单一学科出发进行研究。张忠家指出,长江学应当是"一个以长江流域为研究对象,以区域经济、生态保护、历史文化为研究重点,兼涉交通运输、城市规划、管理、法学、文学、艺术等诸

---

①详见路彩霞:《长江文化研究综述》,《中国经济与社会史评论》2016 年卷;《长江文化研究四十年概述》,《中国社会科学报》,2019 年 12 月 26 日,第 11 版;韦瑶:《近十年长江文化研究综述》,《长江文史论丛》2019 年卷。

②季羡林、陈昕编:《长江文化议论集》,湖北教育出版社 2005 年版。

③胡学纯、陈世海:《长江文化大观》,江苏凤凰文艺出版社 2017 年版。

多研究领域的区域性、综合型创新学科"。① 《长江文明研究》一书,正是着眼于补齐目前长江学研究的短板。书中既有历史文化方面的研究,也不乏对长江流域自然资源的关注与讨论。既包括长江流域产业发展与长江经济带建设,也有关于武汉在长江文明中的重要地位论述。撰写者不仅有历史学方面的学者,还有长江水利研究的专家。该书真正做到了整体研究与区域研究并重,多学科、多领域研究综合,是展现长江学最新发展方向的综合性研究著作。

该书不仅在学术上大有可观,也具有重要的现实意义。在国家层面,长江流域文化资源的保护与利用一直受到党和政府的高度重视。2020 年 11 月,习近平总书记在全面推动长江经济带发展座谈会上发表重要讲话,明确表示"要把长江文化保护好、传承好、弘扬好,延续历史文脉,坚定文化自信。要保护好长江文物和文化遗产,深入研究长江文化内涵,推动优秀传统文化创造性转化、创新性发展"。武汉市政协则早在 2018 年 1 月就将《关于加快打造"长江文明之心",推动武汉历史之城建设的建议》列为 1 号建议案,着力突出武汉在长江文明研究中的重要地位。《长江文明研究》一书的出版切实满足了政府的迫切需求,调动一切资源,为长江文化现实发展提供了可以依凭的理论依据。

在地方层面,本书特别突出了武汉在长江文明中的重要地位,充分阐述了湖北武汉在开展长江学研究方面的现实基础。② 对武汉打造历史之城具有重要参考价值。

《长江文明研究》作为一部专题讨论长江文明的综合性研究著作,不仅总结了近年来的最新研究成果,还将丰厚的资料和简明的语言相结合,将历史人文研究和现实关怀相结合,在已有成果的基础上,为长江文明研究再次添上了浓墨重彩的一笔,是一本难得的重量级佳作。

---

① 张忠家:《创建"长江学",为长江经济带高质量发展提供学术支撑》,《中国社会科学报》2019 年 12 月 26 日,第 11 版。

② 曾成:《论"长江学"的现实基础与发展路径》,《中国社会科学报》,2019 年 12 月 26 日,第 11 版。

《长江学研究》征稿启事

湖北地处长江的"龙腰"位置,是拥有长江岸线较长的省份。湖北省社会科学院数十年来一直致力于长江相关研究,取得了丰硕成果。

2019年12月,本院主办了第一届"长江学"学术研讨会,正式向学界发出了创建"长江学"的倡议。以此为契机,本院决定创办一份专门发表"长江学"最新研究成果的专业性学术文集——《长江学研究》。

《长江学研究》每年出版一辑,主要刊载以长江流域的历史文化、区域经济、生态保护及交通运输、城市规划、管理、法学、文学、艺术等为研究对象的专题论文、研究综述和学术书评。

为提高《长江学研究》的学术质量,特面向国内外公开征稿。所需稿件除特约稿件外,均须是未公开发表的原创文章。文章字数以 8000～15000 字为宜,重点稿件不拘此例。来稿文责自负。欢迎国内外有志于"长江学"研究的同仁惠赐大作,并请注明作者信息。

投稿信箱:changjiangxueyj@126.com 或 wenshisuo@163.com

联系电话:027—86792406　联系人:路老师　曾老师

《长江学研究》编辑部

图书在版编目（CIP）数据

长江学研究 . 2021 / 张忠家主编 .
—武汉 : 长江出版社，2022.3
ISBN 978-7-5492-8230-2

Ⅰ . ①长… Ⅱ . ①张… Ⅲ . ①社会科学 – 文集 Ⅳ . ① C53

中国版本图书馆 CIP 数据核字 (2022) 第 038164 号

长江学研究 . 2021
CHANGJIANGXUEYANJIU.2021
张忠家　主编

责任编辑：　张琼　刘依龙
装帧设计：　刘斯佳
出版发行：　长江出版社
地　　址：　武汉市江岸区解放大道 1863 号
邮　　编：　430010
网　　址：　http://www.cjpress.com.cn
电　　话：　027-82926557（总编室）
　　　　　　027-82926806（市场营销部）
经　　销：　各地新华书店
印　　刷：　武汉市首壹印务有限公司
规　　格：　787mm×1092mm
开　　本：　16
印　　张：　18.5
字　　数：　315 千字
版　　次：　2022 年 3 月第 1 版
印　　次：　2022 年 5 月第 1 次
书　　号：　ISBN 978-7-5492-8230-2
定　　价：　56.00 元